主编 ★ 于雷

破解福尔摩斯思维习惯

逻辑游戏

Sherlock Holmes

吉林科学技术出版社

图书在版编目（CIP）数据

逻辑游戏／于雷主编. — 长春：吉林科学技术出
版社，2014.11（2022.3重印）
（破解福尔摩斯思维习惯）
ISBN 978 – 7 – 5384 – 8530 – 1

Ⅰ.①逻… Ⅱ.①于… Ⅲ.①智力游戏 – 青少年读物
Ⅳ.①G898.2

中国版本图书馆CIP数据核字（2014）第263975号

逻辑游戏

主 编	于 雷	
编 委	龚宇华　陈一婧　于艳苓　何正雄　李志新　于艳华　宋蓉珍　宋淑珍	
	代冬聆　陈 靖　叶淑英　何 晶　李方伟	
出 版 人	李 梁	
策划责任编辑	刘宏伟	
执行责任编辑	张延明	
封面设计	长春美印图文设计有限公司	
制 版	长春美印图文设计有限公司	
开 本	710mm×1000mm 1／16	
字 数	400千字	
印 张	25	
版 次	2015年7月第1版	
印 次	2022年3月第2次印刷	

出 版	吉林科学技术出版社
发 行	吉林科学技术出版社
地 址	长春市人民大街4646号
邮 编	130021
发行部电话／传真	0431 – 85677817　85635177　85651759
	85651628　85600311　85670016
储运部电话	0431 – 86059116
编辑部电话	0431 – 85635186
网 址	www.jlstp.net
印 刷	北京一鑫印务有限责任公司

书 号	ISBN 978 – 7 – 5384 – 8530 – 1
定 价	65.00元

如有印装质量问题可寄出版社调换

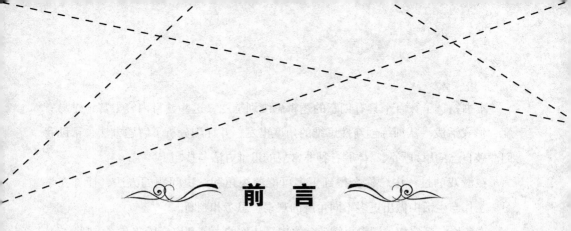

前　言

　　逻辑思维，指人在认识过程中借助于概念、判断、推理反映现实的思维方式。它以抽象性为特征，撇开具体形象，揭示事物的本质属性。只有经过逻辑思维，人们对事物的认识才能达到对具体对象本质规定的把握，进而认识客观世界。它是人的认识的高级阶段，即理性认识阶段。

　　逻辑思维是确定的，而不是模棱两可的；前后一贯的，而不是自相矛盾的；有条理、有根据的思维；在逻辑思维中，要用到概念、判断、推理等思维形式和比较、分析、综合、抽象、概括等思维方法，而掌握和运用这些思维形式和方法的程度，也就是逻辑思维的能力。

　　定势思维，又称"习惯性思维"，是指人们在思考问题时，按习惯的、比较固定的思路去考虑问题、分析问题。久而久之，就形成一种习惯，使人只想到一个方面，形成思想上的"偏见"。思维定势阻碍了我们思维的开放性和灵活性，造成思维的僵化和呆板。这使得人们无法自由、灵活地运用知识，做事缺乏新意，方法守旧单一，使人的创造性思维受到严重阻碍。

　　爱因斯坦曾经说过：创造力比知识更重要。一个人的创造力是他综合各种知识和实践经验的能力，是人最重要、最有价值的一种能力，是发挥个人潜能的关键要素，是企业成功的原动力，也是社会进步的推动力。

　　而具有逻辑性的创意思维是你在众人中得以凸显的法宝，是你赢得竞争胜利的有力武器。尤其是在当今的信息时代，不论你是从事科学研究、艺术创作、广告策划，还是经营管理，都需要这种思维。老旧、单一、呆板的方式和方法已经跟不上时代的要求。加强逻辑思维、提高创新能力在当今残酷的社会竞争中异常重要。

本书精选了数百个具有创意的逻辑思维训练题，这些题目内容丰富，难易有度，形式活泼。从训练创新性思维的角度出发，并详细分析了解题方法，帮助我们冲破自己的思维局限，体验各种非常规的思维方法与技巧。

在游戏的过程中，你会得到更多可能的视角和解决问题的方法，让你在学习、工作与生活中做出更多不同角度的观察、思考和判断。

准备好，赶快加入逻辑思维游戏之中，让你的大脑开启一段非凡之旅吧！

目　录

第一篇　打破常规

1. 住院

汤姆是个赌马迷，每期必买。一次，他刚买完一张赌马券就因为心脏病住院了。这次病得很严重，医生为他做了手术，两个星期后他才清醒过来。汤姆马上找来当天的报纸，和自己口袋里的赌马券比对，惊喜地发现竟然和自己买的一模一样。他兴冲冲地赶去领奖，他们却拒付给他。你知道这是为什么吗？

2. 乐队

在一支交响乐队中，有一种器械，它不是用来吹拉弹拨的，但是没有它乐队就无法演奏。你知道这是什么东西吗？

3. 买东西

一种东西，买一个给7元，买两个给4元。这是怎么回事？

4. 感谢服务员

一个顾客走进酒吧，向服务生要了一杯水。服务生却没有给他，而是戴上面具，拿着一把枪出现在他面前。顾客谢了谢服务生，没有喝水就离开了酒吧。请问这是为什么？

5. 若无其事

在海拔1000米的高度，一架直升机在空中盘旋。这时，一个人从飞机上跳了下来，却没有带降落伞。落地后，他居然若无其事地走了。请问这是为什么？

6. 花纹一样（1）

我们平时玩的扑克牌中，有几张翻过来后和原来的花纹是一样的？

7. 花纹一样（2）

我们平时玩的扑克牌中，有哪几张旋转180度后和原来的花纹是一样的？

8. 奇怪的汤姆

汤姆每天早上都带着课本去学校，但是他从来不做家庭作业，每次考试的时候他都是东张西望，也从来没有得过高分，却从来没有人批评他。你知道这是为什么吗？

9. 抓阄洗碗

一家庭中有三个孩子，他们每天抓阄来决定谁洗碗。他们找来两张背面一样的纸片，一张写着洗碗，一张写着不洗。然后倒扣在桌子上，每天三人轮流抽出，谁抽中洗碗，谁就去洗。请问这种抓阄方法公平吗？对谁更有利呢？

10. 休假的女警

一位女警在休假的时候，看到一个男子正在砸一户人家的门锁。可是用了半天力气也没有成功。最后男子打破了旁边紧锁的窗户，钻了进去。请问，女警为什么没有阻止，也没有报警呢？

11. 除几次

16能被2除几次？

12. 生物课

上生物课的时候，小明得意扬扬地坐在那里，老师觉得有点蹊跷，便问道："小明，你为什么这么得意呢？"

小明自豪地回答说："我知道有一样东西，它有四条腿和两只手臂。"

老师绞尽脑汁想了半天还是没有猜到是什么。你知道小明说的究竟是什么吗？

13. 奇怪的物种

有一种动物，即使你把全世界的这种动物都杀死，用不了两年，这种动物还会出现。你知道是什么吗？

14. 公平的决斗

在美国南北战争以前，经常有人决斗。一次，两位名人也打算决斗，武器选择手枪。但是高个子的名人觉得很不公平，因为自己的目标要比矮个子的名人目标大很多。怎么才能让这场决斗公平一些呢？

15. 奇怪的牛蹄印

一天半夜，一个偷牛贼潜入了一座牧场，正准备把牛群赶走的时候，被牧场主人发现了。偷牛贼只好落荒而逃。牧场主人走出屋外的时候，偷牛贼已经跑远了。牧场主仔细观察了一下地上，没有发现脚印，只发现一串牛蹄印。谁都知道牛跑起来并不快，但这个胆大的偷牛贼竟然敢骑着牛来偷盗！牧场主人牵出一匹马循着牛蹄印追了过去。按理说，很快就应该追上，可是追了很久也没有追到。

你知道这是为什么吗？

16. 假鬼魂

糊涂县令一个人晚上在家中独坐，突然听到堂前有哭泣的声音，于是起身去看。只见一个鬼魂血淋淋地跪在阶前，说："是××杀了我，并不是×××杀了我！你要替我做主啊！否则我死不瞑目！"

县令对鬼魂说："我知道了。"鬼魂才转身离去，留下几个令人毛骨悚然的血脚印。

第二天一早，果然有人告状，是杀人案，死者竟然和昨天晚上的鬼魂一模一样。嫌疑人也正是鬼魂提到的××和×××两人。这让县令更加相信鬼魂的话，判xx有罪。

他手下的一名师爷听说了此事以后，突然哈哈大笑，并和县令说了他笑的原因。县令恍然大悟，立即释放了××，改判×××有罪。

你知道这是为什么吗？

17. 怪盗的指纹

怪盗从阳台钻进公寓的208室，盗走了主人的钻石项链。经过警察的现场勘查，发现了一枚清晰的指纹。从案发时间推断，嫌疑人一定是公寓的住客。可是警察提取了这栋公寓所有住客的指纹，却没有一个和现场留下的指纹吻合的。无意中，一名警察在管理员的屋子里发现了什么："原来罪犯在这儿！只有它的指纹忘记取了。"

那么，你知道怪盗是什么人吗？

18. 致命的位置

一天，120接到电话，称一名女子被刺伤，生命垂危。因为是刑事案件，所以警察很快也赶到了医院。只见一名年轻女子被刺伤，她的左胸前心脏的位置插着一把尖刀，流了很多血。按理说，这个位置被刺伤早就应该死掉了，可这名女子除了有些虚弱外，似乎并不是很严重。

医生解释道："这是因为这名女子比较特殊，否则早就没命了。"

你知道为什么这名女子没有死吗？

19. 两种血型

一天晚上，一名年轻男子在过马路的时候不小心被车撞到，肇事司机惊慌失措，逃离了现场。由于没有得到及时的救治，被撞的男子不久后死了。针对这起恶性交通事故，警察赶往现场调查。在现场，警察除了发现一具尸体外，还采集到了两种血型。一种是A型，一种是O型。难道是肇事司机的？或者撞到的人不止一人？但据目击者称，司机根本没有受伤，甚至都没有下车，而被撞的人也确实只有一人！

这到底是怎么回事呢？难道一个人会有两种不同的血型吗？这可能吗？

20. 辨别方向（1）

一名年轻的女地质队员在一片荒野中迷路了，这是一片茂密的草原，上面有一些纵横交错的羊肠小道。马上又要下雨了，天空阴云密布。她只有一张地图，但是根本无法辨识方向，不知道该往哪个方向走。突然，她发现前方有个积满雨水的小水坑，她笑了笑，立即取下自己头上的一个小别针。

很快，她就搞清楚了东南西北，走出了这片荒野。

你知道她是如何做到的吗？

21. 辨别方向（2）

一天，几名地质队员在一片亚热带丛林中探索。其中一名队员由于受伤掉队了。走了很久，他发现自己迷路了，而他的指南针、地图等东西都由其他队员替他拿着。他要赶上队伍，就必须知道方向，可是现在是阴天，根本无法根据太阳的位置分辨南北。周围到处都是高大的树木、低矮的灌木，还有树木被砍伐后留下的树桩。这名经验丰富的队员马上找到了一种可以分辨南北的方法。

你知道他用的是什么方法吗？

22. 消失的子弹

冬天的一个早晨，警察在一个小巷子里发现了一具尸体。调查得知，死者是一名黑帮头目，被人枪杀。伤口在他的左胸心脏位置，大约10厘米深。但是奇怪的是竟然没有发现弹头！

调查还发现，死者一直与敌对的另一个黑帮有很深的矛盾，一定是敌对的黑帮组织雇用职业杀手将其杀死的。

但是那个奇怪的子弹头到底哪里去了呢？它为什么消失了？

23. 馆长之死

市天文馆的馆长死在了自己的办公室中，警察接到报案后马上来到现场调查。只见馆长伏在写字台上死去，背后被刺了一刀，流了很多血。发现尸体的时间是下午4点，死者手中还夹着一根点燃的雪茄，前端的烟灰有1厘米多长。根据烟灰的长度判断，这根雪茄点燃的时间大约是在尸体被发现的10分钟前。

馆长的办公室位于这栋大楼的顶层，景观很好，窗口放着一架天体望远镜，正对着西南方向，很适合夜晚观察星空。馆长的写字台很整洁，上面除了一台电脑和一个烟灰缸外别无他物。

法医的验尸结果是死者的死亡时间在中午1点左右。也就是说，死者在13点左右被杀，而在15点50分左右，凶手又点燃了死者手中的雪茄，然后才逃走。这可能吗？凶手为什么会停留这么久？如果不是凶手做的，那雪茄是谁点燃的呢？

24. 奇怪的火灾

一位花草爱好者在自家的院子里建了一个塑料大棚专门培植各种珍稀花草。在一个晴朗的冬天中午，大棚里突然发生了火灾，这些珍稀花草被付之一炬。

从火灾现场来看，是大棚内的枯草引起的火灾，可是里面又没有火源，枯草是怎么着起来的呢？难道是有人纵火？昨晚刚下过一场雨，外面湿漉漉的，如果有人进入大棚，应该会留下脚印才对。可周围一点痕迹都没有。

你知道这场火灾是怎么引起的吗？

25. 计划失败

家住在东京的丰田居住在一栋老式的木制公寓中。楼上住着他的宿敌广本。丰田每天都在想如何干掉这个敌人加对手。机会终于来了：丰田听说家用瓦斯比空气轻，于是他想出了一个绝妙的杀人计划——用家用瓦斯毒杀广本。

丰田先将自己家的天花板，也就是楼上广本家的地板弄出几条缝隙。然后他将自己家的门窗封闭起来，打开瓦斯，让瓦斯释放出来。这样比空气轻的瓦斯就会上升，钻入广本家中，等到了一定的浓度，就会将其毒死。而且别人还不会知道是自己放的毒。

这天夜里，丰田真的实施了，他甚至还在幻想着广本死后的样子。可是没过多久，有人发现丰田死在了自己的家中，而楼上的广本却安然无恙。

这到底是怎么回事呢？

26. 爆炸声

一艘豪华客轮在太平洋上航行，不幸触礁沉没，造成多人死亡。警察前来调查事件经过。一位幸存者向警察讲述说："轮船触礁后开始慢慢倾斜，我们随即登上一艘救生艇离开现场，开往安全区域。大概过了四十分钟，突然'轰'的一声发生了爆炸，远远地可以看到客轮开始沉没。"

之后，警察又询问了好几位救生艇上的幸存者，他们对事件的描述都差不多，听到一声爆炸声后，轮船开始沉没。

就在警察决定结束调查时，另外一位逃生的游客说了一番与众不同的话："轮船触礁后，开始倾斜。我看救生艇比较小，而我自己又善于游泳，便没有登上救生艇，而是一个人跳入水中游向安全区域。我一会儿仰泳，一会儿俯游，大概过了四十分钟的时间，突然听到一声爆炸声。我赶紧钻出水面回头向轮船看去，没过几秒钟，又发生了一次爆炸……"

"你确定你听到了两声爆炸声？"警察颇为怀疑地问。

"是的，我确定。那么大的声音，我相信其他人也应该听得到的。"游客如是说道。

请问，到底发生了几次爆炸呢？为什么有人听到一声爆炸声，又有人听到两声爆炸声呢？

27. 失恋者的报复

男孩为了金钱和地位抛弃了相恋多年的女孩，投入了别的女人的怀抱。就在结婚的前一天中午时分，女孩来到独自居住的男孩家中说："听说你明天就要结婚了，恭喜你！毕竟我们相恋一场，这是我送给你的最后一份礼物。"说完拿出了一个圆形的迷你金鱼缸，摆放在窗前的书桌上。

"我知道你喜欢金鱼，希望你看到它，还可以想起我！"女孩接着说，"另外，还有这些年你给我写的信，我也都带来了，放在我那也没什么用处，你自行处置吧。"说完将一厚摞信纸散落在书桌上。

男孩默默地点了点头。

"好了，我该走了，临走前我们喝一杯告别酒吧！"女孩指了指书桌上的两个杯子建议道。

男孩没有说话，默默地去酒柜拿来一瓶红酒，倒满了两个杯子。两人碰了一下杯，一饮而尽。喝完，女孩转身离开了，没有再说一句话。

女孩走后不久，男孩觉得有些困，就躺在沙发上睡了起来。

1个多小时以后，男孩的房间突然起火，火越烧越大，等消防队员扑灭大火时，男孩已经被烧死了。警察在男孩体内发现了安眠药的成分。当然女孩的嫌疑最大，可是你知道女孩到底是如何做到的吗？

28. 杀人的真相

吉米是一名金牌推销员，这一次又为公司签成了一份高达数十万元的大单。公司为他开了一个庆功会，同时也是为了激励其他销售员。汤姆是吉米的同事加对手，看着吉米扬扬自得的样子甚是厌恶，但又不能表现得太过明显。

汤姆手里拿着一杯红酒走上前去，假意向他敬酒表示祝贺，手轻轻一抖，把大半杯红酒洒在了吉米的新领带上。"哦，实在对不起，是我不小心，来，我帮你洗洗，洗手间有洗洁剂。"

"算了，不用了，我自己来吧。"虽然有些生气，但吉米还是强装出笑脸，一个人走进了洗手间，拿起洗洁剂涂在了自己新买的领带上。"应该不会留下什么痕迹。"吉米心想着，马上返回了宴会，毕竟是给自己开的庆功会，自己不便离席太久。

一群人开始相互敬酒，大口大口地喝着威士忌，谈笑风生。突然，吉米身子晃了晃，倒在了地上。大家惊慌失措，马上叫来救护车送至医院。但为时已晚，医生诊断为酒精中毒死亡。

警察到现场调查后发现，这一切都是汤姆所为，于是马上逮捕了他。

你知道汤姆杀人的真相是什么吗？他是如何做到的？

29. 开花的郁金香

一天夜里，怪盗潜入一珠宝展示厅，趁乱偷走了展示的一条价值连城的钻石项链。得手之后，怪盗马上溜回了自己的住所，摘掉化装的假发和胡须，换上睡衣，坐在沙发上。刚松了一口气，门铃就响了。

来人正是侦探小五郎。"晚上好，抱歉这么晚还来打扰你！"

"别客气，我们是老朋友了，进来坐。"怪盗热情地把这位不速之客引入屋内。

只见沙发前的茶几上放着一盆含苞待放的郁金香，"你的花好漂亮啊！"小五郎称赞道。

"谢谢，郁金香是我最喜欢的花。"怪盗说道。

"怪盗先生，刚才你去珠宝展示厅了吧！"小五郎岔开话题，开门见山地问道。

"没有啊。今晚我一直待在家里。你来之前，我一直都在沙发上安静地看书。"怪盗说着，指了指身边扣着的一本厚厚的书。

小五郎拿起书，翻了几页，放在茶几上，这时，他突然发现刚才进来时还含苞待放的郁金香，竟然在不知不觉中开花了。

小五郎盯着盛开的花瓣，微笑着说："别狡辩了，你还是招了吧。它已经出卖你了。快把你偷的钻石项链交出来吧！"

请问小五郎先生是如何识破怪盗的谎言的呢？

30. 分辨凶器

一天夜里，一对年轻情侣在公园约会。说着说着便吵了起来，男子一气之下拿起刚喝了几口的玻璃汽水瓶砸向了女友的脑袋。女友什么话也没说，就倒在地上死了。男子很惊慌，不小心将汽水瓶里的汽水洒在了女友的衣服上。为了消灭证据，男子带走了这个作为凶器的汽水瓶，然后从旁边的垃圾堆里捡了另外一个汽水瓶扔到了尸体旁边。然后男子偷偷逃走了。

不久，尸体就被人发现并报了警。警察调查现场时发现，女子身上有一部分爬满了蚂蚁，断定是凶器汽水瓶中的汽水的甜味引来的。可是，一名经验丰富的警察看了一眼尸体旁边的汽水瓶上的标签，就断定说："如果凶器真的是汽水瓶，那也不是这一个。真正的凶器被凶手带走了。"

你知道警察为什么这么说吗？他的依据是什么？

31. 有贼闯入

一天晚上，有个小偷闯入了侦探小五郎的家中，想要偷取他放在保险箱中的一份重要资料。小偷先用万能钥匙轻松地打开房门，然后打开灯，四处寻找保险箱的位置，终于在墙角一扇隐蔽的柜门后面发现了保险箱。正在他努力开保险箱的时候，突然听到有人开门的声音。小偷眼疾手快，关掉电灯，自己躲在了衣柜里，整个过程没有发出一点声音。

原来是小五郎回到了家中，只听小五郎打开灯，大声地说："出来吧，我知道你在里面。"

小偷一看事情已经败露，只好快快地走了出来，不禁好奇地问："你是怎么知道我在里面的呢？我没有留下什么痕迹，也没有发出声响啊！"

"哈哈，是那个闹钟告诉我的！"说着用手指了指床头柜上的闹钟。小偷这才恍然大悟。

请问，你知道那闹钟是如何告诉小五郎有贼闯入的呢？

32. 兄弟俩

有兄弟俩一起养牛，一共有十几头，不足二十头。一天，他们决定去市集把所有的牛都卖掉，改养羊。牛的单价与他们养的牛的头数相同。卖完以后，他们用所得的钱买了若干只绵羊，每只绵羊10金币。并且用剩下的不足以买绵羊的钱买了一只山羊。回到家之后，两人因为小事吵了起来，决定分家。将所有的绵羊平分以后，发现剩下一只。这只绵羊归了哥哥，而弟弟带走了那只山羊。但是由于山羊比绵羊便宜，所以哥哥需要给弟弟金币赔偿。你知道哥哥需要给弟弟多少个金币吗？

33. 猜数字

有一个整数数字，它在1到36之间；它是个奇数，可以被3整除；个位数与十位数相加的和在4~8之间；个位数与十位数相的乘积也在4~8之间。

你知道这个数字是几吗？

34. 这可能吗

一个年轻人对别人说："前天我17岁，但今年我将会19岁。"请问，这可能吗？

35. 至少几个人

小明要办个聚会，他邀请了他父亲的姐夫，他姐夫的父亲，他哥哥的岳父，他岳父的哥哥。请问他最少邀请了几个人？

36. 吝啬鬼的遗嘱

美国有个吝啬鬼，他一生积攒了很多钱，却从不肯给别人花。死了之后，他在遗嘱中写明要将他的钱与他一起火化。

法官在宣读遗嘱的时候觉得这条不合情理，便想了一个办法使得既没有违反遗嘱的规定，又让他的亲属继承了这份遗产。

你知道他是如何做的吗？

37. 区别

北风和通往北方的路有什么区别？

38. 五元？十元？

有一个美国乡村小孩，人家拿出一张5元纸币和一张10元纸币，让他挑，他挑了那张5元纸币。人们都说他笨，纷纷嘲弄他、笑话他。

这事传了出去，很多人都来找他试验，结果还是这样，这事也就传得越来越远了。

过了几十年，这个小孩成了美国总统。有记者提起这件事，问他："是不是真的？"

"是真的。"总统答道。

你知道他为什么要5元，而不要10元吗？

39. 田忌赛马

齐国的大将田忌很喜欢赛马，有一回，他和齐威王约定，要进行一场比赛。

他们商量好，把各自的马分成上、中、下三等分别比赛。由于齐威王每个等级的马都比田忌的马强，所以比赛了几次，田忌都失败了。田忌觉得很扫兴，比赛还没有结束，就垂头丧气地离开赛马场。好朋友孙膑对他说："我刚才看了赛马，威王的马比你的马快不了多少呀。"孙膑还没有说完，田忌就瞪了他一眼："想不到你也来挖苦我！"孙膑说："我不是挖苦你，我是说如果你再同他赛一次，我就有办法能让你赢。"田忌疑惑地看着孙膑："你是说另换一批马来？"孙膑摇摇头说："一匹马也不需要更换。"田忌毫无信心地说："那还不是照样得输！"孙膑胸有成竹地说："你就按照我的安排办吧。"

齐威王屡战屡胜，正在得意扬扬地夸耀自己的马，看见田忌陪着孙膑迎面走来，便站起来讥讽地说："怎么，莫非你还不服气？"田忌说："当然不服气，咱们再赛一次！"说着，"哗啦"一声，把一大堆钱倒在桌子上，作为赌注。齐威王一看，心里暗暗好笑，于是吩咐手下，把前几次赢得的钱全部抬来，另外又加了一千两黄金，也放在桌子上。齐威王轻蔑地说："那就开始吧！"

一声锣响，比赛开始了。奇迹出现了，田忌真的赢了比赛。你知道他们是如何获胜的吗？

40. 宋清卖药

长安城里有一位人人皆知的药商，叫宋清。宋清待人仁厚，药的质量也好，所以远近闻名。

宋清收集药材很严格。凡是到他这里来卖药材的都知道宋清的人品好，价格合理，而且对送药材的人十分客气，热情地款待他们，请他们吃饭，远道来的还安排在自己家里休息过夜。所以，采药人都争先恐后到他那里卖药。

宋清的药好，来他这儿买药的人自然也很多，他配的药又从没有出过一点儿差错，人们都很信任他。而且宋清卖药，如果对方一时无钱付账，可以欠账，宋清总是说："治病救人要紧。钱什么时候有，再送来就是了。"

人们因此十分赞赏他的人品。有的人家药费拖了一年，仍无钱付账，宋清也从不上门讨账，每到年底，宋清总要烧掉一些还不起钱的欠条。

有人对此颇不理解，说："宋清这人一定是脑袋有问题，否则怎么会办那样的傻事？"

你知道宋清为什么会这样做吗？

41. 天堂与地狱

一位行善的基督徒在临终后想知道天堂与地狱究竟有何差异。于是天使就先带他到地狱去参观。

到了地狱，在他们面前出现一张很大的餐桌，桌上摆满了丰盛的佳肴，地狱的生活看起来还不错嘛。过了一会儿，用餐的时间到了，只见一群骨瘦如柴的饿鬼鱼贯入座。每个人手上拿着一双长十几尺的筷子。由于筷子实在是太长了，所以最后每个人都夹得到、吃不到。

你真觉得很悲惨吗？我再带你到天堂看看。到了天堂，同样的情景，同样的满桌佳肴，每个人同样用一双长十几尺的长筷子。但是这里的人却个个身体健壮、满面红光、其乐融融。你知道他们是如何吃到饭的吗？

42. 买佛像

方丈下山宣扬佛法，在一家店铺看到一尊佛像，形体逼真，神态安然。方丈大悦，想要购买，店铺老板要价5000元，分文不能少，加上见来人如此钟爱它，更加咬定原价不放。

方丈回到寺里对众僧谈起此事，众僧问方丈打算以多少钱买下它。方丈说："500元足矣。"

众僧唏嘘不止："那怎么可能？"

方丈说："天理犹存，当有办法，我佛慈悲，当让他赚到这500元！"

"怎样普度他呢？"众僧不解。

"让他忏悔。"方丈笑答。

众僧更不解了。

最后，方丈真的只花了500元就买到了那尊佛像，你知道他是如何做到的吗？

43. 逃避关税

美国海关已有数百年的历史，蓄谋逃避海关管理条例，简直比登天还难。但有个进口商却明知山有虎，偏向虎山行。

在当时，进口法国女式皮手套得缴纳高额进口税，因此，这种手套在美国的售价格外昂贵。那个进口商跑到法国，买下了一万副最昂贵的皮手套。随后，他仔细地把每副手套都一分为二，将其中一万只左手套发运到美国。

进口商一直不去提取这批货物。他让货物留在海关，直到过了提货期限。凡遇到这种情况，海关得将此作为无主货物拍卖处理。于是，这一万只舶来的左手套全都被拿出来拍卖了。

由于一整批左手套毫无价值，所以这桩生意的投标人只有一个，就是那位进口商的代理人。他只出了一笔微不足道的钱就把它们全部买了下来。

这时，海关当局意识到了其中不无蹊跷。他们晓谕下属：务必严加注意，一定还会有一批右手套舶到，一定要将其扣押。

请问进口商该用什么办法得到剩余的1万只手套呢？

44. 如何选择

这是某世界著名公司招聘员工的测试题。

在一个雨夜，你驾驶一辆车，经过你熟悉的小镇。你看到有三个人在焦急地等车，他们是：医生、女郎和老人。对你而言，医生对你有过救命之恩；而女郎，你对她心慕已久，她也对你有好感，你希望与她深入相处；最后是老人，他重病在身，需要去医院。此时，公交车已经停开，漆黑的夜不可能有其他车经过，而你的车只能捎带一人上路。你应该带上他们中的哪一个？

45. 什么关系

一天，警察小张在街上看到局长带着个孩子，于是和局长打招呼："王局长，这孩子是你儿子吗？"王局长回答说："是的。"

小张又问小孩："孩子，他是你父亲吗？"

孩子回答："不是。"

两个人都没有说谎，你知道这是怎么回事吗？

46. 老人与小孩

一位老人在一个小乡村里休养，但附近却住着一些十分顽皮的孩子，他们天天互相追逐打闹，叽叽喳喳的吵闹声使老人无法好好休息，在屡次警告未果的情况下，老人灵机一动想出了一个办法，终于孩子们不吵了。

你知道他是怎么做的吗？

47. 两家小店

学校里有两家粥铺，学生们上过晚自习，常常是筋疲力尽，这时候喝点香甜的粥，吃两口清淡的小菜，然后入睡，实在是很好的享受。所以，这两家小店的生意都不错。左边和右边那个每天的顾客相差不多，经常是人来人往的。我也是其中的常客。

然而晚上结算的时候，左边这家店总是比右边那家多出百十元来。天天如此。有一天我听见老板抱怨，于是也很好奇，所以这次我就留了心。我先走进了右边的那个粥店。

服务小姐微笑着把我迎进去，给我盛好一碗粥。问我："先生，要不要加鸡蛋？"我说好的。于是她便给了我一个鸡蛋。

经过我细心观察，每进来一个顾客，服务员都会问同样的一句话。顾客中有说加的，也有说不加的，大概各占一半。

接着，我又走进了左边那个小店。

服务小姐同样带着微笑把我迎了进去，给我盛好一碗粥，问了我一句话，我就知道他们的收入为什么会比另一家要好了。

你知道这是为什么吗？

48. 立鸡蛋

1492年，哥伦布发现了新大陆。从海上回来，他成了西班牙人民心目中的英雄。国王和王后也把他当作上宾，封他做海军上将。可是有些贵族瞧不起他，他们用鼻子一哼，说："哼，这有什么稀罕的？只要坐船出海，谁都会到那块陆地的。"

在一次宴会上，哥伦布又听见有人在讥笑他了："上帝创造世界的时候，不是就创造了海西边的那块陆地了吗？发现？哼，又算得了什么！"

哥伦布听了，沉默了好一会儿，忽然从盘子里拿了个鸡蛋，站了起来，提出一个古怪的问题："女士们，先生们，谁能把这个鸡蛋竖起来？"

鸡蛋从这个人的手上传到那个人的手上，大家都把鸡蛋扶正了，可是一放手，鸡蛋立刻倒了。最后，鸡蛋回到哥伦布手上，满屋子鸦雀无声，大家都要看他怎样把鸡蛋竖起来。

只见哥伦布不慌不忙，一下子就把鸡蛋立起来了。

你知道他是怎么做到的吗?

49. 吹牛

张三和朋友吹牛说:"有一次,我和朋友去非洲旅行。和朋友打赌,蒙着眼睛在一条只有一米宽、两边都是悬崖的小路上走100米。结果我一点都不慌张,一步步走完取得了胜利。"朋友笑笑说:"少吹牛了,那有什么难的,连小孩子都能做到!"

你知道朋友为什么这么说吗?

50. 聪明的男孩

有个小男孩,有一天妈妈带着他到杂货店去买东西,老板看到这个可爱的小孩,就打开一罐糖果,要小男孩自己拿一把糖果。但是这个男孩却没有任何动作。

几次的邀请之后,老板亲自抓了一大把糖果放进他的口袋中。

回到家中,母亲好奇地问小男孩,为什么没有自己去抓糖果而要老板抓呢?

你知道小男孩是怎么回答的吗?他为什么没有自己去抓糖果呢?

51. 走私物品

彼得的工作是在边卡检查入境车辆是否携带了走私物品。

经过一段时间的观察,他发现有个看上去很有钱的人每天都会开着一辆宝马车入境,车上只有一大包不值钱的棉花。

彼得每次都会叫住他,仔细检查他的棉花包,看其中是否携带了什么贵重物品,但每次都一无所获。多年的经验告诉他,这个人一定在走私什么物品,只是苦于没有证据。

你知道这个人走私的是什么吗?

52. 煎鸡蛋的时间

明明家有一个煎鸡蛋的小锅,每次可以同时煎两个鸡蛋,每个鸡蛋必须要把正反两面都煎熟。我们已经知道把鸡蛋的一面煎熟需要两分钟。有一天,明明和爸爸的对话如下:

爸爸:"煎熟一个鸡蛋最短需要几分钟?"

明明:"正反面都需要煎熟,所以需要四分钟。"

爸爸："煎熟两个鸡蛋呢？"

明明："我们的锅可以同时煎两个，所以还是最少需要四分钟。"

爸爸："那三个呢？"

明明："八分钟啊，前四分钟煎好前两个，再用四分钟煎第三个。"

但是爸爸说不对，可以用更少的时间就能煎好三个鸡蛋。你能想明白煎三个鸡蛋最少需要几分钟吗？

53. 打麻将

李主任带着自己的同事王主任回家，看到小明在看电视。就问他："你吃饭了吗？"小明说："你爸爸和我爸爸都去打麻将去了，根本没有人给我做饭。"王主任问李主任："这小孩子是谁？"李主任说："他是我儿子。"那么小孩提到的两个人分别是李主任的什么人？

54. 趣味组合

三位同学在校医院门口相遇了，他们都从排队号码里拿了个号，等着看医生。甲同学拿的是1号，乙同学是2号，丙是6号。甲看着三个人的号码，突然兴奋地说："把我们三个人的号码排一下，能排出个可以被43整除的三位数。"乙看了看也表示同意，只有丙不知道该怎么排，你能告诉他吗？

55. 吃饭

小红和小丽姐妹俩为了吃完饭能马上去看电视，每次吃饭的时候就拼命地快吃，这让她们俩的胃都不太好。妈妈非常担心，在多次劝告没有用的情况下，就对她们俩说："现在你们俩做一个比赛，谁碗里的饭最后吃完，我就给她个奖励，带她出去买一身新衣服。"妈妈以为这样能慢慢培养她们细嚼慢咽的习惯，没想到两人吃得更快了。你知道这是为什么吗？

56. 检验毒酒

一个国王有1000瓶红酒，并打算在他的60大寿时打开来喝。不幸的是，其中一瓶红酒被人下了毒，凡是沾到者大约20个小时后开始有异样并马上死亡（只沾到一滴也会死）。由于国王的大寿就在明天（假设离宴会开始只有24小时的时间），就算有千分之一的可能，国王也不想冒险，他要在宴会之前把有毒的酒找出来。所以，国王就吩咐侍卫用监牢里的死刑犯来检验酒。请问最少需要多少个死刑犯才能检验出毒酒呢？

57. 双胞胎

两个小孩一前一后快乐地走着，每人手里拎着一袋糖果，有人看到两人长得很像，就问前面的那个人："你们是双胞胎吗？""是的""后面那个是你的弟弟吧？""是的。"他又问后面的那个人："前面那个是你的哥哥吗？""不是。"

请问：这到底是怎么回事呢？

58. 书虫啃书

书架上并排放着一套线装古书，书脊朝外，左边是第二卷，右边是第一卷。这两卷书的书页厚度都是3厘米，封皮、封底的厚度都是2毫米。

假如有一只书虫从第一卷的第一页开始啃书，直到啃到第二卷书的最后一页，那么，这只书虫一共啃啃了多长的距离？

59. 长颈鹿吃树叶

有一头长颈鹿在吃一棵树上的树叶。其中有一片树叶，白天时长颈鹿会咬一口，咬掉3厘米，晚上这片树叶又会长出2厘米，这片树叶总长10厘米。问长颈鹿几天可以吃掉这片树叶？

60. 冰球比赛

在一次冬奥会冰球比赛中，加拿大队最后的一场小组赛，必须净胜对手3分才能够出线。在比赛即将结束的时候，加拿大队只领先对方1分，但是时间显然不够了。这时，如果你是教练，你肯定不会甘心认输，如果允许你有一次叫停机会，你将给场上的队员出个什么主意，才有可能赢对手3分以上？

61. 到底爷爷有几个孩子

小明的爸爸是小红的妈妈的哥哥。有一天，小明说："我的叔叔的数量和我的姑姑的数量是一样多的。"而小红说："我的舅舅的数量却是小姨的数量的两倍。"你知道小明的爷爷到底有几个儿子几个女儿吗？

62. 猜数字

有一个数字，去掉第一个数字是16，去掉最后一个数字是90，请问这个数字是什么？

63. 赢家

一个俱乐部的成员玩一个游戏：从90个竖排抽屉里找出藏的东西。大家发现，不管谁上场比赛都赢不了小张。有人问小张时，小张说："我有诀窍。"你能想到他是用什么诀窍赢得比赛的吗？

64. 刻舟求"尺"

小香一家去海边游玩，她第一次看到海，非常兴奋，特别是看到涨潮落潮时，简直看得入了迷。她很想知道，涨潮时每小时海水上涨了多少。于是，她想了一个办法：在一条木舟的船身上绑上一把2米长的尺子。把舟放到水里，记下这时候水面在尺子上的"刻度"在10cm处。她想涨潮时带上表计时，每小时读一次刻度，就能知道一小时涨潮涨多少了。

请问她能做到吗？

65. 木匠家的婚礼

有个木匠要给儿子娶媳妇，他请了40个客人，打算在婚礼那天自己做4张桌子，用来宴客。木匠设计每个桌子4条腿，但是临到婚礼前一天，他才发现，现在只有12条桌子腿，只能装好3个桌子。借桌子是来不及了，让40个人挤在3张桌子上也不现实，他该怎么办呢？

66. 就要让你猜不到

某个小镇上只有一名警察，他负责整个镇子的治安。小镇的一头有一家酒馆，需要保护的财产价格为1万元，另一头有一家银行，需要保护的财产价格为2万元。因为分身乏术，警察一次只能在一个地方巡逻。有一天，镇上来了个小偷，他一次也只能去一个地方偷盗。就这样，两个人的算计开始了。

　　警察一开始想的是，银行的财产较多，小偷光顾的可能性大。在银行附近巡逻的话，无论如何都能够保住2万元财产，而小偷若不幸也到银行这来了，就可以直接把他抓住，这样就保住了3万元的财产。相较之下，守在酒馆虽然也有可能抓住小偷，保住3万元，但是更大的可能是只保住1万元而丢掉了银行的2万元财产。所以，应该在银行巡逻。

　　事实上，以上这样的可能性，小偷也是能够想到的，那么，他只要去酒馆行窃就总能得手。

　　警察当然不希望这样的事情发生。如果你是警察，你会采取什么策略呢？

67. 超级透视

　　一位会透视的魔术师瞅着一张扑克的背面说："虽然只有上半部能透视，但能看到有2个黑桃。" 这是张极平常的扑克，那么这张扑克是黑桃几？

68. 假话

　　有一个小孩很不诚实，经常说假话。有一天他妈妈批评了他，他说："我每句话里都有假话；如果不让我说假话的话，我根本说不成话。比如我说的这段话里，就有4句假话。"

　　你知道他的话里，假话都在什么地方吗？

69. 最轻的体重

　　小丽现在有80千克重，身为女孩的她经常遭到别的女生嘲笑。但她却说："别看我现在有80千克重，可是我最轻的时候，还不到3千克。"大家想一想，小丽的这句话有可能吗？

70. 绕太阳

　　儿子环游世界归来，非常骄傲地对他父亲说："我已经绕地球1圈了。"他父亲说："这有什么稀奇的，我已经绕太阳50圈了！"他的父亲是在吹牛吗？

71. 刻字先生

　　在街头一个刻字先生的摊子前，有这么一个广告：刻"行楷"2角，刻"仿宋体"3

角，刻"你的名字"4角，刻"你爱人的名字"6角。那么，他刻字的单价是多少钱呢？

72. 语速

小明说话的语速比较特殊，他读"荷塘月色"需要4秒钟，读"三字经"只需要3秒，读"海燕"只要2秒，读"史蒂夫乔布斯传"需要7秒钟。那么他读"巴黎圣母院"需要多长时间？

73. 史前壁画

某失业青年整天想着发横财。一天，他找到一位古董商兴奋地说："您听说过在法国发现了洞穴人在山洞里画的壁画吗？可是我在西班牙的一个农庄发现了更堪称无与伦比的史前古人壁画。"说完，他递给古董商三张照片，"这几幅壁画，是我钻入差不多有4000米深的暗洞才拍摄到的。"古董商看了一眼，第一幅是第毛犀牛图，第二幅的画面是猎人在追赶恐龙，第三幅是奔跑的猛犸象图。可是古董商立即指出失业青年在说谎。

请问这是为什么呢？

74. 毒酒

1932年3月，春寒料峭，大侦探霍桑应邀到苏州乡下做客。他和友人坐在一家小酒店里饮酒，突然，隔壁桌上的一位丝厂老板呻吟着呕吐起来。他带来的两名保镖立刻拔出枪来，对准与老板同桌的一位商人。

霍桑急忙上前询问，才知道双方刚谈成一笔生意，丝厂老板已开出银票订货，双方共同喝酒庆祝，谁知老板竟中毒了。那位商人举着双手，吓得不知所措。

霍桑走上前，摸了摸温酒的锡壶，又打开了盖子，看到黄酒表面浮着一层黑膜，就说："果然是中毒了，我是霍桑，你们听我说……"

这时，丝厂老板摇晃着身子说："霍桑，救救我！他身上一定带着解药！搜出来……"

霍桑笑着说："他身上没带解药！这酒是你做东请客的，他怎么有办法投毒呢？"

大家惊呆了，难道酒里又没有毒了？

"有毒，"霍桑笑笑说，"凶手就在这里。"

你知道在哪里吗？

75. 辨别伪古鼎

五代十国时期，后梁著名经学家张策少年时就才智超群、学识渊博。他家住在洛阳，有一天，人们在挖一口甜水井时起出了一只古鼎。那锈迹斑驳的铜鼎上铭刻着一行篆字："魏黄初元年春二月，匠吉千。"那鼎做工十分精细考究，左邻右舍无不认为这是稀世的文物。大家高兴极了，认为已得了飞来的横财。

可是，张策望了古鼎一会儿，苦笑了笑，说："众乡亲啊，不是我说扫兴话，这只古鼎是后人假造的，决不是曹魏时代的珍品。"众人听了都大惊失色。有个老学究却不服气，冷笑道："唉！你这小子不过十二三岁，怎晓得几百年前一个古物的真伪呢？"张策的父亲张同也有此感，怒声责问道："你可要谦逊一些！"

张策也不气恼，只是轻声慢语地对老学究说："老先生，晚辈斗胆说一下根据，请您指教……"老学究和张同听完了，相对着望了一眼，不再言语了。

你知道张策是怎么说的吗？

76. 鉴字擒凶

明朝正德年间，清江县有一个名叫朱铠的人被杀死在文庙之中，过了很久也没有查到凶手。一天，清江县令殷云霁突然收到一封匿名信，揭发某某杀死了朱铠。殷云霁便问左右，现在有人揭发朱铠是被本衙某某所杀，不知可信否？大家认为一点不冤屈他，因为该人素来与朱铠有仇。

殷云霁道："且慢！依我之见，这很可能是凶手嫁祸于人的做法，是想让我们放松追查真凶罢了！"他接着又问道，"县衙里都有哪些人与朱铠的关系较好呢？"有人答道："有很多吏员，其中有个姓姚的小吏曾与朱铠过往甚密。"殷云霁便请众位吏员上堂，对他们说："本县令要请你们抄写文章，请你们把自己的名字写了呈上来。"片刻，众位吏员将自己的名字写毕呈上。殷云霁逐个看了一遍，便喝道："姚明！为什么要杀死朱铠？"姚明听县令喊自己的名字，不禁吃了一惊道："小人愿招！小人见朱铠即将去苏州做生意，为了图财就把他给杀了。"

案件破后，众人问殷云霁，如何知道姚明是凶手？你知道吗？

77. 埃菲尔铁塔的谜团

享誉世界的埃菲尔铁塔，是法国首都巴黎的代表性建筑。它高300米，总重量达7000多吨。但是在它建成之初曾有三个谜团困扰了人们很久：

（1）这座铁塔只有在夜间才是与地面垂直的。

（2）上午，铁塔向西偏斜100毫米；到了中午，铁塔向北偏斜70毫米。

（3）冬季，气温降到零下10摄氏度时，塔身比炎热的夏季时矮17厘米。

当有人就这三个谜团问一个著名的法国侦探时，他合理地解释了这些问题。你知道其中奥妙吗？

78. 土人的笛声

汤米和乔治是一对很要好的朋友，两人都嗜好打猎、探险。以下是他们去年夏季到南美洲探险的经历。

早晨，正当他们带齐探险装备，前往亚马孙流域的森林地区，想深入探讨当地食人族的生活习惯时，竟被食人族发现行踪。食人族立即吹响一种无声的笛子求救，两人见状立刻奔逃。

走呀走，两人精疲力竭地走着，后来回头一看，发现已经没有食人族追来，于是两人慢慢走向亚马孙河，在河边等船救援。返回岸边时，一批食人族突然从四方八面向他们涌来，把他们活捉到森林内。经较年轻的族人为他们翻译，问明来意后，知道他们是来探险的，不是袭击他们的时，才把两人释放。

走出森林，乔治心想："为什么食人族会涌来河边捉拿我们呢？他们靠什么方式传递消息的呢？"

你能为乔治解答疑问吗？

79. 没有噪音的汽车

一辆汽车撞伤了孩子，孩子的小伙伴说是一位身材高大的男人开的车。警察找到了涉嫌者洛桑，可洛桑说今天上午是他妻子用的这辆车。他妻子身高不超过1.5米。

警察说："目击者还说，撞人的汽车噪音很大，好像消音器坏了。"

"那咱们试一下吧！"洛桑把警察带到车库，打开车门，然后舒舒服服地坐在驾驶座上，发动马达，在街上转了一圈，一点噪音也没有。

刑事专家哈利对警察说："洛桑是在你到他家前换上了新消音器。"

哈利是怎么做出这一判断的？

80. 吹牛侦探

一个富翁的儿子被人绑架了，警方侦查接近一个月，仍无头绪破案，于是富翁就另聘私家侦探代为破案。富翁许诺，如果救人成功，则以十万美元酬劳作谢。

在接见这批侦探时，富翁为了要考验他们的机智以及工作能力，要求各人把自己的工作成绩讲述出来，以便从中聘用。乔治是某私家侦探社的雇员，那笔赏金对他极具吸引力。可是他的资历却非常浅，只有一年私家侦探的经验。

当富翁问及他的功绩时，乔治立即说：“有，我记得在3年前7月的某天，我与朋友去城外水塘钓鱼，我们坐在堤坝旁边全神贯注钓鱼的时候，突然从水影中看到两个彪形大汉的影子。我回头一看，记起是通缉令上的通缉犯，于是我立即转身把鱼竿一挥，鱼钩向后把他们钩住，最后交给警方处理。”

富翁听后，冷冷地回答：“对不起，乔治先生，你编的故事非常动听，可是我想聘请的是一个诚实的侦探，而非吹牛侦探呀！”

你知道乔治的一番话露出什么破绽了呢？

81. 奇怪的狗吠

周江是著名的企业家，独居于郊外的一幢豪华别墅，只饲养了一只北京狗陪伴他。他非常宠爱这只北京狗，因此，请了一名佣人照顾它。一天晚上，小偷潜入他的寝室，盗走了有关公司发展的重要文件。周江发觉后，愤怒异常，立即责问那些保安人员。其中一名保安人员对周江说：“那晚我们一直守在这儿，没有察觉到任何异常；只听见那只北京狗在叫唤，我们以为它肚子饿了，所以没理睬它。对不起，这次是我们的疏忽。”

周江听罢，随即叫保安人员将照顾北京狗的佣人抓起来，并在他的房间里找到了那些文件。保安人员对周江这么快便知道小偷是谁，实在是非常佩服。周江是凭什么蛛丝马迹发现小偷就是那个佣人呢？

82. 锡制纽扣失踪案

一百多年前，俄国首都彼得堡，朔风凛凛，瑞雪霏霏，气温突然下降到零下30摄氏度！军营里开始发军大衣了。嗨，崭新的军大衣穿在身上有多暖和呀！可是，一会儿，士兵们都叽叽喳喳议论起来：“咦，军大衣上怎么连一颗纽扣也没有呢？真是太奇怪啦！”就连沙皇的卫士穿的军大衣也没有纽扣。

沙皇知道了这件事后很恼火，传令把监制军大衣的大臣传来问罪。大臣说：“这事儿就怪啦，我曾经到过制军大衣的工厂，亲眼见制衣厂的工人把一颗颗银光闪闪的锡纽扣钉上去的呀！”沙皇吹胡子瞪眼睛：“可是事实上，现在连半个纽扣也不见了！你快去查个清楚，到底是谁在搞破坏！”大臣吓得连声说“是”，马上到仓库里去调查。管理仓库的官员说："军大衣运来时，确实是有锡纽扣的，一直到发放军大衣时才打开仓库，那时没注意去查看纽扣，不过现在还剩下一部分军大衣。"大臣取过一件查看，也没有锡纽扣，只是在钉扣子的地方有灰色的粉末。奇怪，锡纽扣怎么失踪的呢？大臣百思不得其解，忧愁极了。

大臣有位朋友，是个化学家。他听说这件事后，告诉沙皇，锡纽扣是变成粉末了。沙皇不相信，科学家就拿了一个锡酒壶放到皇宫外的台阶上。几天后再去看，手一碰上去，那锡酒壶果然变成了一堆粉末。于是，那个大臣被宣告无罪。

你知道其中的科学道理吗？

83. 智斗连环杀手

英国有位妇女，名叫黛娜，她真是位不幸的女人，她接连嫁的两个丈夫都因病去世了。她虽继承了许多遗产，但一个人生活，总觉得很寂寞。不久前，有个叫查理斯的男人向她求婚，她觉得这人不错，就嫁给了他。查理斯搬到她的豪华住宅里来。

一天下午，黛娜帮丈夫收拾房间，意外地发现丈夫抽屉里收藏着一大沓剪报。上面报道一个叫马可的罪犯，专门寻找有钱的女人和她们结婚，然后设法杀死她们并将钱财占为己有。该凶犯如今越狱在逃。黛娜看了报上的罪犯的特征描述，顿时头晕目眩。原来，这罪犯竟是现在的新婚丈夫——查理斯！

正在这时，查理斯手拿铁锹进了院子。她想：恐怕今天晚上，他要杀死我了！她想逃出去，但又怕丈夫怀疑。她就趁他去屋后的时候，拿起电话，给好朋友杰克打了个报警电话。打完电话，她装着若无其事的样子，煮了杯咖啡，没放糖，递给了刚上楼的丈夫。丈夫喝了几口咖啡说："这咖啡为什么不放糖？这么苦！我不喝了，走吧，我们到地窖里去整理一下。"

黛娜知道丈夫要杀她了。她明白自己无法逃出去，便灵机一动，说："亲爱的，你等一下，我要向你忏悔！"她在编造故事，想拖延时间，等朋友杰克的到来。丈夫好奇地问："你忏悔什么？"黛娜沉痛地说："我向你隐瞒了两件事。我第一次结婚后，劝我那有钱的丈夫参加了人寿保险，那时我在一家医院当护士。我假装对丈夫很好，让左邻右舍都知道我是个好妻子。每天晚上，我都亲自为他煮咖啡。有一天晚上，我悄悄地把一种毒药放进咖啡里。不一会儿，他就倒在椅子上，再也爬不起来。我和众人说他是暴病而死，得了他的5000英镑人寿保险金和他带来的全部财产。第二次，我又是用亲手煮的咖啡加毒药的方法，得了8000英镑的人寿保险，现在，你是第三个……"黛娜说着，指了指桌上的咖啡杯。

查理斯听到这里，吓得脸色惨白，用手拼命地抠自己的喉咙，一边歇斯底里地尖叫道："咖啡，怪不得咖啡那么苦，原来……"他边吼叫着，边向黛娜扑过去。黛娜一边向后退，一边镇定地说："是的，我在咖啡里下了毒，现在，毒性已经发作，不过，你喝得不多，还不至于马上死去……"查理斯受不了这沉重的打击，一下子被吓昏了，就在他耷拉下脑袋时，她的好友杰克带着警察赶到了。

黛娜给丈夫喝的咖啡并未下毒，但是查理斯为什么会昏过去了呢？

84. 脆弱的防盗玻璃

某市一个大型珠宝展览会上，人山人海。突然，一个男子迅速走到装有一颗价值连城的钻石的玻璃柜前，抢起锤子一敲，玻璃"哗啦"一声破裂开来，男子抢出钻石，乘乱逃走。

警方赶到现场，珠宝商哭诉道："柜子是用防盗公司制造的特别防盗玻璃做的，别说锤子，就是子弹打上去也不会破裂呀！"经过调查，警方认定那些碎玻璃的确是特别坚硬的防盗玻璃，珠宝商对其性能的描述也是实情，并无半点夸张。

警方百思不得其解，于是向名侦探皮特请教。皮特略一思索，便根据防盗玻璃的特性，指出了谁是罪犯。

你知道谁是罪犯吗？为什么？

85. 专机安全着陆

间谍008在位于赤道下面的东南亚K国机场当机械师，工作是给大型客机涂漆修理。

3月6日，K国总统将乘专机出访日本。008收到间谍总部的密令，要在总统归国前将其暗杀。008将高性能的塑胶炸药弄成板状，再按机翼上航徽的形状切好，涂上相同的涂料粘在航徽上。因为机翼有油箱，所以炸弹一爆炸，飞机就会爆炸起火。引爆电源开关装在主起落架的缓冲装置上，一旦着陆时的冲力压缩缓冲器，炸弹开关就会启动。开关与机翼的塑胶炸弹相连接，用导电涂料代替电线。在导电涂料的周围，为了不使电流漏到机体上，涂了绝缘材料。这样一来，飞机一旦起飞，就无法再着陆了，因为着陆的同时炸弹就会发生爆炸。

当日，专机载着总统直飞日本。专机到达东京的情形，电视台通过卫星转播。008坐在电视机前等待着自己杰作的结果。电视画面上出现了成田机场，机场正下着雪。不久，专机在纷纷扬扬的雪中出现了。008屏气息声，注视着专机接地的一瞬间。不知为什么，专机滑向跑道平安着陆，静静地停下，没发生任何事情。安装了塑胶炸弹的机翼上的航徽清晰地出现在电视屏幕上，飞行中照理是不会因空气摩擦脱落的，可塑胶炸弹为什么没有爆炸呢？

86. 直升机的证言

某人乘坐朋友的直升机去一个海岛旅游。但十分钟后，直升机折回机场。直升机驾驶员向警方称，此人竟然在飞行途中自行打开机舱门跳了出去，而他的椅子上则留有一封遗书。遗书说他患了重病，觉得生无可恋，所以要了结自己的生命。

警长看完遗书后，深思了一会儿，又打开直升机座舱看了看，便拘捕了直升机驾驶员。

警长发现了什么破绽呢？

87. 明辨假古董

某省博物馆发生了一起珍贵文物盗窃案：一尊铸于战国时代的青铜鼎被窃。盗窃者相当狡猾，在现场没有留下任何痕迹，文物不翼而飞，给破案增加了难度。这一重任落到了刑警队长老王的肩上。老王接到任务后想：“罪犯盗得文物后一定会迅速销赃，说不定也会到风景区搞交易。”

第二天一早，老王带着侦察员小李来到风景游览区。凭老王多年的经验判断，罪犯为避人耳目还可能到人迹罕至的地方成交生意。突然，他俩眼睛一亮，同时发现了目标：一个穿着时髦的小伙子叼着烟卷，拿着一只青铜鼎走过来。这青铜鼎与博物馆被窃的那件一模一样。老王不露声色地走上前去，小李又紧紧跟上。老王走近小伙子身前，掏出一支烟说：“同志，对不起，请借个火。”小伙子很不情愿地将燃着的半截香烟递给老王，老王一边点香烟，一边暗暗地审视着青铜鼎，然后又将烟还给小伙子，道了声谢。小李看得真切，见青铜鼎确实像博物馆丢失的那尊，想要认真盘问一下，却被老王用一个暗示性手势制止了。老王拉着小李转身走开。

小李不解地问：“老王，你怎么能放他走呢？”老王指点道：“那是假的，你看那个青铜炉刻的是什么字？”小李回答道：“在公元前432年奉齐侯敕造。用篆体写的呀！”“问题就出在这里……”小李恍然大悟，拍着脑袋说：“是啊，我怎么就没有想到呀！”你想到了吗？

88. 试验辨谎

警方最近多次接到海滨度假村客房里盗窃游客贵重物品的报案，并渐渐摸清了这个罪犯的体貌特征，于是请画像专家画了罪犯的模拟像四处张贴，提醒游客注意，发现后及时报告警方查缉。很快，一位宾馆服务员向警方报告，该宾馆新入住的一位客人与模拟像上的犯罪嫌疑人极为相像。

警察们获讯后迅速赶到该宾馆，在服务员指点下敲开了这位客人的房门。这位客人确实长得和模拟像上的犯罪嫌疑人极其相像，唯一的区别是，客人梳的是大背头，而犯罪嫌疑人则是三七开分头。

当警察拿着模拟像要求客人去警局接受调查时，客人立即指出了分头与大背头的区别，并称自己已来海滨休假半月有余，有许多大背头的照片可以做证，只是刚搬了个宾馆而已。说完，客人拿出许多彩色照片，来证明自己一向是梳理大背头发型的。

警察们有些疑惑了，会不会只是长得相像而已？这时，宾馆服务员悄悄地向警察建议，带客人到美容室做个试验，就能搞清问题。这是个什么试验呢？

89. 秘书的花招

冬夜，摩斯接到考古学家卡恩博士的紧急电话，说他借来搞研究的黄金面具被盗，并已派秘书驾车接摩斯去破案。

到达博士的研究室已是深夜11点了，研究室空无一人，秘书上楼去请博士，摩斯在客厅里刚点上烟斗，就听得楼上"啊"的一声，接着是秘书的脚步声和喊声："博士死了。"摩斯连忙跑上楼，这是一间研究室兼卧室，博士倒在办公桌旁的地板上。摩斯摸了摸死者的手和脸，还有温度，他无意中接触到死者的衣服，竟然也热。摩斯问："这所房子还住有什么人吗？""没有。不过也许有人来过。"秘书答道。摩斯来到床前，注意到床上有一床没有叠好的电热毯，摸摸也很烫。博士的皮包里有一张出席学术会议的请柬和发言稿。这说明卡恩博士绝不是自杀。

摩斯一切都明白了，他指着秘书厉声道："凶手就是你！盗窃黄金面具的也是你！为了表明博士死时你不在现场，你玩了个不甚高明的花招！"

你能猜出秘书玩了什么花招吗？

90. 判定逃跑方向

夏夜，两名侦察员追捕一名逃犯，当追到一片稻田时断了踪迹。两位侦察员稍停片刻，侧耳听了听就判明了罪犯的逃跑方向。你知道侦察员是怎样判定罪犯逃跑方向的吗？

91. 排除假象取情报

英国间谍杰克奉总部之命，潜入某国新建成的导弹发射基地搜集情报，住在离基地不远的山区的一家小旅馆里。经过几次活动，基地的亚当斯上校决定向杰克出卖基地的秘密资料。一天上午，亚当斯和杰克约好，在当天晚上7点，杰克带50万美金到亚当斯那儿去，一手交钱，一手交货。晚上7点，杰克开车来到了亚当斯上校的住处。杰克按了几下门铃，没有动静，心里有些急了，就用手敲门，门虚掩着，一敲就开了。屋里亮着灯，却没有人。杰克走到里屋一看，惊呆了，只见亚当斯趴在地毯上，正艰难地翻过身来。杰克把他扶到沙发上时，发现他的身下有一块毛巾，一股麻醉剂的气味扑鼻而来。

亚当斯慢慢地睁开了眼睛，对杰克说："一个小时以前，我在看电视的时候，有人按门铃，我以为是你，我说了声请进，门没锁，谁知进来了两个陌生人，我连忙关掉了电视机，他们问我要基地图纸，我说没有，他们就用毛巾捂住我的嘴和鼻子，不一会儿，我就失去了知觉。我把资料都放在沙发下面，你去看看还在不在？"

杰克找了半天没找到，仔细观察了屋里的每个角落，屋内比较整洁；又用手摸了摸电视机的后盖，还有余温，摸完问亚当斯："您刚才看的就是这电视机吗？"

"是的，我就这么一台电视机。"

杰克冷笑说："别再演戏了，我希望你还是继续和我合作下去，否则后果由你一个人承担，至于什么样的后果，我想不用我多说吧！"亚当斯上校只好交出基地平面图。

杰克是怎么识破亚当斯的谎言的呢？

92. 通风扇在旋转

深夜，某大厦失火了，消防车拉着警笛到了现场。火灾是在大厦的二楼发生的，从烧毁的现场中发现了一具被烧焦的男尸。火是从二楼的会计室烧起来的，这会计室是两个人合租的。一个是阿查，一个是小龙，办公室有七十平方米大，只有一扇门通往走廊。

这天晚上，两个会计师都留下来加班，到了九点左右，小龙先回家了，只留下阿查一个人。火灾警报器是深夜十一点半发出的警铃声，值夜勤的警卫立刻携带灭火器赶到二楼灭火。可是，房子从里面锁上了，警卫用力推也推不开，他想用东西砸开，可是身边又找不到任何可用的东西。

会计师阿查这个人向来谨慎，深夜一个人留下来加班，都要把门用锁锁上，连窗户也会关紧，所以等于是个密室。只不过他让装在窗户上方的小通风扇旋转。也许是阿查有抽烟的习惯，为了换气，让它旋转吧。但通风扇较靠近会计师小龙的办公桌，距阿查的办公桌稍远。

消防人员调查后并没有查明起火的原因，甚至连起火位置也无法确认。要说有火源，只限于阿查所抽的烟。如果是阿查忘了熄灭烟头而烧到文件，燃烧的速度也太快了。探长章书华对火势蔓延的快速感到怀疑，仔细检查被烧毁的通风扇，他终于找到了疑点，立刻判断出："这是巧妙的纵火！"于是，警方以纵火杀人罪逮捕了会计师小龙。

你知道小龙是怎么纵火的吗？

93. 珠宝失窃

展览馆将要举办首饰博览会，派玛丽小姐将珠宝设计师新秀琳娜小姐接来，安排在3楼贵宾室里。

玛丽从琳娜手中接过装满参展珠宝的手提箱，放在床头柜上。

"您有什么需要吗？"玛丽问。

"明天早上给我送杯牛奶吧！"琳娜说。

第二天清早，琳娜在盥洗室里刚刷完牙，正用毛巾擦脸时，突然听见门外"啊"的一声惊叫，接着是"扑通"一声。琳娜立刻奔向门厅，只见玛丽歪倒在房门口，一股鲜血从她的额头流下来。

琳娜急忙去找枕巾，想帮玛丽止血。然而，当她去拿枕巾时，突然发现床头柜上装满珠宝的手提箱不见了。

顿时，琳娜脸色煞白，惊呼一声："天啊！"然后立刻打电话报警。

琳娜哭着告诉福尔警长她的手提箱不见了。玛丽接着说："刚才，我给琳娜小姐送来一杯热牛奶。可当我刚跨进房间，就觉得有一阵风，没等我回头，头上就被硬东西砸了一下，摔倒在地，恍惚间好像看见一个蒙面男人，拿着琳娜的手提箱逃走了。"

福尔警长走到床头柜前，见柜上放着一杯牛奶，对琳娜说："喝吧，牛奶还是热的。""我现在喝不下去。"琳娜泪如泉涌。玛丽摸了摸杯子说："凉了点，我再去给您热一下。"说着端起放有牛奶的盘子就要离开。福尔警长挡住她的去路，说："玛丽小姐先不忙离开，告诉我手提箱的去向吧？"

请问，福尔警长为什么会怀疑玛丽？

94. 厨师如何辩白

晋文公有一次吃烤肉，端上桌时，文公发现肉的外边缠绕着头发。文公大怒，于是唤来烤肉的厨子。烤肉上面有头发，是对文公的大不敬。如果是厨子失职，他有可能被处死。当厨子了解到被唤来的原因后，看到文公怒容满面的样子，他心中已明白了几分。那么，他要怎么证明自己是被冤枉的呢？

95. 张飞审瓜

有个俊俏的小媳妇抱着孩子走娘家，路过财主的瓜地。财主的少爷看见了她，起了坏心，叫家丁赶快去摘三个大西瓜。

少爷拦住小媳妇，一口咬定她偷了三个大西瓜，小媳妇不承认。少爷指着西瓜说："人证、物证俱在，你要么赔西瓜，要么到我家当佣人。小媳妇同他讲理，少爷扯住她正要胡闹，恰好张飞骑马经过这里。张飞命令士兵把他们一起带回衙门亲自审问。

少爷说他亲眼看见她抱着西瓜走，家丁可以做证。小媳妇把经过说了一遍，张飞心里明白了。他看着西瓜，想出个主意。张飞问少爷："她是怎么偷的，你能学着做个样子吗？"少爷傻了眼，只好认罪。张飞打了他三十大板。

少爷为什么不得不认罪？

96. 谁偷了文件

某公司保卫科保密柜中的77118号机密文件被人偷了，保密员A立刻向安全局报案。安全局工作人员E接到报告后，立刻赶来调查此事。

失窃机密文件一事只有保密员A一人知道，E嘱咐A不要声张，经过调查和分析，推断可能是内部人员作案。E让A找来了知道保密柜号码的其他三个人。

"因为发生了一点事情，所以我想请你们说说昨天下班之后各自的行踪。"E对三人说。

"我在5点钟和朋友一起去吃饭，9点多我们分手回家。总务科的小石一直和我在一起。"孙林很坦然地说。

"我直接回家，走到半路才发现忘拿手提包了，于是又回来一趟，当时老王还没有回家。今天我因家里有事，打电话请了假。关于77118号文件失窃之事，我一点儿都不知道。"刘杰神色自若地说。

他们三人刚说完，E忽然指着其中一人说：

"就是你偷的！"

究竟谁是窃犯呢？

97. 包公断鸡蛋

包拯三十岁当了开封府尹，当朝太师王延龄想找个机会试试包拯的才能。一天早晨，包拯去拜访王延龄。王延龄想借此机会当面试试包拯的才能，于是让丫鬟秋菊把给他备好的早餐——两个鸡蛋吃了。

王延龄见到包拯后寒暄了几句，便说："舍下刚发生一桩不体面的事，想请包大人协助办理一下。每天早上，我用三个鸡蛋做早点。今日，刚吃了一个，因闹肚子，上厕所一趟，回来时那剩下的两个蛋竟不见了。此事虽小，不过太师府里怎能容有这样手脚不干净的人？"包拯点点头，问道："时间多长？""不长。头尾半顿饭的时间。""这段时间内，家里有没有外人来了又走的？""没有。""老太师问了家里众人吗？""问了，他们都说未见。你说怪不？"

包拯思索片刻，走出内室，来到中堂，吩咐说太师府里大小众人，全部集中，一厢站立。然后让随从把一碗水和一只盘子拿来。包拯让随从把盘子放在屋中间。然后说："每人喝口水，在嘴里漱口后吐到盘子里，不准把水咽下肚。"

头一个人喝口水，漱漱吐到盘子里。包拯瞅瞅盘子里的水，未吱声，又让第二个人把水吐到盘里。包拯又瞧瞧，又未吱声。轮到第三人，正是秋菊，她拒绝喝水漱口，包拯离了座位，指着她说："嘿嘿，鸡蛋是你吃的。"然后对王延龄解释了一番，说得太师点头称是。不料包拯严肃地说："秋菊只是被人捉弄，主犯不是她。"王延龄笑着连连点头，转脸对众人说："这事是我要秋菊做的，为的是试试包大人怎样断案。包大人料事如神，真是有才有智。你们回去，各干各的吧！"这时，秋菊脸上才现出笑容，和大家一道散去。

包公根据什么断定鸡蛋是王延龄让秋菊吃的呢？

98. 智辨凶器

有人向县令报案说野外有一个重伤而死的人，县令去验尸，死者被镰刀伤了十几处，而衣服鞋子都在，所带的零碎钱物也都在。县令说："这是仇杀！"找来死者的妇人，悄悄问她："你的丈夫平时有仇人吗？"妇人想了很久说："没有，只是有一个无赖，曾来借钱没借给他，他愤恨离去了。"于是县令派妇人告诉邻近村里的人，都拿上各自的镰刀来验证，隐匿不报的，就按凶手处置。不一会儿，乡里的人都拿着镰刀来了，有一百多把。当时正是盛夏，官府看了一会儿，忽然指着一把镰刀问是谁的，人群中走出来的正是借钱未遂的无赖。县令问："你为何杀人？"无赖无言以对。

你知道县令是怎么知道无赖是罪犯的吗？

99. 自杀疑云

副局长陈平贪污巨款案发后，逃离居所藏匿了3个多月，当检察官们寻踪觅迹侦查到陈平隐匿的别墅里时，却发现陈平已死在床上。陈平的右太阳穴上有一个贴着肉开枪的枪洞，被子里的右手上握着那把结束自己生命的手枪，脸上浮现出痛苦的表情。

床边的写字台上，摊着陈平写的遗书，遗书中回顾了自己的成长经历和犯罪经过，流露出想自首又怕无颜见人和难熬铁窗生涯，想自杀又留恋人生的矛盾心理。检察官们一致认为陈平系自杀，可后来赶到现场的法医却坚持认为陈平决不可能是自杀。

双方争论起来，你看是谁判断得对呢？

100. 钥匙的藏处

警察接到报案，铃木家里没人时，现款和金银首饰被洗劫一空。看起来盗贼是从大门登堂入室的，但门上着锁，也无被撬的痕迹。实际上，失主铃木家的房门钥匙并非是谁带在身上，而是藏在房门前一个外人不易找到的地方。"藏在什么地方了呢？"警察问道。"在受过训练的看门狗的项圈中。"

可听了失主的话后，警察便觉得罪犯就是失主家里的人。你知道为什么吗？

101. 借据丢失后

伊朗有个叫阿桑的人，颇有积蓄，为人厚道，乐于助人。一天，有一个服装商人加伊前来拜访阿桑，阿桑热情接待，加伊愁眉苦脸地说："唉，有了现成生意，却缺本钱。"阿桑关心地问道："缺多少钱？"加伊开口要借2000金币。阿桑慷慨答应。一张借据，一番千恩万谢，阿桑便满足了。

可过了几天，妻子问起借钱的事，要看借据，阿桑找遍房间也没找到。妻子提醒阿桑："没了借据，小心将来加伊把钱全部赖光。"阿桑心里也着急了。于是阿桑去找好友纳斯列丁想办法。纳斯列丁问："借钱时有没有别人？"阿桑摇摇头。纳斯列丁又问："借钱的期限是多久？"阿桑伸出一个示指："一年。"纳斯列丁略一思忖，就说："有办法了，你马上写封信给商人，催他尽快归还你的2500金币。"阿桑说："我只借给他2000金币呀！"纳斯列丁笑道："你就这样写好了，他必定复信说他只欠你2000金币，这样一来，你手头不就有证据了吗？"

阿桑照办，果然不出纳斯列丁所料，阿桑因此重又得到了借款的证据。你知道为什么吗？

102. 糊涂的警员

一名生意失败的商人，7月的一天被发现死在家中。他的致死原因是头部太阳穴中弹。警方到现场调查，死者倒毙在床上，身上及双手都盖着被单。离床不远处，有一支使用过的手枪摆放在地上，经过警方详细检验后，证实枪内剩下的子弹与死者所中的弹头相同。

最后，警方判定死者是因生意失败，被迫走上自杀途径。翌日，报纸刊登了这条新闻，私家侦探李察看到后，立刻对助手说："哼！这明明是一宗谋杀案，那些警员们真是糊涂透顶了。"助手听罢，脸上充满疑惑和不信的神色。李察看见助手的模样，笑着说出了为何判断该宗案件不是自杀案。

究竟他是凭什么做出如此判断呢？

103. 信箱钥匙

约翰去海滨度假，嘱咐女管家及时把收到的信转给他。女管家保证一定办好这件事。一个月过去了，约翰却一封信也没有收到。他感到很奇怪，便打电话向女管家问道："怎么搞的？您为什么不及时把信给我转寄过来？""先生，因为您没有把信箱钥匙给我留下。"女管家告之说。约翰当即表示歉意，并答应将信箱钥匙寄回。几天后，约翰把钥匙装进信封，写好地址，将信寄了出去。可是直到假期结束，他还是没有收到信。一回到家里，约翰便向女管家大发脾气。"先生，我能有什么办法呢？"可怜的女管家委屈得哭了起来。

请问约翰为何收不到信？

104. 口袋里的金币

摩斯警长驱车经过某住宅区时突然发现路旁躺着一个人。摩斯下车一看，那人已气绝身亡，脖子上留有明显被勒的痕迹。

这时，附近一家住宅走出一个人来，走上前来弯腰一瞧，惊恐地喊了起来："啊，这不是杰克吗！我料到会出这事。我警告过他！""警告过他什么？你是谁？"摩斯问。"警告他不要总是把金币弄得叮当响。我是乔治，杰克和我是20年的老邻居了。几分钟前我见他走过去，他总喜欢把他的金币弄得叮当响，好像特意要招人抢劫似的。我告诉过他小心点的。"

摩斯检查了尸体，从裤子的右边口袋里发现了一枚金币，又在他口袋里发现了只有1美元的纸币。摩斯很快逮捕了乔治。

摩斯逮捕乔治的依据是什么？

105. 深井命案

明朝时，有个叫张杲卿的人当润州（今江苏省镇江市）知府，曾处理过一桩谋杀案。有夫妇两人，一天男人外出，当夜未归。女人忧心忡忡，次日倚门而待，望眼欲穿，男人又是未归。第三天，女人红肿着双眼，痴等丈夫归来，结果还是不见人影。就这样又过了几天，忽然有人传报："你家菜园的水井里有一具尸体哪！"女人听了，全身像筛糠似的抖颤着，匆匆跑到井边张望，果然隐隐约约看见一具漂浮在水面上的男尸。女人看罢，便号啕大哭起来，一边哭，一边叫："我的亲人啊！"一边还将头往井栏圈上撞，还想往井里跳。左邻右舍看看于心不忍，纷纷动手将她拦腰抱住。当即，几个好心人劝住女人，一起去向官府报案。张景卿听罢女人的哀哀哭诉，好言安抚她说："务请节哀。到底是自杀，还是他杀，本官自会破案。"邻舍说："他们夫妻十分恩爱，这个女人又向来贤慧、本分，男人决不会自杀的。"女人听罢越发伤痛欲绝，竟悲伤得晕了过去。张杲卿令左右用冷水将她擦醒，又好言劝慰道："你要相信本官一定会替你做主，把案子弄个水落石出。"说完，当即吩咐备轿上路，径直到案发现场去。

到了菜园，张杲卿叫女人和邻居们都围拢在井旁，向下面细细端详。过了许久，张杲卿问道："尸体是不是这位女人的丈夫啊？"女人大哭道："是啊是啊！大人一定要替奴家申冤哪！"张杲卿说："你不必悲痛。请问大家，你们看是不是她丈夫呢？"众人再看井里，复又面面相觑。有人说："水井这么深，实在难以辨认清楚。"另一个人说："请大人让我们把尸体捞出来辨认吧。"张杲卿笑道："现在先不必忙，当然以后总要装棺入殓的。"说完，对女人大喝一声道："好个刁猾的淫妇！你勾结奸夫谋杀了亲夫，还装出悲恸的样子来蒙骗本官吗？"在场的众人如同听到晴天霹雳，一个个都愣了。唯独那女人重新又痛哭起来，边哭还边叫喊道："张大人，您可不要血口喷人哪！"邻居们也纷纷为她求情："大人，我们平时看她规规矩矩的，对丈夫体贴照顾，从没见她与不三不四的男人有勾搭行为。"但是张杲卿指出了本案的一个疑点，邻居们便不再为这个女人辩护了。张杲卿吩咐差役将女人收押。经过审讯，果然是女人同奸夫合谋杀死了亲夫。

你知道张杲卿指出的疑点是什么吗？

106.路遇抢劫犯

深夜11点，值勤的民警听到远处喊着"抓强盗"的急促呼救声。民警飞步赶到出事现场，只见一胖一瘦两个人正扭打在一起，见公安人员来了，都说自己的手表被对方抢了。民警问："表是什么牌，何种表带？"那两人异口同声地回道："上海牌，黑色人造革表带。"

富有破案经验的民警从地上捡起手表，只做了个简单的动作，便断定了二人中谁是拦路抢劫犯，并将他押回了公安局审问。

民警是如何确定抢劫犯的呢？

107. 指纹的秘密

一天傍晚，福尔一个人到酒吧喝酒。他的目光很快被坐在附近的一个漂亮女子所吸引，这个女子大约二十五六岁，化了很浓的妆，而且手指甲上涂了透明的指甲油，独自在喝酒。福尔觉得这个女人似曾相识，但又记不起是谁。直至那个女人离开座位，福尔才突然记起这女人名叫卢琳，是个诈骗犯，正被警方悬赏通缉。福尔立即起身追出去，但那卢琳已无踪影，福尔于是向警方报案。

警察到场以后，立即展开了调查，他们对女子喝酒的酒杯加以检验，但是，上面竟然没有留下指纹。"奇怪，那个女犯喝酒时戴着手套吗？"警察问道。"不，她没有戴手套，而且，也不似贴上了胶纸那一类的东西。"福尔回答说。"那到底是怎么一回事呢？"警察迷惑地自言自语。

你知道吗？

108. 两页中间

"二"战期间，德国间谍希莱成功地从苏联盗得了一份坦克资料，这份资料详细记录了坦克的重要数据。一旦这份资料落入德国之手，这些坦克在战场上就将成为破铜烂铁。情况十分危机。但幸运的是，就在希莱盗取资料后的很短时间内，苏联就发现资料被盗了，于是立刻命令封锁莫斯科，严禁任何人进出，于是希莱依然被留在了莫斯科内。同时，以帕科夫少校为首的特种部队也在莫斯科内搜捕希莱，很快在一个酒吧内抓住了这名间谍，并立即展开了审讯。可资料却被希莱藏起来了，并不在她身上。

帕科夫问道："你究竟把资料藏到哪儿去了？马上交出来。"希莱说道："我把它藏在一家图书馆内的书里面。""哪家图书馆？"帕科夫问道。"离红场不远的一家小图书馆，我还记得那本书的书名是《圣经》，资料就夹在这本书的第43页和第44页中间。""好了，希莱！"帕科夫少校拍了一下桌子，怒不可遏地说："别再撒谎了。快把资料交出来！"

帕科夫少校怎么知道希莱在说谎呢？

109. 奇怪的陌生人

一天半夜，侦探正在一家旅店的一个房间里，突然听见有人敲门，他开门一看，却是个陌生人。陌生人看了看房间后说道："对不起，我弄错了，我以为是我自己的房间呢。"说完赶紧退了出去。陌生人刚出去不一会儿，侦探就断定这人并非好人，于是立即打电话给楼下的保安。保安人员马上在门口把陌生人抓住，果然在他身上搜出匕首和盗窃工具。

侦探为什么知道陌生人不是好人呢？

110. 虚假的证词

桥旁有一具被水淹死的年轻女性的尸体。刚才在船上，用尽全力摇着船向桥的方向行进的男子证明说："那女子从桥上脱了帽子后纵身跳下了河，我亲眼看到的。"

但是，警长立刻听出这是骗人的证词。那么到底为什么呢？

111. 售票员变侦探

一名警察和他的妻子到科罗拉多州的一个滑雪胜地去度假。警察的妻子被发现摔死在了悬崖下面，在度假胜地工作的售票员与当地警方取得了联系，这名警察以谋杀罪被逮捕。售票员怎么知道这是一起故意杀人案？有哪种可能性？

提示：（1）售票员从来没有见过警察和他的妻子。（2）如果没有售票员提供的信息，当地警方就不能逮捕这名警察。（3）雪橇留下的轨迹显示不出这是一起故意杀人案。（4）她是摔死的。（5）她是个滑雪好手。

112. 纰漏

著名侦探福尔出了个案例：我有个案子，被人动过手脚，看起来像是自杀。劳伦的尸体于晚上8时在公园的一张椅子上被人发现，一颗子弹穿过他的左鬓角。他的右臂自一月前的一次意外事故之后，从指尖到肘部都裹上了石膏。尸体被发现时，这只骨折的手臂摆在膝盖上，左手握着一把手枪。我判断凶案大约是发生在晚上7时，我从死者口袋中的东西，推断他是在浴室中被谋杀的，然后移尸到公园。我看出劳伦的衣服是他断气之后才穿上的，所以他断气时必定没有穿衣服，应该是在洗澡时被杀的。他浴室里的血迹，证明了我的推断。你一定会问他口袋中的什么东西证明他是被谋杀，而不是自杀？他的左裤袋里有4张1元的纸币折在一起，还有5角2分的硬币；他的右裤袋里有一条纸巾和一个打火机。你能看出凶手出了什么纰漏吗？

113. 跑步脱险

第二次世界大战期间，一艘日本潜艇在海滩搁浅，被美国侦察机发现，这就意味着几分钟后会有轰炸机飞来，潜艇将被炸毁。日本潜艇艇员一时谁也拿不出脱险的办法，一种绝望的气氛笼罩了全艇。

艇长这时也不知如何是好，但他没有慌乱。他让艇员们镇静，但没什么效果，于是他掏出香烟点燃，坐在一边吸了起来。他的这一举动感染了艇员，他们想，艇长现在还抽烟，一定是没什么问题了，于是艇员们镇静了下来。这时，艇长才让大家想脱险的办法。

由于不再慌乱，办法很快就想出来了：大家迈着整齐的步伐在舱内跑步！奇迹出现了，潜艇终于在美国轰炸机到来前，脱离浅滩，潜进了深海。

这样的脱险方法听起来不可思议吧！你知道其中的科学道理吗？

114. 毁灭证据

朱衡悄悄地潜入了一个住宅中，翻箱倒柜地搜寻，因为他知道勒索他的商业犯罪文件就放在这里。不过，搜遍了每一个角落，他都无法找到这些文件。于是，朱衡决定毁灭这些证据文件，不让它们落入警方之手。

他先把所有的门窗都小心关好，然后把冲凉房的煤气打开。之后，悄悄离开了大屋，又轻轻关上大门。5分钟后，朱衡来到街头的电话亭，打了个电话给住在该屋隔壁的邻居，大致说他家附近发生了严重的大火，请尽快逃命之类的提示。朱衡放下了电话，阴险地一笑，因为他知道目的就快达到了。

朱衡究竟用什么手段去毁灭所遍寻不获的证据呢？

115. 大树做指南

以庞泰为队长的十人科学考察队，决定到一座森林完成一项科学考察任务。但在进入森林之前，他们必须先通过一片30多平方公里的烂沼地。这日，庞泰他们出发的时候，偏又遇上了个浓雾天气。10个人各自背负着各种仪器设备，每人手中还握了一根准备在烂沼地里探路的木杆，在一位熟悉地形的向导的带领下上了路。不久，他们就进入了那片烂沼地。

此时，糟糕的事情发生了。按常规，这种大雾天气，在几个小时后浓雾就会散去，必定是一个晴朗的天气。可是，这日的大雾不但不散，反而愈来愈浓，浓得人在二三米之外，就根本无法看清对方了。那位本地向导，起先还能凭着记忆，领着考察队员，手拉着手向前行进，当领着大家来到前面的一条极其危险的陷泥河时，向导三转两转，一下子迷了路，走了半天，还是兜回了原处。偏偏队员们都忘了带定向仪。向导急得眼泪汪汪，队员们也一个个走得精疲力竭了。情势很是险恶，因为这片烂沼地是一条大江支流的延伸带，每天下午3时左右江里涨水时，便会把这烂沼地全部淹没。而前面的陷泥河就更危险，一旦人陷入稀泥之中就很少有生还的可能了。

在这进退维谷之际，大家不约而同地把目光投向了经验丰富的庞队长。庞队长根据树的枝叶确定了南北方向，在浓雾中把大家领出了烂沼地。你知道其中的科学道理吗？

116. 女画家被刺之谜

日本著名女画家A被发现死在自己的别墅中。她是被人刺死的，但凶手显然是个老练的杀手，在现场没有留下凶器，也没留下任何指纹或其他痕迹，后来发现地上有些穿袜子的女子脚印，开始时警察以为是女画家A留下的，经过鉴定后知道是别的女子留下的，并且这个女子就是凶手。

女画家所住的是一座独立的花园式别墅，没有邻居，但过路人曾目击一个穿和服的日本女子和一个穿长裙的西方女子在女画家被刺杀期间分别在屋子附近徘徊过。这两个女子中谁有可能是凶手呢？警方人员根据现场调查，迅速确定了目标，很快就破了这个案子。

你觉得哪个女子更可疑呢？

117. 黑人姑娘的知识

南非比勒陀利亚的土著黑人姑娘斯通在一个荷兰血统的白人家里当佣人。这家主妇是个爱唠叨的孤老太婆。因工钱不菲，所以斯通只好忍气吞声地在她家干活。一个酷热的傍晚，斯通干完了活儿正准备回土著人居住区时，女主人叫住她，并又没完没了地唠叨起来。斯通一气之下就顶撞了女主人，于是老太婆便暴跳如雷，大声骂道："你一个黑鬼，竟敢顶撞我……"由于过分激动，老太婆突然心脏病发作，当场就一命呜呼了。

惊慌失措的斯通本想马上叫急救车，可又立刻打消了这个念头。她想刚曾受到老太婆的申斥，担心如果让警察知道了此事，肯定会怀疑是她杀害了老太婆。她急中生智，把老太婆的尸体拖进厨房，把厨房的窗户关好，再打开大型电冰箱的门。这样，电冰箱内的冷气就可以降低厨房室内的温度，尸体也很快会被冷却，待第二天斯通从土著人居住区来上班时，再把电冰箱的门关上，把窗户打开，让厨房恢复常温。然后，她就可以装作刚刚发现尸体的样子去报告警察。何况，这孤老太婆与附近的邻居没什么交往，今天一个晚上一直冷却着尸体，尸体的变化状态就会与常温下的变化状态不同，势必会给推定死亡时间造成一定的难度。这样，怀疑自己的可能性就会大大减小。至少斯通自己是这样认为的。这些知识还是她在白人家里当佣人时积累起来的。

那么，她伪造现场成功了吗？

118. 初春命案

事情发生在日本。一个晴朗的日子，一对喜欢徒步旅行的夫妇到京都郊外去采集春天的野菜。当他们走到一个小池塘边上的杂木丛林里时，突然发现地上倒着一具中年妇女的尸体，于是惊慌地报告了警察。

看上去这个中年妇女也是来采山野菜的，采到的山野菜都装在塑料袋里。经过初步鉴定，死亡时间为两三天前，但在尸体上却找不到明显的外伤。为慎重起见，警察把尸体交给大学医院解剖，医生们通过解剖发现，死者的血液里含有大量的卵磷脂酶。"卵磷脂酶就是蛇毒，这毒液进入身体的血液后，血清中的磷脂便分解成卵磷脂，大量杀死红细胞，以致夺去生命。死者左腿小腿上发现有两处被蛇咬的痕迹，一般蝮蛇习惯于咬长筒袜上方的部位。"医生详细地讲解着。刑警想起现场的状况，会意地点着头。

可是，当他返回署里报告署长时，署长却发出疑问："什么？蝮蛇！胡说！即使死因是蛇毒所致，也不是在这里被毒蛇咬死的，这是巧妙作案的杀人事件。罪犯将蛇毒注射到被害人的体内，再将尸体扔到杂木林里，伪装成被蛇咬的现场。而像被蛇咬的小小的伤痕，一定是用针注射的痕迹。尽管如此，也是个愚蠢的罪犯。"署长果断地下了结论。

请问，署长是根据什么下结论的呢？

119. 毛玻璃"透视"案

某公司有三间连在一起的办公室，间隔它们的两扇门上都是毛玻璃，就是那种一面光滑一面粗糙、让人无法透视的玻璃，这两扇门平时都是锁着的。中间的一间办公室是财务室。一天，出纳在上厕所回来后，发现保险柜中的现金少了一部分。原来，粗心的出纳虽然锁上了保险柜，却忘记了拔掉钥匙。

警方接到报案后，很快就将嫌疑犯锁定为旁边两间办公室的人。警长仔细地观察了两块毛玻璃，发现左边办公室的毛玻璃的光滑面不在财务室这一面，而右边的光滑面则在财务室的这一面。警长马上判断出是右侧办公室的人作的案。警长的根据是什么？

120. 不吃羊的狼

中国民间故事及古希腊伊索寓言中有不少狼吃小羊的故事。狼是一种凶残的动物，划为豺狼虎豹一类，它吃羊羔的本性是不会改变的。动物学家在美洲大陆上驯出了一种北美狼，它不吃羊羔，即使把小羊羔放在它的嘴巴底下，它也会远远地回避。你一定感到很惊奇吧，这是怎么一回事呢？

原来，科学家给北美狼开了一张羊肉加氯化锂的处方，就是在羊肉中掺进了一种叫氯化锂的化学药品。北美狼吃了这种含有氯化锂的羊肉，在短时期内会患有消化不良及肚子胀痛等疾病，开始时，它们明显地不喜欢这些肉的味道，到后来如果在肉食方面给它们有选择的可能，它们就不吃含有氯化锂的羊肉。这样经过多次驯化，它们就不再掠食羊羔了。

你知道其中的科学道理吗？

121. 说谎的嫌疑犯

用纸拉门隔开的3个房间里，每个房间的中央都吊有一个电灯泡。中间房间的居住者张华被怀疑是某事件的嫌疑犯，而那天晚上10点钟敲响的瞬间，他是否独自一人在家成了揭开事件谜底的关键。张华说那时自己一个人在家。两边的邻居也都证明说：正好10点的时候看到纸门上有一个人的身影。听了这些话，警长严厉地看着张华说："你果然是在撒谎。"

警长是怎么得出这个结论的？

122. 非同一般的狗

柯南在街上溜达时遇上了同乡杰姆，杰姆牵着一条普通的牧羊犬。为了还赌债，杰姆想将此狗高价卖给柯南。"老兄，我这条狗的名字叫梅森，它可非同一般啊！"杰姆接着绘声绘色地往下说，"在我家的农场旁边，有一条沿着山崖修建的坡度很大的铁路。一天，有块大石头滚到铁轨上，此时远处有一列火车飞快冲来。我想爬上山崖发警告信号，可扭伤了脚摔倒在崖下。在这紧急关头，我这宝贝狗梅森飞奔回家，拽下我晒在铁丝上的红色秋衣，叼着它闪电般冲上山崖。那红色秋衣迎风飘扬，就像一面危险信号旗。司机见了立即刹车，这才避免了一场车翻人亡的恶性事故。怎么样，我这宝贝梅森有智有谋，非同一般吧？"

杰姆正欲漫天要价，不料话头被柯南打断："请另找买主吧，老弟，不过你倒很会编故事，将来定是位大作家！"这显然是讽刺之言。

柯南为何要讽刺杰姆呢？

123. 智审德国间谍

"二战"期间，各国间谍机构活动频繁，都希望在情报方面战胜对手，以利于在整个战争中获取主动。同时，反间谍机构也都在积极活动。一次，盟军反间谍机关收审了自称是比利时北部的一位"流浪汉"，他的言谈举止使人怀疑，眼神也不像是农民特有的。由此，法国反间谍军官吉姆斯认定他是德国间谍，可是他没有更有力的证据。吉姆斯决定打开这个缺口。

审讯开始了。吉姆斯提出的第一个问题是："会数数吗？"这个问题很简单，"流浪汉"用法语流利地数数，没有露出一丝破绽，甚至在说法语的人最容易说漏嘴的地方他也能说得很熟练。于是，他被押回小屋去了。过了一会儿，哨兵用德语大声喊："着火了！""流浪汉"仍然无动于衷，仿佛果真听不懂德语，照样睡他的觉。

后来，吉姆斯又找来一位农民，和"流浪汉"谈论起庄稼的事，他谈的居然也颇不外行，有的地方甚至比这位农民更懂行。看来吉姆斯凭外观判断的第一印象是不能成立了。然而，殊不知，这正是吉姆斯的高明之处。第二天，"流浪汉"在被押进审讯室的时候，显得更加沉着、平静。吉姆斯似乎在非常认真地审阅完一份文件，并在上面签字之后，抬起头突然说："好啦，我满意了，你可以走了，你自由了。""流浪汉"长长地松了口气，像放下一个沉重的包袱。他仰起脸，愉快地呼吸着自由的空气，兴奋之情溢于言表。然而，他的表演也就此结束了，经过进一步审讯，他不得不承认自己是一个德国间谍。你知道为什么吗？

124. 识破假照片

一个盛夏的中午，某市内某居民区发生了一起抢劫银行案。几天后，警方找到了嫌疑犯。当警长向他要当天不在现场的证明时，他交出一张照片，并说："那天我去森林公园旅游了，你瞧，这是那天的一位游客给我拍的。"照片上，长着美丽长角的梅花鹿正吸引着不少游人。

"甭用假照片骗人，这是秋天或冬天拍的。"警长干脆地说。那么，警长怎么一看照片就识破了谎言呢?

125. 黑色春天

　　春季，八个中学生相约到深山郊游，深夜才好不容易找到一间荒废了的密封小屋。于是，他们破门而入，在那小屋内歇息，并且砌起了一个炭炉子，拿出早已准备好的食物，在那里烧烤起来。这时他们发觉饮用的水没有了，于是推举了一位胆较大的陈姓同学去取水。陈同学摸黑出去，好不容易找到水源，可是回来时却迷了路。直到第二天早晨，陈同学才找回到小屋处，但这时却见小屋外面有许多警察，里面的七个同学被抬了出来，每一人都面目发黑地死去，陈同学心里异常恐惧。警方盘问了陈同学，发现他们的领队是近日闹得满城风雨的"末日教"信徒。

　　请你判断一下：他们是否是集体自杀呢？陈同学有没有嫌疑？

126. 越狱的囚犯

　　囚犯赵文被关在监狱的单人牢房，可就在一天深夜，他用线锯锯锉断窗户的铁栏杆越狱逃跑了。

　　在赵文被关在单人牢房期间，从没接受过外部送的东西。虽然他妻子常来探监，但只是在会客室隔着玻璃用互通电话交谈，传递线锯是不可能的。而且，他在被关进单人牢房前需经过严格的搜身检查。那么，囚犯赵文是如何搞到线锯的呢？

　　监狱长在查看牢房被锉断的窗栏杆时，见窗台上有鸟粪，便看出了名堂。你知道为什么吗？

127. 监禁在何处

　　秘密谍报员008来到夏威夷度假。这天，他在下榻的宾馆洗澡，足足泡了20分钟后，才拔掉澡盆的塞子，看着盆里的水位下降，在排水口处形成漩涡。漂浮在水面上的两根头发在漩涡里好像钟表的两个指针一样，由左向右旋转着被吸进下水道里。

　　从浴室出来，他喝了服务员送来的香槟，突然感到一阵头晕，失去了知觉。清醒过来时，他发觉自己被换上了睡衣躺在床上，床铺和房间的样子也完全变样了。床头放着一张纸，上面写着："我们的一个工作人员在贵国被捕，想用你交换。现正在交涉之中，望你耐心等待，不准走出房间。吃的、用的房间内一应俱全。"

　　008立刻思索起来。最近，本国情报总部的确秘密逮捕了几个敌方的间谍。其中与自己能对等交换的只有两个人，一个是加拿大的，另一个是新西兰的。那么，自己现在是在加拿大呢？还是新西兰？房间和浴室一样都没有窗户，温度及湿度是靠空调控制的。他甚至无法分辨白天还是黑夜。

饭后，他走进浴室，泡了好长时间，身体都泡得松软了。他拔掉塞子看着水位下降，此时只见掉落的头发有两三根在打着旋儿由左向右顺时针地旋转着被吸进下水道。他突然想到了在夏威夷宾馆里洗澡的情景，情不自禁地嘀咕道："噢，明白了。"

008明白了被监禁在什么地方，证据是什么？

128. 被惨杀的鸵鸟

在某动物园，鸵鸟惨遭杀死，不仅仅是杀害，而且还剖腹。这只鸵鸟是最近刚从非洲进口的，是该动物园最受欢迎的动物。凶手是深夜悄悄溜进鸵鸟的小屋将其杀死的。尽管如此，何以采取如此残忍的杀法呢？

129. 货车消失之谜

这是很难令人相信的那种异想天开的案件。一节装着将要在展览馆展出的世界名画的车厢，从行驶中的一列货车中悄然消失了，而且那节车厢是挂在列车中部的。

晚8点，货车从阿普顿发车时名画还在车上，且毫无异常。可到了下一站纽贝里车站时，只有装有名画的那节车厢不见了。途中，列车一次也没停过，阿普顿——纽贝里之间虽然有一条支线，可那是夏季旅游季节专用的，一般不用。第二天，那节消失的车厢恰恰就在那条支线上被发现了，但名画已被洗劫一空。不可思议的是那节挂在列车正中间的车厢怎么会从正在行驶的列车上脱钩，跑到那条支线上去了呢？对这一奇怪的案件，警察毫无线索，束手无策。

在这种情况下，著名侦探黑斯尔出马了。他沿着铁路线在两站之间徒步搜查，尤其仔细看了支线的转辙器。转辙器已生锈，但却发现轮带上有上过油的痕迹。"果然在意料之中，这附近有人动过它。"他将转辙器上的指纹拍下来，请伦敦警察厅的朋友帮助鉴定后得知，这是有抢劫列车前科的阿莱的指纹。于是，黑斯尔查明了阿莱的躲藏处，只身前往。

"阿莱，还不赶快把从列车上盗来的画交出来？""岂有此理，你有什么证据说我是罪犯？""转辙器上有你的指纹。当然，罪犯不光是你一个人，至少还应该有两个同犯，否则是不会那么痛快就把货车卸下来的。"黑斯尔揭穿了阿莱一伙的作案伎俩。

那么，罪犯究竟是用什么手段将一节车厢从行驶的列车上摘下来的呢？

130. 女驯兽师惨死

马戏团的狮子已经和女驯兽师合作过无数次，每次女驯兽师在演出时把头伸进它的嘴，它都很配合，从不弄伤女驯兽师。而在这一天，当女驯兽师把头伸入狮子嘴时，狮子做出了一个仿佛是微笑的表情，随后便一口咬碎了她的头。

在表演前，狮子吃过许多肉，所以不可能是因为饥饿。这只狮子也不可能是在发情期内，因为马戏团是不会让处于发情期的猛兽上台表演的。

那么，狮子在咬死女驯兽师前的微笑表情，又是怎么回事呢？

131. 墓石移位

男爵的遗孀露西女士拜访柯南，向他谈了一件令人难以置信的事。她说："先夫五年前不幸去世，我为他建造了一座墓。谁知道从那以后，每年冬天，墓石就会移动一些。我很害怕。"说着，她从手提包里取出一张照片给柯南看。这是男爵的墓地照片。在一块很大的台石上面，放着一块球形的大石头，这个球石就是男爵的坟墓。"由于先夫生前爱玩高尔夫球，所以临终时曾嘱咐要给他造个像高尔夫球那样形状的墓。这张照片就是在墓建成之后拍的。球石正面还雕刻了十字架。现在，这个球石差不多移动了球石直径的1/4，十字架也一点一点地被埋在下面，都快看不见了。"

"球石仅仅是在冬天移动吗？"柯南问。"是的。"露西回答道。

柯南请夫人带他去墓地看看。在一个略微高起的土丘上，墓地朝南而建，四周有高高的铁栅栏围住，闲人不能随便进入。在沉重的四方形台石上面，有一个直径80厘米、用大理石做成的球面，为了不使球面滑落，台石上挖了一个浅浅的坑，把球正好嵌在里面。浅坑里积有少量的水，周围长满苔藓。如果球石的移动是有人开玩笑，用杠杆来移动它，那在墓地和苔藓上该留有一道痕迹，可又一点痕迹也没有。如果有人不用杠杆而用手或身子去推球石，那凭一两个人的力气是根本推不动的。

柯南摸了一下浅坑里的积水，沉思了片刻以后说："夫人，墓石的移动是一种物理现象，不要害怕。"

他说的物理现象是怎么一回事呢？

132. 星座破案

5月1日晚上8点，有位年轻男子在家中被杀。警官福尔立刻赶到现场，调查情况，最后认为有4个人嫌疑比较大。但是这4个人都说自己有不在现场的证明。

A说："7点50分时几个朋友来找我，我们还在一起用闪光灯拍了照片，照片上自动打印有日期。"

B说："8点整收电费的人来了，我付给他钱后，又请他进来坐了半小时，看！这是收据，收电费的人可以为我做证。"

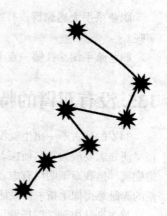

C说："当时我正在山顶观察星星，昨晚看到的北斗七星是这个形状的，我可以画给你们看。"

D说："我们全家昨晚都在看电视，我可以告诉你8点时正演什么节目。"

这4个人中有一个人的讲话有明显的破绽，福尔立刻指出他是在撒谎，你也发现了吗？先仔细看看图吧。

133. 琳达的马脚

柯南正在寓所用餐，只见琳达小姐尖叫着"救命"闯了进来，上气不接下气地叫道："太可怕了……小偷盗走了我的毕加索名画……吓死我了……"她头发湿漉漉的，毛巾浴衣下双踝还淌着水珠。柯南到她的浴室，听她详细叙述。琳达说，刚才她在浴室里淋热水浴，门窗都是紧紧关着的，当她洗完澡穿上浴衣，门突然被猛力撞开，她从镜子里看见一张肥大、通红、粗糙的脸，咧开大嘴对她阴笑。她以为强盗要杀自己，可那家伙却反身"砰"地关上门走了。她从浴室回到客厅，发现一幅毕加索的名画不见了。

柯南是位经验丰富的警探，他听罢琳达小姐的叙述，认定她报的是假案，便一言未发地走了。你能猜出琳达何处露了马脚吗？

134. 糊涂的职业杀手

有一位职业杀手，受雇谋杀富翁莱克，并伪装成富翁自杀的模样。自杀当然需要遗书，雇主准备好了一张莱克签名的白纸，供职业杀手在枪杀富翁后用富翁的打字机留下遗书。

职业杀手依照雇主指示，完成任务后，把手枪塞到富翁莱克的右手，打字留下遗书，然后满意地离开富翁的办公室。自始始终，他都戴着橡胶手套，因此不担心会留下指纹。

第二天，清洁妇发现富翁的尸体并报案。现场勘查后，警方认为遗书上的签名确实是富翁莱克的亲笔，但遗书上的字却非他本人所打。

职业杀手大感惊讶，打字机打出来的字不都一样吗？警方怎么知道不是死者打的字呢？

职业杀手糊涂在哪一点上？

135. 没有双臂的特工

34岁的尼古斯一出生就没有双臂，他从青少年时期就爱读侦探小说，爱看警匪片，很早便立志要成为一名侦探。他曾对自己的密友说："我不敢把志向告诉别人，因为恐遭嘲笑，但我渐渐明白有志者事竟成，关键是靠自己努力。"经过长时间的苦练，尼古斯的脚趾练得像手指一样灵活，能翻阅文件、操作电脑、扣衣服纽扣、吃饭。

尼古斯从电脑学院毕业后，多次找工作，都因为是残疾人，很难找到职业，但他不灰心，终于在1979年考进美国内务部。凭着卓越的工作表现，他很快成为最杰出的十位伤残公务员之一。1981年他申请调职，进入联邦调查局工作，他以冷静的头脑和锲而不舍的精神，在洛杉矶屡破大案，深受上司重用。最近又参与了轰动全国的国防部贪污案调查工作。他的上司利根说："尼古斯是我们队伍中的精英，他的工作无懈可击。"

一天，尼古斯和同事一道去破一件窃密案，到现场后，罪犯已经开车逃跑。尼古斯尾随追捕罪犯，在半路下车步行侦察，他的同事开车向右拐去。躲在路旁的罪犯看尼古斯没有双臂，就毫不在乎地下了车。突然，尼古斯只身钻进罪犯的车子，这辆车被启动向右方拐去。不一会儿，尼古斯的同事赶来，罪犯束手就擒。

尼古斯没有双臂，车辆怎么能启动开走呢？

136. 深夜报案

深冬时节，凌晨3时30分，报警电话铃急促地响了。玛丽莎夫人报案称，她的丈夫被谋杀了，福尔警长迅速赶到了玛丽莎夫人家。

玛丽莎的房子里很暖和，福尔警官不由得摘下了围巾、手套、帽子，并脱下大衣。玛丽莎夫人穿着睡衣，脚上是一双拖鞋，头发乱蓬蓬的，脸上毫无血色。她说："尸体在楼上。"福尔边细看现场边问："太太，您丈夫是怎么被杀的？""我丈夫是在夜里11时45分睡的，也不知道怎么的，我在3时25分就醒了。听听丈夫一点声息也没有，才发觉他已经死了，他是被人杀死的。""那您后来干什么了？"福尔又问。"我就下楼给你们警察局打电话。那时我还看见那扇窗户大开着。"玛丽莎夫人用纤纤玉手指了指那扇还开着的窗户，"凶手准是从这扇窗户进来，然后又从这逃走的。"

福尔走到那扇窗户前，只觉得猛烈的寒风呼呼地直往里吹，他缩了缩脖颈，忙关上了窗户，回头对玛丽莎夫人说道："我想奉劝夫人一句，尽早把真相告诉我！"玛丽莎夫人脸色变得更白了："你这是什么意思？！"福尔严肃地说："因为刚才你没说实话！"

请问，警官为何知道那女人说了谎？

137. 失窃的名画

福克热衷于收藏世界名画。前不久，他又收集到一幅名家肖像画，他的朋友画家杰伦对此画也是爱不释手。杰伦笑嘻嘻地对福克说道："你不怕被人偷去吗？""我已经保险了。"福克拍拍胸脯。

夜晚，福克的卧室里似乎有人在谈话，声音很小，分辨不出是什么人。

几天后的一个晚上，警长摩斯从福克家门口经过。就在这时，一辆小车悄悄滑到福克家的后门。一个穿戴整齐的人匆匆从屋里走出来，塞给司机一个长筒形的东西后小车迅速开走了。这前后不到一分钟的交接，看来是预先有所安排的。

"不好。"摩斯警长快走几步来到门口，刚敲了一下门，福克在里面就问道："谁呀？"随后听说是摩斯警长，便说："请进，警长。"

摩斯推门而入，迅速上楼来到福克卧室，只见福克站在散乱的床边，右脚插入裤腿，左脚还在外面。"我听见响声，正要穿上衣服出去看看。"他有点惊慌，"发生了什么事？""你家可能失窃了。"

福克大吃一惊，马上穿好裤子，光着脚跟摩斯冲下楼。"啊，真的失窃了，那幅名家肖像画被偷走了。"福克万分沮丧，"我要把它找回来。"摩斯望着这位朋友，若有所思地说："这画是你自己拿出去的吧？""你瞎说什么呀！""不，我一点也没有瞎说。"摩斯警长说道。

请你想一想，摩斯警长说的是真的吗？

138. 教堂牧师夜弹琴

一天深夜，教堂的牧师正在看书。黑暗中躲藏的一个窃贼被牧师发觉了。牧师既不敢叫喊，又无力与之搏斗，于是他悠然地坐在钢琴前弹起了激昂的乐曲。不久，贼被人们抓住了。请问：贼是怎么被抓住的？

139. 来过的痕迹

杂货店老板汤姆是个见利忘义、财迷心窍的家伙。他除了以次充好、坑骗顾客、赚取昧心钱外，还大放高利贷，乘人之危，牟取暴利。不过，别人借他的债忘不掉，他借别人的债总想赖。有一天半夜，海关大楼上的钟声敲响了11下。汤姆盘完当天的账，正准备上床睡觉，突然传来一阵急促的门铃声。他开门一看，原来是被他赖过债的杰米又找上门来了。

"你什么时候把钱还我？告诉你，明天再不还我的钱，我就到法院告你，让你倾家荡产！"汤姆不由勃然大怒。跳上去，用他粗大的双手卡住杰米的脖子。不一会儿，杰米眼珠突起，面色紫青，腿一伸，断了气。汤姆害怕极了，慌忙用汽车把杰米的尸体运到郊外，扔到土坑里。回到家后，他又把屋子里里外外彻彻底底地清扫一遍，甚至连门把手都擦干净了，觉得一点可疑的痕迹都没留下，才停下手来。

第二天一早，汤姆还没有起床，就听到杂乱的敲门声。他胡乱地穿起衣服，出来开门，用惺忪的睡眼看着门外人，不由大吃一惊，门外站着的竟是著名大侦探波洛。他尽量稳住气，装出一副莫名其妙的样子，问道："你们找我有什么事吗？"波洛说："今天凌晨，警察局在城郊发现了杰米的尸体。根据他记事本上留下的地址，我们知道你们认识。昨晚他来过你这儿吗？"汤姆耸了耸肩，矢口否认道："我们快半年没见过面了！"仍然站在门外的波洛意味深长地笑着说："别说谎了，杰米昨晚来过的痕迹还留在这儿呢！"说着，顺手一指。汤姆随着波洛的手一看，大惊失色，颓丧地低下了头。真是一着不慎，全盘皆输。

你知道杰米来过的痕迹是什么吗？

140. 奇怪的证言

大侦探福尔审问最后来过哈伊的房间的青年。"当我进入哈伊的房间时，他不在，等了一会儿后，他还是没有回来，所以我就在他那面60厘米高的镜子前整理了一下我的领带，接着退了两三步照照全身，然后就出去了，再没有见到他。现在听说他自杀了，真令我大吃一惊，这怎么可能呢？"

听完这个青年的这番话，福尔大笑着指出："你根本就是一派胡言！"福尔为什么说这个青年是在说谎呢？

141. 银碗中的头像

一家银店遭窃，营业员指控某人是作案者："银店刚开门，他就闯进来了，当时我正背对着门。他命令我不准转过身来，并且我觉得有支枪管抵在我的背上。他叫我把壁橱内陈列的所有银器都递给他，我猜想他把银器装进了提包。当他逃出店门时，我看见他提着包儿。"

警长问："这么说，你一直是背对着他，逃出店门时他又背对着你，你怎么认出他的？"

营业员说："我看见了他的影像。我们的银器总是擦得非常亮，在我递给他一个大水果碗时，我看到他映在碗中的头像。"

警长怒喝道："不要再演戏了，快把偷走的银器送回来，或许能减轻对你的惩处。"

警长为什么断定营业员是窃贼？

142. 宝石藏在哪儿

夏季的一天，窃贼乔装改扮，混进珠宝拍卖会场，盗出两颗大钻石。一回到家，她马上将钻石放在水里做成冰块放了冰箱里。因钻石是透明无色的，所以藏到冰块里，万一有警察来搜查也不易被发现。

第二天，警长来了。"还是把你偷来的钻石交出来吧。珠宝拍卖现场的闭路电视已将化装后的你偷盗时的情景拍了下来，虽然警察没看出是你化的装，但你瞒不了我的眼睛，一看就知道是你。"警长说。

"如果你怀疑是我干的，就在我家搜好了，直到你满意为止。"窃贼若无其事地说。

"今天真热呀，来杯冰镇可乐怎么样？"

窃贼说着从冰箱里拿出冰块，每个杯子放了4块，再倒上可乐，递给警长一杯。将藏有钻石的冰块放到了自己的杯子里，即使冰块化了，钻石露出来，在喝了半杯的可乐下面是看不出来的，警长怎么会想到在他眼前喝的可乐中会藏有钻石呢？窃贼暗自盘算着。

"那么，我就不客气了。"警长接过杯子喝了一口，下意识地看了一眼窃贼的杯子。"对不起，能换一下杯子吗？""怎么！难道怀疑我往你的杯子里投毒了吗？""不，不是毒。我想尝尝放了钻石的可乐是什么味道。"警长一下子从窃贼手里夺过杯子。

冰块还没融化，那么警长是怎么看穿窃贼的可乐杯子里藏有钻石呢？

143. 日式住宅之谜

在日本北海道的一天夜里，一个偏远小村庄尽头一间古老的农舍里发生了一起凶杀案。那是一间有6个塌榻米大的房子，一个独居的男子被人用刀刺死在里面。尸体直到第二天早晨才被发现。当地农民向警方报了案，警方派了对当地情况非常了解的警探小野前去破案。小野来到小村庄，对农舍进行了仔细搜查，可令人不可思议的是农舍的门、窗都是从里面锁起来的，而且木板套窗也钉死了，就是说，这个房子从内部密封完好。

那么凶手在杀死被害者后，是如何从这间房子逃走的呢？

144. 驯马师之死

冬季的清晨，警长正在看骑手们练习，突然马棚里冲出一个金发女郎，大叫着："来人哪！杀人啦！"警长急忙奔了过去查看。只见马棚里一个驯马师打扮的人俯卧在干草堆上，后腰上有一大片血迹，一根锐利的冰锥就扎在他腰上。"死了大约有8个小时了。"警长自语道，"也就是说谋杀发生在半夜。"

他转过身，看了一眼正捂着脸的那位金发女郎，说："噢，对不起，你袖子上沾的是血迹吗？"那位金发女郎把她那骑装的袖口转过来，只见上面是一长道血印。"咦？"她脸色煞白，"一定是刚才在他身上蹭到的。他，他是彼特，他为我驯马。"警长问道："你知道有谁可能杀他吗？""不，"她答道，"除了……也许是鲍勃，彼特欠了他一大笔钱……"

第二天，警员告诉警长说："彼特欠福特的钱确切的数字是15000美元。可是经营渔行的福特发誓说，他已有两天没见过彼特了。另外，金发女郎袖口上的血迹经化验是死者的。""我想你一定下手抓捕了吧？"警长问。"罪犯已经在押。"警员答道。

谁是罪犯呢？

145. 风姿绰约的女侦探

女侦探借了一辆半新不旧的敞篷汽车，沿高速路向南飞驰。这条公路横穿一望无垠的荒野，为南北走向。

整个上午天气阴沉沉的，可一过了中午，天高气爽，骄阳似火。不巧，车篷已经坏了，又没戴帽子，这样兜风会被晒黑的。正为难之际，忽然想出一个好办法。这样，直到傍晚到达目的地时一点儿也没被晒着。

那么，女侦探到底是怎样防晒的呢？顺便说一下，女侦探既没有擦防晒霜，也没乘别的车，一直开的是自己的车。

146. 雪地足迹

私人侦探团五郎来到K岛的旅馆度假。今年因受异常寒流的袭击，气温骤然下降，早晚异常寒冷，甚至到了零下。就在这寒冷的一天晌午过后，画家千枝子打来电话，称外出旅行写生两天回家后，发现家中被盗。"没丢什么大不了的东西，服饰品的宝石全是仿制品，照相机也是便宜货……可我是个单身呀，如果连内衣也都给盗走了，想起来心里真有些发寒啊！"电话里传来了焦急的声音。

千枝子的别墅坐落在环湖半周的杂木林中。团侦探到达时，她正焦急地等在门口。"这儿，留有罪犯的脚印。"她边说边将团侦探领到东侧的院子里。时间已是太阳偏西了，院子被别墅的阴影遮住，地面非常潮湿，因此罪犯的脚印清晰可见。这是一个鞋底为锯齿花纹的高腰胶鞋的脚印。罪犯就是由此进来，打碎厨房的玻璃门溜进室内的。团侦探看过之后，用画室里的电话向警方报了案，然后便回旅馆去了。

就在当天晚上，警察署长给旅馆打来电话，告诉团侦探已找到了两名嫌疑犯，一个叫黑木和也，昨天夜里11点钟，巡逻警察曾见他在现场附近徘徊。另一个叫小村明彦，今天上午11点30分前后，同样是在现场附近，附近别墅的管理员发现此人形迹可疑。

"这两个人被人看见时，都穿着高腰胶鞋吗？"团侦探问署长。"不，具体的我还没有核实，但搜查过他们的住宅，并没有发现胶鞋。大概是怕被当作证据而处理掉了。虽然尚未发现被盗的物品，但两人都是专门在别墅溜门撬锁的惯盗，所以只要扣他们一个晚上审查一番，是罪犯的那一个就会受不了招供的。""黑木和也从今晨天不亮到中午过后这段时间有不在现场的证明吗？""黑木从凌晨1点到中午过后这段时间确实有不在现场的证明。他在朋友家里打了一通宵的麻将，早晨8点左右同朋友一块儿上的班。在这以前有人看见他在现场附近出现过，所以他的不在现场的证明是没有任何意义的。"

"可这两个人之中，哪个是真正的罪犯，就凭这些证据就足够了。昨天夜里是晴天，天气不是更冷吗？那么罪犯是……"团侦探果断说出了罪犯的名字，使电话另一端的署长大吃一惊。

团侦探指出的罪犯是黑木和也，还是小村明彦呢？

147. 大画家的遗作

某人正向一位富商推销一幅据称是某著名大画家的遗作的名画，他对富商说："我父亲和大画家是交往多年的好友。十年前，大画家和我的父亲在旅行途中遇到暴风雪，大画家不小心摔坏了髋关节，大雪掩埋了他的画具和用品，一连几天气温在零下几十摄氏度。我父亲把他背进一个废弃的简陋木屋，用自己的两只手套堵住窗上的破洞。大画家感到自己的伤势很重，挺不了多久，便叫我父亲在橱中找到一支旧钢笔和一瓶墨水，为我父亲这位忠实的朋友匆匆画了一张素描后就死了。这张素描，至少也值200万。"

富商说："2元钱我也不买。"

富商怎样判断出那张素描不是画家的遗作的？

148. 白罐黑罐

烈日炎炎，一个盲人到露天集市上去买瓦罐。他问摊主："瓦罐都有什么色的？"小贩答："我卖的瓦罐有四个白的，两个黑的。"盲人问："多少钱一个？"小贩答："白的一个三文钱，黑的一个两文钱。"盲人说："那我要个白的吧。"小贩收了钱，欺盲人看不见，小贩就拿了一个黑罐子给盲人，盲人接过罐子，又把地摊上的罐子都摸了一遍，愤愤地说："你欺负我是盲人，竟然用个黑罐子冒充白罐子来骗我！走！我们到官府说理去，我要你加倍还我罐子钱。"请问：盲人是怎么发现自己被骗的？

149. 手电筒的光

警长接到一个抢劫案的报警电话，便急忙赶到现场。报案者对警长说："今晚我值班，大约一刻钟前断电，一伙人冲了进来。他们直奔财务室，撬开保险柜，偷走了里面的200万美金和经理的'劳力士'牌金表。他们一走，我马上给您打了电话。""当时你在什么地方？"警长问。"我看见他们人很多，就躲在储藏室里了。""这些人有什么特征吗？""有。他们一共有5个人，为首的好像脸上有块疤。因为他手里拿着手电筒，当手电光从门缝射进时，我借着手电光一眼就……"

"住口。"警长厉声喝住了他，"你说谎的本领也太不高明了。窃贼就是你。"

警长为什么这样说呢？

150. 疑凶的破绽

一个万里无云的夏日，日本一幢公寓内发生了一宗凶杀案，时间大约是下午4时。警方经过三天来的深入调查后，终于拘捕一个与案件有关的疑犯。但是，他向警方作供证明不在现场。他说："警察先生，事发当天，我一个人在外游玩。直至下午4时左右，我到了芦湖划船。当时雨后天晴，我看到富士山旁西面的天空上，横挂着一条美丽的彩虹，所以凶手是别人，不是我！"

你知不知道疑凶的话露出了破绽？

151. 谁报的案

一天傍晚，某公司经理许晶独坐在家里，他的朋友张福打来电话，两个人刚说了几句话，突然许晶家的门铃响起来。"请等一下，有人按铃，我去开门。"

门开了，闯进一个戴墨镜的家伙，一拳将许晶打倒。不速之客一句话也不讲，用一根木棒向许晶的头上猛击。许晶立刻倒在血泊中，倒下之前只来得及喊一声："救命！"但声音十分微弱，邻居们谁也不会听到。罪犯奔向保险箱，想窃取里面的钱财。但出乎罪犯的意料之外，没等他把东西拿走，警察就赶到了现场。

请问警察是怎么知道的？是谁报的案？

152. 姐夫遇害

"喂，雷利吗？"伦敦警察厅蒙哥马利上校在打电话，"我说雷利，您姐夫被人谋杀了。""啊，天哪！"雷利在电话中惊叫道，"不会弄错吧？昨天晚上我还见过米基。他怎么就这样死了？""不会错，已经验证过了。"上校沉思片刻，又添了一句，"雷利先生，我马上到贵处同你细谈。"

一小时后，雷利向同他对坐的上校介绍情况："毋庸讳言，米基有不少仇人，他的生意合伙人哈雷德·史密斯曾报告他偷了公司的钱，两人发生了激烈的争吵；我另一个姐夫查尔斯·琼斯，指责米基损坏了他的名誉，而查尔斯与黑社会有联系，心狠手辣；第三个有可能的凶手是我妻子的哥哥比利，他们结怨甚深。我可以把他的地址告诉您，但请不要把我的名字张扬出去。"

"不用了，谢谢，雷利先生。"上校站起来，向外招了招手，让随行人员把雷利扣起来，"我在电话中就猜着了，您刚才的谈话又证实了我的想法。尽管您很沉着，但凶手就是您！"

为什么凶手是雷利呢？

第二篇　突发奇想

153. 越狱

一位国际间谍被判终身监禁关在一所监狱中，监狱为其安排了一间带有卫生间的单人牢房。牢房里的条件不错，有床，有书桌，还有淋浴和抽水马桶。可是两年后的一天，狱警发现他越狱逃跑了，并在床下发现了一条长达20多米的地道。据估算，挖这条地道需要挖出的土将近10吨。可是狱警在牢房里一点土都没有发现。当然间谍没有经过别人从外面帮忙。你知道那些土哪里去了吗？

154. 比萨斜塔

小明去参观著名的比萨斜塔，回来之后给同学们展示他站在斜塔旁边的照片。可是同学们怎么看也看不出照片中的塔哪里是斜的，就算有地面和小明在旁边做对照，仍然看不出塔是倾斜的。你知道这是怎么回事吗？

155. 倒硫酸

大家知道硫酸有强烈的腐蚀性，所以在倒的时候需要格外小心。一次，小明需要5升硫酸。但是实验室里只有一个装有8升硫酸的瓶子。这个瓶子上有5升和10升两个刻度，请问他该如何准确倒出5升硫酸呢？

156. 谁是总统

按规定，如果美国的总统死了，副总统就是总统；那么，如果副总统死了，谁是总统呢？

157. 一艘小船

渔民一家有三口人，爸爸、妈妈和儿子，三人都有可能出海，家里只有一艘船。平时为了防止船丢失，会用一根铁链锁在岸边的一个柱子上。现在家里的三口人每个人有一把U型锁，且每把锁都只有一把钥匙。请问三个人该如何锁船才能确保三个人都可以单独打开和锁上这艘船呢？

158. 孙膑与庞涓吃饼

一天，鬼谷子想考验一下自己的两个弟子孙膑与庞涓的智力，他拿出5个饼放在桌上，让他们两人取着吃。规则是：每人一次最多拿两个饼，并且拿的饼全部吃完后才能再拿。鬼谷子刚一说完，庞涓迫不及待地就拿了两个饼，如果你是孙膑，要想取得胜利，你该如何吃饼呢？

159. 首因效应

一个新闻系的毕业生正急于寻找工作。

一天，他到某报社对总编说：

"你们需要一个编辑吗？"

"不需要！"

"那么记者呢？"

"不需要！"

"那么排字工人、校对呢？"

"不，我们现在什么空缺也没有了！"

"那么，你们一定需要这个东西。"

说完他从公文包中拿出一块精致的小牌子，上面写了几个大字。

总编看了看牌子，微笑着点了点头，说："如果你愿意，可以到我们广告部工作。"

你知道他在牌子上写了什么才得到这份工作的吗？

160. 聪明的聋哑人

有个卖西瓜的老人在一间危房里避雨休息，一位聋哑人看见房子要塌了，就去告诉老人，可老人不懂他的手势，这位聋哑人突然想到了一个好办法，使老人跟着他跑出了危房。请你猜一猜，他用的是什么方法？

161. 开玩笑

星期天，阿飞骑着自行车去公园玩。公园里有很多孩子，有的在放风筝，有的在玩滑板，有的在捉迷藏……突然阿飞觉得肚子不舒服，就用钢圈锁锁住车子的前轮，自己进了厕所。

可是过了5分钟他出来以后，却发现自己的自行车不见了。旁边玩耍的孩子笑嘻嘻地看着他。他知道一定是这些孩子中的某个人的恶作剧。

你知道是哪个孩子做的吗？他是如何做到的？

162. 比赛

一天，柯南和怪盗基德在商场一层的大门口不期而遇。

"好巧啊，你在这里干什么？"基德问柯南。

"是啊，好巧。我要去地下三层车库里的车里去取我的笔记本。你呢？"

"我也是啊，不过我的笔记本在三楼超市的储物柜里。要不我们来比赛吧，不许乘电梯，看谁先拿到东西，回到这里。"

"你休想骗我，我还不知道你的把戏？"柯南说。

说完柯南拆穿了基德。你知道基德的把戏是什么吗？

163. 桥的承受能力

一名杂技演员去表演节目，路上要经过一座小桥。小桥只能承受100千克的重量。而杂技演员的体重为80千克，他还带着3个各重10千克的铁球。总重量明显比桥的承受能力要高，该怎么办呢？杂技演员灵机一动，想出了一个好办法。他把3个球轮流抛向空中，这样每时每刻总有一个球在空中，那么他就可以顺利过桥了。请问如果这样做的话，桥能支撑得住吗？

164. 丢失的螺丝

一位司机开着车去见朋友，半路上忽然有一个轮胎爆了。他把轮胎上的4个螺丝拆下来，然后从后备厢里把备用轮胎拿出来时，不小心把这4个螺丝都踢进了下水道。

请问：司机该怎么做才能使轿车安全地开到附近的修车厂呢？

165. 消失的邮票

王老先生家里有一枚珍贵的邮票，可谓价值连城。一年春节将至，王老先生打算去300公里外的北京去看女儿一家。在路途中被一伙垂涎王老先生邮票已久的劫匪绑架了。劫匪知道，王老先生独自一人居住，去看女儿一家不可能把那么珍贵的邮票留在家中，必定随身携带。

"要想保命，就乖乖地把邮票交出来。"劫匪的头目威胁说。

"我没有随身携带。"王老先生回答说。

"骗谁啊！你家里没人怎么可能留在家中！"

"既然你们不信，那就搜好了。"

一个喽啰搜遍了王老先生的箱包口袋，只找到一些衣物、洗漱用品、几百块钱，以及一张女儿寄给他的明信片，上面有女儿家的地址。

小喽啰指着明信片上的邮票问头目："是明信片上贴着的这张邮票吧？"

"你傻啊，那么重要的邮票，你会把它粘明信片上吗？那只是一张再普通不过的邮票，不值钱。我们要的邮票只有它的一半大小，上面有一条龙。"

"那没有了，他不会真的留在家里了吧！"

劫匪们又仔细地找了一遍，还是一无所获。你知道王老先生把邮票藏哪里了吗？

166. 12÷2=7？

在什么情况下可以得到12的一半是7？（当然，算错的情况不算。）

167. 称重的姿势

一个人用四种姿势称自己的体重，哪种姿势最准确？是蹲在体重计上、双脚站立、单脚站立，还是直挺挺地平躺着？

168. 怎么摆放最省力

有个人蹬三轮车去送货，发现有三种方法摆放货物：都堆到靠近自己的这边、都堆到远离自己的一边、把货物均匀地平摊到三轮车上。哪种方法最省力呢？

169. 仆人的难题

漂亮的别墅里，有一个聪明的仆人，她深得主人的喜欢。有一天，她在楼上擦洗一个皮球时，不小心让皮球滚下楼去。皮球蹦蹦跳跳地正好跳到楼下铺满地毯的客厅中间了。主人走过来对仆人说："不准你踩着地毯，不准你使用任何工具，不用别人帮忙你能把皮球从客厅中间拿出来吗？"

"那我不踩地毯，爬进去拿行吗？"仆人望着屋子正中地板上铺的6平方米大的地毯说。

"不行。"主人答道。

"我知道该怎么做了。"仆人眼珠一转，突然有了主意。她用自己想出的办法，按主人的要求取出了玩具。

请你想一想，她是怎么做到的？

170. 判断材质

两个空心球，大小及重量相同，但材料不同。一个是金，一个是铅。空心球表面涂有相同颜色的油漆。现在要求在不破坏表面油漆的条件下用简易方法指出哪个是金的，哪个是铅的。

171. 如何补救

有一个商人，在做裙子的时候，不小心在所有裙子的裙摆上都勾上了小洞，一大批的裙子都这么毁了。商人每天愁容满面：为了做这笔买卖，他已经把所有身家都搭上去了。他的一个小伙计看到后，想了一个简单的招，商人马上转忧为喜。你知道小伙计想了什么招吗？

172. 如何开宾馆门

某活动组12个人到外地去考察，住了某宾馆的12个房间，已知每个房间有两把钥匙。由于工作关系，大家都是单独行动的，但是这12个人随时可能需要别人的数据，于是大家约定把数据都放在自己的房间里。

在临行前，组长说："在外出作业期间，我们12个人一起回来是不可能的，如果有组员回来需要查看别人的资料就困难了。"现在怎么样才能使任何一个人回来都能打开别的任意一个人的房间呢？

173. 邮寄物品

赵工程师根据自己子公司的需要，为对方制作了一个长1.7米、直径3厘米的管状零件，想要通过邮局寄过去。但是邮局根据上级的命令，现在只能寄送长、宽、高都不超过1米的物品。邮局工作人员看了赵工程师的物品后，深表同情但表明只能按规定行事。心急之下，他想了个办法，邮局人员看了就同意帮他邮寄了。你知道工程师想了什么办法吗？

174. 八个三角形

想要用2根火柴拼出8个三角形，你能做到吗？不准把火柴折断。

175. 拉断一根绳子

我把一根细绳子扎在一本很重的书上。我拉住绳子的两端，问一个朋友哪端的绳子会先断。我的朋友答上面的绳子。于是我开始拉它们，结果下面的绳子先断了。你知道我是怎么控制，能让绳子的任意一端先断吗？

176. 确定十五分钟

烧一根不均匀的香，从头烧到尾总共需要1个小时。现在有若干根材质相同的香，问如何用烧香的方法来计时1个小时15分钟？

177. 发明

你能发明一种东西可以溶解世界上所有的东西吗？

178. 加热还是冷冻

有个人想把一个铁环套到一个盘子上，谁知道盘子的直径正好和铁环相同。有人说："如果把铁环加热的话，热胀冷缩，铁环会把里面的孔挤小。我们要把铁环套上去，把它放到冰箱里冻一会儿就好。"他说得对吗？

179. 动动数字

1001-103=1，如何移动一个数字，让等式成立？（不允许移动运算符）

180. 坐板凳

在一个幼儿园，有16个板凳，依次为1号、2号、3号……16号。本来16个小朋友坐得好好的，但是突然有一天幼儿园又新来了一个小朋友。这时候阿姨没有在，小朋友们就想办法怎么样让17个人都有板凳坐。有一个聪明的小朋友想出了个办法：先让两个小朋友一起坐在1号板凳上，然后把其余小朋友按顺序依次分配。于是，1号板凳上坐了两个小朋友；3号小朋友在2号板凳上；4号小朋友在3号板凳上……16号小朋友坐在15号板凳上。最后，再把最先安排的17号小朋友安排在还空着的16号板凳上。这样，皆大欢喜，每个小朋友都单独有自己的板凳了。

这可能吗？

181. 小气的皇帝

有个开国皇帝得到了天下，按理说应该分封忠臣，但是他却惜土如金，不想多给忠臣一寸土地。有个忠臣按法律应该分得一块正方形的土地，南北100米，东西也是100米。皇帝想了想后，就按法律给了忠臣一块土地。这个忠臣高兴地回了家，发现皇帝是按法律给的土地，但土地的面积是5000平方米，而不是1万平方米，那5000平方米的土地哪儿去了？

182. 四个三角形

用3根火柴很容易摆一个等边三角形，现在有6根火柴，怎样可以摆成4个一样的等边三角形？

183. 十一变六

在罗马字母"11"（XI）上，加一条线以使其成为"6"，但是不能折叠纸。

184. 调时钟

城市的正中央有一个大钟，每到整点时会敲响报时，比如：1点会敲一下，12点会敲12下，而相邻两次的钟声间隔时间为5秒钟。这天晚上12点，住在大钟旁边的小丽，想要根据大钟的声音调自己家的时钟，她数着大钟的响声，当敲到第12下的时候，她把自己的表准时按到12点01分。请问她的钟表时间是正确的吗？

185. 智救画家

有一个画家在河边写生，他为了能更好地看好风景，就把画架放好后，边后退边想着怎么样把景色画出来。一个路过的聋哑人看到他马上就要倒退到河里去了，非常着急，可是自己比画来比画去，画家不明白他的意思，还是自顾自地往后退。情急之下，聋哑人想了个办法，画家就赶紧从河边跑开了，你知道他用了什么办法吗？

186. 盲打扑克

两个象棋大师可以在洗澡间一边冲澡一边大喊"炮八平五""马八进七"，等澡洗完了，一盘精彩的棋局或许也就结束了。棋类游戏之所以可以"盲下"，就是因为在棋类游戏中，双方的局面信息都是完全公开的。

现在两个人想通过一部电话打牌，但他们都不信任对方。打牌和下棋不一样，各人在开局时并不知道对方手里有哪些牌。因此如果你说出方块A，你如何证明自己手里有方块A，或者如何在牌局结束后证明自己没有作弊？也就是有没有可能仅通过一部电话实现某种扑克牌协议，该协议能够实现随机地、隐蔽地、公平地发牌，并且不需要其他东西的帮助，同时保证游戏的公正性呢？

187. 换牌

A、2、3、4、5五张扑克牌按顺序摆成一排，每相邻的四张可以两两互换位置，问怎么用三次互换使其变成5、4、3、2、A的顺序？

188. 从长方形到正方形

现有扑克牌12张。要求用这些扑克牌同时组合出多个正方形。但是不能折扑克，不能重叠扑克，不能剪断扑克。您能组合出多少个正方形？

189. 最省钱的算命方法

有个人马上要进京赶考，又刚刚认识当地一个员外的女儿，加上母亲身体很不好，以及姐姐的婚姻很不幸福，这四件事情让他心力交瘁。

在一个天气不错的上午，他来到一个寺庙，碰到一个算命先生。他看到算命先生的招牌上写着："每问一个问题要5文钱。"

他身上只有16文钱，所以他对算命先生说："是不是每个问题都算一问？"

算命先生说：是的。

他接着说："不管问题多短都算一问？"

算命先生回答：是的。

他又说："如果我这一问中包含很多嵌套的问句是不是也算一问？"

算命先生回答：是的。

于是他苦思冥想，想找出一种最省钱的提问方法把自己的四个问题都问完。

请问他最终能如愿以偿吗？

190. 入睡与醒来

有一个问题一直困扰着我，一个人从出生到现在，究竟是入睡的次数多呢，还是醒来的次数多？又多了多少呢？

191. 雷击事件

小明和小红在野外游玩，遇上大雨，天上闪电打雷很是恐怖，野外又没有避雨的地方。小明就指着前面的一棵树说："我们去那棵树下躲雨吧，昨天刚有个人在那棵树下被雷劈了。根据概率，一个地方被雷劈两次的概率几乎为零。所以我们在那里是安全的。"请问，这种说法正确吗，为什么？

192. 颠倒是非

什么东西能够颠倒左右但是却不能颠倒上下？为什么？

193. 如何计算

下面这个算式，如何计算可以又快又准呢？

$1 \times 2 \times 3 \times 10 \times 15 \times 30 = ?$

194. 失踪的弟弟

某地有亲兄弟两个，速来不和。一天，哥哥被发现暴死街头，而弟弟也失踪了。警察在调查现场时发现，死者的血型是B型，而现场还遗留有另外一个人的AB型血。应该是凶手在与死者打斗时留下的。可是弟弟失踪了，家人又不知道弟弟的确切血型。后来调查得知，兄弟俩的父亲为O型血，母亲为AB型血。

请问，失踪的弟弟是凶手吗？

195. 捉小鸟

地上有一个10米深、直径10厘米的小洞。一只小鸟钻了进去。请问你用什么办法可以不伤害小鸟，并捉住它呢？

196. 画线

爸爸对小明说："我就站在这里，画上一条线。你却需要几天几夜才能走完。你相信吗？"

小明不相信，可爸爸真的做到了。你知道爸爸是如何画的吗？

197. 摆脱鲨鱼

一天，汤姆和女友乘坐一艘游艇出海钓鱼。突然，不知什么时候，一条鲨鱼围着他们的游艇转。他们无法开动游艇，否则很可能被鲨鱼撞翻。汤姆安慰手足无措的女友说："没关系，只要它游累了，就会去睡觉的。我们可以趁着它睡觉的时候离开。"

请问，他们这样会摆脱鲨鱼吗？

198. 小孩过河

在北方的一个小镇上，有个5岁的小男孩，在儿童节这天，想去一条两米宽的河对岸的同学家玩，可是河上没有桥，小孩也跳不过去。也就是说，凭他自己的力量是不可能过去的。可是为什么才仅仅过了几个月，他就能轻轻松松地过河了呢？

199. 邮箱钥匙

王先生在外地出差，突然接到家中妻子的电话，称自己家门前的邮箱钥匙被他带走了。正好这几天有一封很重要的信要到，希望王先生能把钥匙送回。可是王先生公事没有做完，还又在外地耽搁一个星期。终于他想到了一个好主意，可以把钥匙放在信封里，邮寄给妻子。可是过了2天，信到了以后，妻子打电话来说她还是打不开邮箱。你知道这是为什么吗？

200. 新建的地铁

某市的第一条地铁建成通车了。首日运行这天，地铁工程师在给乘坐地铁的人们讲解地铁的情况："我们这条线路，有大约800米是没有铁轨的。"大家一听都吓坏了，疑惑地问："那不是很危险吗？"地铁工程师笑着对大家说："没关系的，大家不用担心。"

你知道到底是怎么回事吗？地铁为什么有几百米没有铁轨还没有危险呢？

201. 买镜子

小明的妈妈想买一面可以照到全身的穿衣镜，你知道她该买个至少多高的镜子吗？

202. 倒水

啤酒瓶大家都很熟悉，现在有一个装满水的啤酒瓶，想把里面的水倒出来。下面有四种方法，你认为哪种方法倒水的速度最快？

（1）瓶口朝下，直立放置，静等水流出。

（2）瓶口朝下，直立放置，上下用力晃动。

（3）瓶口朝下，倾斜放置，静等水流出。

（4）瓶口朝下，倾斜放置，规律地旋转摇动。

203. 平分油

有两个不规则但大小、形状、轻重都完全一样的塑料油壶，一个油壶中装有大半壶油，另一个油壶是空的。在没有称量工具的情况下，如何用最简单的办法把这些油平分？

204. 飞上月球

　　一只鹦鹉听到两名宇航员谈论说月球上的重力只有地球的1/6，一个跳高运动员可以很轻松地跳出比地球高得多的成绩。然后它就在想，如果自己也到了月球，那么它一定可以比天上的老鹰飞得还高。

　　你说这可能吗？

205. 房间的亮度

　　小明家有两个一样大小的房间，一个房间装着一盏200瓦的灯泡，一个房间装着两盏100瓦的灯泡，请问哪个房间更亮一些？

206. 氢气球

　　在一个晴朗的夏日，小明向一只红色的气球和一只白色的气球中充入同样多的氢气，然后同时放开手。你知道哪个气球上升得更快一些吗？

207. 奇妙的数列

　　下面这个数列很奇妙，需要注意的是最后一个圆圈里，确实是"7"而不是"8"。你能找出它的规律吗？并填上问号处空缺的数字。

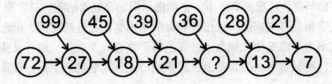

208. 一定不是猫叫

　　杰森的邻居向警署报告：10分钟前，杰森的住所里有人尖叫。警长驱车前往。他们是冒雨去的，雨已经下了3个多小时。在杰森住所门前遇到了杰森，他说有可能是邻居听错了，并说："10分钟前，我开着货车刚到家，一进门发现邻居的一只灰猫在门里睡觉，一脚把它踢了出去，它尖叫了一声。"

　　警长向着门外雨中的货车走过去，蹲下身子，双手贴着干燥的沙土地，慢慢向前移动，仔细地看了看，然后问杰森："你一个人住在这里吗？"杰森有些紧张地回答："还有我老婆。"警长说："我希望你的妻子平安无事。如果有过叫声，一定不是猫叫。"

警长根据什么做出这样的结论的？

209. 登山者遇害

一位女登山者的尸体在溪谷被发现了。她背着背包，被埋在溪谷的残雪中。死者头骨凹陷，像是被落石击中，翻落溪谷身亡的。她死去概一星期了，左手带着的数字型手表，至今仍走着。脸部埋在残雪中，几乎没有腐坏，鼻梁挺直。

"每个为登山者所设的山中小屋都没有接到求救信号。可以判定这位女性大概是一个人上山的。这么说，一定是登山老手。"年轻的救难队员说道。

"不！这位遇难者是生手，对登山不太了解。她大概想一个人攀登。也可能不是单纯的意外事故，而是他杀。犯人可能故意带她前来此地，再制造山难身亡的假相。这个犯人也没有什么经验。"经验老到的登山老手、救难队长如此断定。理由何在？

210. 字据破绽

北宋时期，四川仁寿县发生一桩田地诉讼案，上任不久的江知县受理了此案。原告张某是个专管征收赋税的小吏，告他的邻居汪某无端赖占他家良田20亩。但被告汪某辩称："并无此事，这20亩地是我祖父留下来的。去年张某来我家收税，说如把田产划归他名下，可以不交赋税，不服徭役。我正为交不出赋税犯愁，就答应了。当时我们商定在字据上写将我的田产过拨给他，但实际上田产还是属于我的。"然而原告张某却说："10年前，汪家遇有急事，主动提出把20亩地卖给我，有字据为证。"

知县接过字据，仔细审阅。这张叠起来的字据是用白宣纸写的，纸已发黄，纸的边缘也磨损了不少，像是年代很久了。知县将字据叠起又展开，展开又叠起。突然，知县眼睛一亮，把惊堂木一拍，喝道："大胆刁民，竟敢伪造字据，诓骗本县，还不从实招来！"

经过审问，张某承认是诬告汪某。你知道江知县从字据上发现了什么破绽吗？

211. 神秘的凶案

退休的邮政局长路易每天都有早晨运动的习惯，这天早上，他在公园晨练时，被人袭击毙命。警方的调查显示，这是一宗劫杀案，路易是被凶手用硬物击中后脑，受重伤而致死亡的。凶手还从他身上掠去了所有的财物。警方的调查又显示，凶手只有一个人。

在一连串的详细侦查之后，警方发现了三个有可能是凶犯的人：

A. 哈里希特，他当日曾牵着狗在公园出现。

B. 卡登夫人，她当日曾在公园织毛衣。

C. 画家查理，他当日曾在公园写生。

警方相信，凶手是利用自己身边的工具袭击路易的。你认为谁是凶手呢？

212. 溪涧旁的婴尸

某警察局接到报案，说在一条山涧小溪边发现一具男婴尸体，警长立即与助手赶抵现场。在一条杂花盛开、水流湍急的溪涧旁，果然发现一名满身伤痕的男婴尸，估计约四个月大。

"从尸体的伤势看，我猜想男婴已死了约两天，显然是被人虐待致死的，然后再抛到这里。"警长的助手肯定地说。"不！"警长反驳道，"你只猜中了一半。从案发现场的痕迹显示，男婴是被虐待致死的，这是毫无疑问的；但从婴尸满身鲜血的情况来看，我肯定他是刚被人谋杀后抛到这里来的。凶手利用溪水流湍急，企图毁尸灭迹，所以这是一宗谋杀案。"

你觉得谁说得有道理呢？

213. 迷幻药与色盲

美国阿肯色州歌剧院女高音希尔是迷幻药集团的一个成员，不久前遭暗杀身亡。警方经过一番调查和排查，筛出了两名嫌疑犯，一个叫亚森，一个叫哈利。他们都与迷幻药走私有关。希尔生前有收藏鞋子的嗜好。在她的房间里，存放着120双鞋子，分门别类地摆放在鞋箱内。

警长霍士发现一个奇怪的现象：在标示红色的鞋箱内，有20双绿色的鞋子和红色的鞋子整齐地放在一起；而在标示绿色的鞋箱内，则有36双红色的鞋子和绿色的鞋子同放。显然，凶手先是将鞋子全部取出，查看是否藏有迷幻药，然后放回箱内。

霍士警长问："你们两人当中谁是色盲？"哈利不吭声，亚森则回答说："他是色盲，分不清红色与绿色！""好，那么，真正的杀人凶手就是你！"

请问，警长为什么如此断言？

214. 拖延了的侦破

福尔接过一份报告，看了一会儿，对警长说："根据验尸的报告，露丝太太是两天前在厨房中被人用木棒打死的。这位孤独的老妪多年来一直住在某山顶上破落的庄园里，与外界几乎隔绝。你想这是什么性质的谋杀呢？""哦，真该死！我昨天凌晨4点钟就接到一个匿名电话，报告她被人谋杀了，但我还以为这又是一个恶作剧，因此直至今天还没有着手调查。"警长尴尬地说道，"那么我们现在去现场看看吧！"

警长将福尔引到庄园的前廊说："由于城里的商店不设电话预约送货，而必须写信订货，所以老太太连电话都很少打。除了一个送奶工和邮差是这里的常客之外，唯一的来客就是每周一次送食品杂货的男孩子。"福尔紧盯着放在前廊里的两摞报纸和一只空奶瓶，然后坐在一只摇椅上问："谁最后见到露丝太太？""也许是卡森太太，"警长说，"据她讲前天早晨她开车经过时还看见老太太在前廊取牛奶呢。""据说露丝太太很有钱，在庄园里她至少藏有5万元。我想这一定是谋财害命。凶手手段毒辣，但我们现在还找不到线索。""除了那个匿名电话之外，我们还没有别的线索。"福尔更正道，"凶手实在没料到你会拖延这么久才开始侦破！"

福尔怀疑谁是凶手？

215. 真假修女

柯南在酒吧喝酒时，目睹了一起抢劫案。他看到三个人从银行里跑出来，窜过马路。这时，响起了枪声。作案者跳上了一辆等在路边的汽车。一个修女和一个司机这时进了酒吧。

"你们俩受惊了吧。"柯南说，"来，我请客，一人喝一杯咖啡。"两个人谢了他。修女要了一杯咖啡，司机要了一杯啤酒，三人谈起了刚才的枪声和飞过的子弹。这时，街上又响起了警笛声。强盗被抓住了，送回银行验证。柯南走到前边的大玻璃窗前去看热闹。当他回到柜台边时，那个修女和司机再次谢谢他之后就走了。

酒吧招待已经把杯子收回去了，看到柯南回来，就说："对不起，先生，我还以为你也走了呢。"酒吧招待看了看刚刚收回去的两只杯子。把一只没有沾上唇膏的咖啡杯子一边递给柯南，一边说："你说这儿怎么会来司机？附近又没有汽车。"柯南看了一眼酒杯，叫起来："噢！这个修女是假的！这两个家伙是刚才抢银行的强盗的帮手！"说着，他冲出酒吧去抓那两个坏蛋。

请问，柯南是根据什么做出了这样的判断？

216. 不难找的凶手

马琳在她豪华的别墅里惨遭杀害，名探福尔闻讯后马上赶到现场，迅速检查了红色地毯上的尸体。"她是被手枪柄敲击头部而死的，她至少被敲了四五下。在尸体旁找到了一支手枪。"警长莫纳汉小心翼翼地吹去上面的灰尘以便提取指纹。"我已经给她的丈夫佩奇打了电话。"警长说，"我只说他必须马上赶回家。我讨厌向别人报告噩耗。等一会儿你来告诉他好吗？"

"好吧。"福尔答应着。救护车刚刚开走，惊慌失措的丈夫就心急火燎地闯进门来了。"发生了什么事？马琳在哪里？""她在两小时之前被人杀害了。"福尔说，"是您的厨子在卧室中发现尸体并报警的。""我在这枪上找不到指纹。"警长用手帕裹着枪走进来对福尔说，"看来不得不送技术室处理了。"

佩奇紧盯着裹在手帕中的枪，脸上的肌肉抽搐着，显得异常激愤。突然，他激动地抓住警长的手说："如果能找到那个敲死马琳的凶手，我愿出5万美金重酬。""省下你的钱吧，"福尔冷冰冰地插言道，"凶手还不至于那么难找。"福尔为什么这样说？

217. 聪明的打更人

这年夏天，B街因为要安置新的电线，所以有好几幢大厦都在晚上8时至10时停电，安妮9时离开盲人中心，步行上楼回家。翌日，有人在楼梯里发现了安妮的尸体，而且不见了安妮的手袋，这显然是一宗劫杀案。据打更人忆述，当时有另一男子是与安妮差不多同时上楼梯的，警方召来了那名男子问话。那男子说："我当时确实是与安妮差不多同时上楼梯的，我看见她是盲人，所以还带她走上楼梯，到了她那层我才走。"

打更人听男子说完后，便叫道："他说谎，安妮小姐是他杀的。"打更人怎会知道那名男子在说谎话？

218. 浴缸里的谋杀

深夜11点钟，警局接到报警，报案人发现自己新婚不久的妻子死在浴缸里。警长立即率人赶赴现场。

报案人说自己今晚在单位值班，9时45分许打电话回家，妻子在卫生间接电话，说刚进浴缸洗澡，让他过15分钟再打来，他也听到了洗澡的水声。半小时后，他打电话回家却没人接。又过了15分钟，他再打电话回家，依然没人接电话。于是，他担心地赶向家中，发现妻子死在浴缸里，鲜血把满是肥皂泡的浴水都染红了，浴缸边还有一个啤酒瓶。

警长吩咐手下给报案人做笔录，可法医却走过来悄悄对他说，据他观察，报案人在说谎，杀人凶手就是他。你知道法医的证据是什么吗？

219. 女教师遇害

女教师潘琪上午没到学校上课，学校的教务主任在下午到潘琪的住所去探望。当他到了潘琪的住所后发现，室内的灯是开着的，可是他按了几下门铃，却没人来开门。教导主任很奇怪，于是请管理员来开门，门开了，发现潘琪身着睡衣躺在地上，浑身是血，已经死去多时了，于是教导主任立即报警。

警方来了以后，就展开了调查。发现死者是胸口被刺身亡。根据伤口推断，死者可能是昨晚9点左右遇害的。警方又调查了左邻右舍以及管理员，知道在昨晚9点左右，有两个男子来拜访过潘琪，一个是潘琪的男友，一个是一个学生的哥哥——当地的流氓。这两个夜访者说，先后按了门铃，都不见回音，就离开了。

教导主任详细地观察了周围，然后目光停在了门上的猫眼，于是他指出了凶手。你知道凶手是谁吗？

220. 失火还是纵火

某居民的老式木结构住宅发生火灾，几乎一切都化成了灰烬，三人死亡。警长只得去找该户民宅唯一的逃生者进行调查访问，被调查访问人是该户人家的儿媳。据她称：当天早上，公婆和丈夫均尚未起床，她早起为他们做早餐，当她在做油炸饼时，因返身去卫生间片刻，以致炸油过热起火，她从卫生间出来发现起火，立即救火并关掉煤气灶开关。不幸的是，她忙中出错竟将灶台上的一桶油当成了水浇在起火的铁锅里，以致火势更大，她吓得逃离了现场，而公婆和丈夫发现大火时为时已晚，且窗户外均有铁栅无法逃生而被烧死。

望着悲伤的少妇，警长竟也有些伤感，但随即开动脑筋分析。您能分析出这是失火还是纵火吗？

221. 明信片戳破伪装

为了同情妇做"长久夫妻"，满志伟丧心病狂地伙同情妇杀害了妻子。

有失眠症的妻子每晚吃安眠药才能入睡，所以他在她的安眠药的胶囊中放了大量氰化物，翌日早晨，他工作了一个通宵回家后，见妻子已经死了，便伪装了一下现场后通知了警方。

刑警和法医马上来到现场，勘查现场后，就听满志伟诉说：

"下了夜班，早上9点左右回家一看，妻子自杀了，我大吃一惊，上个月妻子流过产，有些神经衰弱，我想她可能为此悲观而自杀，这是遗书。"满志伟将预先准备好的遗书拿给刑警看。这份遗书是情妇临摹死者的笔迹伪造的，达到了乱真的水平。当时笔迹鉴定术还欠周密，很大程度上要靠目测。刑警把在厨房中找到的家什簿和提包中的记事本拿来对照，没发现异状。正准备回去，这时邮差来了，要将一张明信片放入门口的信箱中。满志伟急忙将它接了过来，要放进衣兜里，但被刑警一眼瞧见了。

"请让我看一下，"刑警接过明信片过了一眼，"正好，这张明信片也让我们作为参考资料保存吧。"

满志伟眼前一阵发黑，伪造遗书之事彻底露馅了。那么，来信人到底是谁呢？

222. 名贵项链失窃

在一个热闹的舞会上，A夫人突然大声喊叫，说自己名贵的珍珠钻石项链被盗了。在场的警方人员封锁了现场，然后报告给著名的B探长。

B探长来到现场后，经允许搜遍了所有在场的客人和各个角落，但是仍然没有线索。于是，B探长对A夫人进行了询问，并到她购买这条名贵项链的珠宝店进行了调查。

珠宝店经理把A夫人所买项链的幻灯片资料放给B探长看，探长看完后说："果然不出我所料，我已经知道这条名贵项链是谁偷的了。"

亲爱的读者，你看看那张图，能推论出谁是偷项链的人吗？

223. 无赖的马脚

　　无赖龙南打听到海滨别墅有一幢房子的主人去旅游度假，要到月底才能回来，便起了邪念。他找到懒鬼海涛，两人决定去碰碰运气。两天后的一个夜晚，气温降到了零下摄氏5度，龙南和海涛潜入了别墅，撬开前门，走进屋里。他们发现冰箱里摆满了食物，当即拿出两只肥鸭放在桌子上让冰融化。几个小时过去了，平安无事。龙南点燃了壁炉里的干柴，屋子里更暖和了。他们一边坐在桌边，转动着烤得焦黄、散发着诱人香味的肥鸭，一边把电视打开，将音量调得很低，看电视里的天气预报节目。突然，门铃响了，两人吓得跳起来，面面相觑，不知所措。门外进来了两个巡逻警察，站在他们面前，嗅嗅烤鸭的香味，晃晃两副叮当作响的手铐。他们究竟在什么地方露出了马脚？

224. 气味的信息

　　独居的老人去年摔断了腿，近一年时间没出门了，生活用品都是由一个超市送货员每星期送来的。一个冬天的大雪之后，老人被发现死在床上，尸体半裸，伤在颈部。警方判断是死者在换衣服时，一条狼狗扑过去咬住了咽喉。找来送货员讯问，送货员说他最后一次来这里是在6天前，那天刚下过一场雪，一进屋，老人的那条狼狗就向他猛扑过去。

　　警长在屋外找到了送货员的脚印，由北而来延至老人的小屋，又从小屋折回，证明送货员所说的是事实。这时，那条狼狗正嗅着这串脚印走过来，警长立刻判断出谁是凶手。

　　你知道谁是凶手吗？

225. 烛火玄机

　　"死因和死亡时间推断出来了吗？"警长问正在检查尸体的法医。"是他杀，死者是躺在自己的卧室里，大概已经死亡24个小时了。奇怪的是，目前还没有发现任何作案痕迹。"法医回答。"那就奇怪了。"

　　警长忽然注意到桌子上的蜡烛在燃烧。他马上按了一下电灯开关，却发现停电了。突然间，警长意识到了一个关键问题。"这不是案发的第一现场，尸体是从别处移过来的！"

　　请问，警长为何做出这样的判断？

226. 喷水池杀人事件

我是C市的一名警察。昨天本市的刘某来报案，说她的丈夫王某失踪了。但是由于失踪的时间还不到48个小时，所以我们没有受理。当时，刘某说她的丈夫是在去厂里取工资款的途中失踪的。那是昨天下午的3点钟。今天一大早，就有人报案说发现市中心的喷水池里有一具尸体！我们的法医及公安人员立刻赶到了现场，对尸体进行了检查。刘某也被叫到了现场，经过辨认，死者正是她的丈夫王某。

首先是发现尸体的喷水池位于市中心，附近整夜都有值班民警巡逻，大约每20分钟一次。但是值班民警并没有发现什么可疑的情况。经法医认定，喷水池这里不是案发的第一现场，因为尸体的背部可见到明显的拖痕。法医对尸体特征进行判断后，发现王某已经死亡6个小时，也就是说，王某的死亡时间大约是今天的凌晨2点。而王某的死亡原因不是溺水，而是被人勒死，颈部可见一道明显的勒痕。经过一天的调查，基本锁定了五名嫌疑人。他们是：王某的妻子刘某、邻居张某、工厂的门卫罗某、王某的好友李某和王某的秘书田某。

妻子刘某绝对知道王某每月的今天会去取工资款。此外，夫妻两人的关系不是很好，经常吵架。据邻居们说，昨天早上他们夫妻俩还大吵了一场，好像是为了王某有外遇的事。此外，刘某无法给出今天凌晨2点时她的不在场证明，只是说她在家里睡觉，但是没有人可以为她证明。刘某的表现看不出有什么破绽。她没有工作，每天都待在家里。

王某的邻居张某身强体壮，在本市的生猪加工厂工作，是一名司机，开的是鲜肉速冻车。厂里同事都夸他是个好人。他平时也很节俭，但就是喜欢喝酒，加上两人又是邻居，来往密切，所以他与同样喜欢喝酒的王某经常在一起喝到酩酊大醉。今天凌晨张某在上夜班，负责把宰杀好的生猪运往加工厂。但是凌晨1点左右他就回到了家，这一点有很多人都可证明。因为张某在上楼时发现了一个小偷，这事当时惊动了很多人，虽然最后小偷并没有被捉住，但是众人都可以证明张某确实在凌晨1点左右回到了家中。

死者的好友李某是王某的高中同学，两人关系相当密切。李某曾经因为抢劫而被劳教两年，出狱后由王某给他安排了工作——在王某的厂里当司机。本来昨天应该是由李某开车送王某去取钱的，但是昨天李某正好感冒了，请假未去。经过核查，李某的感冒是真的，但并不是很严重。他今天凌晨是在家睡觉，但由于他是单身，同样没有人可以为他证明。

门卫罗某是一个健壮的中年人，五十多岁。看起来很是精明，没有人知道他为什么会来这么个小厂当门卫。而且种种迹象表明他与王某之间好像有某种神秘的关系，看起来很不简单。今天凌晨他在自己的岗位上，并且指证说他看见最后一名嫌疑人——秘书田某的办公室一直亮着灯，直到大约凌晨3点的时候田某才离开工厂。

最后一名嫌疑人田某是王某的女秘书，两人关系很不正常，王某的妻子正是因此才经常和王某吵架的。田某说她凌晨3点离开工厂的时候还和门卫罗某打了声招呼，她是因为要赶制报表才拖到那么晚的。田某和罗某相互证明了这些。

现在，请大家来侦破这个案子，谁能说出答案？

227. 照片的破绽

一个星期天的午后三点，在距离市中心50公里的地方，有个独居的老妇人被杀。根据警方调查的结果，被害者的外甥嫌疑最大。因为他可能是为了谋夺姨妈的财产，才出此下策。老妇人的外甥，外表忠厚、斯文，一点都不像杀人犯。当警方盘问他当时的行踪时，他拿出一张照片给警察说："案发当时我在市内，照片可以做证。当时我在海滨公园，请过路的女学生替我拍的照片。警长你看，我身后钟楼上的时间不是3点吗？警长看了照片说："别说了，这张照片更说明了你是凶手。"警长为什么认为照片反而成了罪证了呢？

228. 绸被破案

有个商人乘船过河时被强盗杀死，一时抓不到凶手。新任县令赵大明听完案情后说："既然商人是在船上被杀死的，就说明那帮强盗很可能经常出没于水道，我们应该经常在河边察访，看看有什么可疑的迹象。"

一天，赵大明坐在河边的茶店中察访，见一条船经过，船尾上晒着一条新洗的绸被，绸被上聚集了很多的苍蝇。他赶紧对身边的捕役说："快截住那条船，强盗肯定在船中！"那只船上的人被押到公堂一审，果然是杀死商人的强盗。众捕役问赵大明："您怎么知道船中有强盗呢？"赵大明笑笑说："是那条绸被告诉我的……"众捕役十分佩服赵大明善察贼踪。

那条绸被为什么能成为破案的关键线索呢？

229. 鱼缸的证言

昨晚下了一场大雪，今早气温降到了零下5摄氏度，室内温度也很凉。刑警询问某案的嫌疑犯，当问到她有无昨夜11点左右不在案发现场的证明时，这个独身女人回答："昨晚9点钟左右，我那台旧电视机出了毛病，因短路停了电。因为我缺乏电的知识，无法自己修理，就吃了片安眠药睡了。今天早晨，就是刚才不到30分钟之前，我给电工打了电话，他告诉我只要把大门口的电闸合上去就会有电了。"

可是，当刑警扫视完整个房间，目光落在室内的玻璃鱼缸上时，便识破了她的谎言。刑警发现了什么？

230. 识破假和尚

北宋张咏任江宁府长官时，某天，几个兵士押来一个僧人，说此僧在酒馆酗酒食肉并殴打店小二。张咏一瞧，此僧面目非善，不似修性之相，厉声道："大胆僧人，酗酒食肉违反佛规戒律第几条？"僧人略微一怔，随即现醉状支吾不清。张咏细察僧人表情，心中生疑，又问："你在哪儿出家？"僧人答道："灵隐寺。"张咏再问："有何凭证？请速取来。"僧人忙从身上取出戒牒作为身份的证明交给衙吏。张咏看了良久，拍案而起，道："来人，将此僧人押入后牢，明日再审。"僧人不服，高声叫屈不绝。张咏摆手命衙吏将僧人带走，随后在纸上唰唰地写下几行字：此是假僧人，请司理院审问这个杀人犯。

次日清晨，群官聚集听审。当介绍完此僧人昨日的劣迹后，众人不解，单凭这些何能断定是假冒僧人呢？更令人迷惑的是，张咏又如何推断此人是杀人犯呢？于是私下交耳议论。张咏微微一笑道："本官自有道理，各位看审吧。"说完传令将那僧人押上。

僧人一进大堂，见此架势，心中生惧，跪在地上口念冤枉。张咏道："你先别喊冤，待本官问你几句话便可结案。昨日念你酒醉不作计较，今再问你，出家人酗酒食肉违反佛门戒律第几条？"那僧人头上冒汗，一时语塞。张咏再问："你出家为僧几年了？"僧人即答："七年了。"张咏笑着追问："你额头上是什么痕迹？""束裹头巾的痕迹。"张咏听罢哈哈大笑。僧人惊恐万分，自知语失。张咏喝道："该死的强盗，杀死了僧人冒名顶替，还不快快招来！"

僧人在严厉的审讯下，终于招供。原来他在前几日夜晚在路上遇见一位云游僧人，假意结伴，行至荒僻处，将其砸死，剥下僧衣，取了他的户部戒牒，自行披缁剃发假冒僧人，以靠化斋为生，不想竟被张咏识破。

张咏是怎么识破这个假和尚的？

231. 珍珠被偷

一大早，西蒙探长就带着助手急匆匆赶到一处公寓，因为10分钟前有人报案，说昨天公寓里有小偷，失窃了不少珠宝。

在公寓里，西蒙探长一边搜查，一边让助手找来了这家的女仆，出示证件后问道："你昨晚在什么地方？""我在公寓里。"女仆回答。"探长先生，这一地的棉絮是怎么回事？""可能是罪犯乱翻东西时弄的。你看，这儿还有一颗散落的珍珠。对不起，请打扫一下。"西蒙探长吩咐道。"如果发现有其他什么东西被盗了的话，请告诉我。""好的。"

女仆推出吸尘器，马上开始清扫，吸尘器很快装满了棉絮片，吸力弱下来了。"我去倒垃圾。"女仆拉着吸尘器进了厨房，然后又出来继续清扫。"厨房里有什么异常吗？"西蒙探长似乎不经意地问。"什么也没发现。""是吗？"西蒙探长两眼直视女仆，"那么，罪犯就是你喽！"

女仆惊得倒吸了一口气，但马上又镇静下来，她关掉吸尘器的开关，马达声立刻停了下来。"你怎么知道我是罪犯？""撒落在地上的珍珠只剩下一颗，就是证据。你把盗走的宝石和珍珠藏到哪儿去了？老实告诉我。"

女仆一脸沮丧，不得不承认是自己干的。试问，西蒙探长仅靠一颗散落的珍珠怎么就能识破女仆是窃贼呢？

232. 抬病妇

清朝康熙年间，两江总督于成龙在广西任罗城县令时，有一日清晨路过邻县，看到有几个男子抬着一张床在城外急行，床上躺着一个病人，上面盖着一条大被子，从头到脚蒙得严严实实，只从枕头上露出一个发髻，发上插有一支簪钗，看来是个女人。抬床的有两个男子，床边还跟随着三四个壮男，只见他们不时地用手把被子往病妇身下塞进去，好像是怕进风受凉。过了一会儿，抬床的两个显然是累了，于是在路边停下歇息，另外两个男子去换着抬。看到这里，于成龙就对一个隶卒说："这是一伙盗窃贼。"后来经过调查，这伙人果然是一伙盗贼。

有人问于成龙怎么知道这伙人是盗贼，于成龙笑着说道："这很简单，仔细观察就会发现很多疑点。"你发现这些疑点了吗？

233. 仙鹤引路

甲午战争中，一支驻朝的清军在转移途中误入了日本侵略军的埋伏圈。"全体人马，原地休息。"聂士成下达了命令，部队便开始原地待命。"我们在这异邦之地，人生地不熟的，怎么才能突出重围呢？"将士们乱作一团，不知所措，部队充满了绝望的情绪。

聂士成沉着冷静地打量着四周的环境。突然，他发现右前方的一个高山冈上站着两只仙鹤，悠闲自在地在土岗的草丛里觅食。聂士成心里一亮，于是带领部队悄悄地从鹤立的地方往外走，果然一路上未遇到伏兵。走出有十里地了，士兵们才敢出声讲话。"好险啊，要不是我们聂将军料事如神，今天我们可要全完了。"将士们以十分敬佩的目光望着聂士成。聂士成还是那种沉着冷静的神情："今后你们可要记住，战争中遇事要多观察，多思考，只有这样，才有可能出奇制胜、置之死地而后生。"

你知道聂士成是怎样进行观察和思考的吗？

234. 惊倒柯南道尔

举世闻名的《福尔摩斯探案集》一书的作者柯南道尔，有一次在巴黎叫了一辆出租马车。他先把旅行包扔进了车里，然后上了车。但还没有等他开口，车夫就说："柯南道尔先生，您上哪儿去？""你认识我？"作家有点诧异地问。"不，从来没有见过。""那你怎知道我是柯南道尔呢？"

"这个，"车夫说，"我在报纸上看到你在法国南部度假的消息，看到你是从马赛开来的一列火车上下来的；我注意到你的皮肤黝黑，这说明你在阳光充足的地方至少待了一个星期；我从你右手中指上的墨水渍来推断，你肯定是一位作家；另外，你还具有外科医生那种敏锐的目光，并穿着英国式样的服装。我认为你肯定就是柯南道尔先生。"柯南道尔连说："神了，神了！"并夸道，"你能如此从细枝末节观察出一个人，简直赛过高明的侦探福尔摩斯！"

马车在行进着，柯南道尔目光一瞥，方知车夫的话有一半是吹牛。你说，柯南道尔为何又认为车夫的话有一半是吹牛？

235. 郁金香之谜

卖唱的美少年阿尔芒，在英国的诺丁汉郡偶然遇见了当地有名的美人玛格丽特。玛格丽特的美貌深深地迷住了阿尔芒。从此，阿尔芒经常在玛格丽特的窗下弹唱，倾诉自己对她的爱慕之情，终于赢得了姑娘纯真的爱情。但是，玛格丽特的父亲却不赞成这么一门亲事，可又因为玛格丽特一定要嫁给阿尔芒，他只好出一道难题来考阿尔芒。

玛格丽特的父亲找来了两个身材与自己的宝贝千金极其相似的邻家少女，同玛格丽特一起用纱巾蒙住全身。站在纱帘后面的三位少女，每人都伸出一只纤纤玉手，拿一朵鲜花。此时，真正的玛格丽特无法与阿尔芒打招呼，她见两个少女选择的是月季花和玫瑰花，就灵机一动，选择了一朵郁金香。然后玛格丽特的父亲叫阿尔芒来猜拿什么花的是玛格丽特，如果猜中了就把女儿嫁给他做妻子。

阿尔芒略一沉思，便对玛格丽特的父亲说："我已经认出来了，拿郁金香的是您的千金小姐玛格丽特。"当阿尔芒拉着玛格丽特走到她的父亲面前时，老人再也无话可说了。

请问，美少年阿尔芒是怎样断定拿郁金香的是玛格丽特的？

236. 邮票失窃

美国旧金山，有次举办世界邮票大奖赛，尽管有科学的保卫措施，但获得二等奖的一张价值很高的邮票还是被人乘乱窃走了。作案人就是世界大盗史莱福。他手法高超，行动诡秘，盗得邮票后，立即返回居住的一家廉价旅店。他自以为此次行动神不知鬼不觉，哪想到所有的行动全被监视了。

很快，警察们冒着盛夏的酷暑，包围了旅店，闯进史莱福的房间。旅店的条件很差，连窗都没有的房间里除了一台密封式的呼呼开着的电扇外，只有非常粗糙的一床、一柜、一桌、一椅。史莱福斜靠在床上，若无其事地打量着警察。据警察所知，史莱福一路上并未同谁联系，也未停顿。回来后一直无人找他，他也从未离开过房间。显然，邮票肯定在房间里。然而，警察搜遍了史莱福全身和房子的每一个角落后，仍然一无所获。没办法，旧金山警察局请来了美国警察界著名的神探亨特，亨特仔细了解了整个案情，然后走进史莱福房间，向四周审视了一会儿，忽然指着一处说："邮票就在这儿！"警察们走上前一搜，果然取到了史莱福偷窃的邮票。

邮票放在哪儿呢？

237. 小空船

某地距国境线不远。一天，风特别大，刑警队的大李从河边经过，看到很多船都被吹得摇摇晃晃的。忽然他跳上一艘小空船，坐了片刻，这只船的船夫回来了，就催促他上岸，他不理。船夫说要开船了，他说愿与船夫同行。船夫很奇怪，就问他为什么。大李说："你的船里有东西，我要搜查！"说完拿出了搜查证。船夫气极了，就揭开舱板给他看，里头空无一物。大李令船夫打开底板，船夫不肯。大李就用器械强行打开，一看尽是走私手表、金块、银元。经过审讯，原来这个船夫是个大走私犯。

有人问大李，怎么会知道这船里有走私物，大李说这同吹的风有关系。风和走私船有什么关系呢？

238. 聪明的女孩

　　某报刊登了一个案件的简短报道，并附发了一张照片。消息说："昨天深夜，警长为捉拿一个毒品集团的主犯，潜入某大楼。正当他掌握了一些证据时，主犯却被暗杀了。主犯在临死前写了一张小便条，上面写了几行数字，可以肯定这是密码。为了迅速破案，特将密码公布于众，能破译者将获得5000元的奖金。"

```
          710
  5773534
         5509
51 036 145
```

　　某人足足想了两个小时，最后还是无可奈何地摊了摊手。晚上，他刚满8岁的小女儿拿着报纸翻了一会儿，突然对他说："爸爸，我把报纸上征答的问题想出来了。"当他还在将信将疑时，8岁的小女儿已经在动手给警察局写信了：

　　"警察先生，这几行数字，其实并不是什么密码，只是用英文写的一句话，我已经把它读出来了，它的意思是……"

　　你能说出这几行数字表示的是什么意思吗？

239. 懒惰的人

　　夏季到了，某警局为了清洁烟囱，特地聘请了三个工人，分别是张三、李四及陈七，并停工一日。可惜所聘请的三个工人中有一个是非常懒惰的。

　　早上，他们三人穿着整齐的工作服到达警局开始工作。过了几个小时，他们同时走出烟囱，三人的样子都不同：张三衣服、双手及抹布均沾满油渍，李四衣服及抹布尽黑；陈七的衣服只有少许污渍，但脸上却很脏。警局负责人指着陈七说："你没有清洗过烟囱。"

　　你认为警局负责人如何会知道陈七并没有清洁烟囱呢？

240. 奇诗

　　第二次世界大战时，在德国法西斯占领下，巴黎的《巴黎晚报》上刊载了一首无名氏用德文写的诗，表面看来是献给元首希特勒的：

　　让我们敬爱元首希特勒，永恒英吉利是不配生存。让我们诅咒那海外民族，世上的纳粹唯一将永生。我们要支持德国的元首，海上的儿郎将断送远征。唯我们应得公正的责罚，胜利的荣光唯是个纳粹标记有份。

　　难道这位法国无名作者真的这么厚颜无耻吗？不，巴黎人懂得这诗怎么读，他们边读边发出会心的笑声。不久，纳粹下令搜捕这位勇敢机智的无名诗人。你知道这首诗该怎么读吗?

241. 智查走私犯

海关缉私队得到线报,知道一个走私集团准备走私一批黄金,而且知道带黄金入关的将是一名女子,乘坐510次班机抵达。为了搜查出这个走私贩,大批的警察及缉私队员被派到机场旅客出口检查处。

510次班机准时抵达了,机上的乘客都依次出关。这次班机有很多女乘客,其中有个十分漂亮的金发女郎。旅客都一一接受了搜查,但都没有发现什么问题。怎么办呢?难道线报有误?

当搜查即将结束时,一个聪明的缉私队员仔细打量了一位可疑的金发女郎一番,终于在她身上发现了要找的东西。你知道是怎么找到的吗?

242. 智识假现场

某罪犯集团的骨干分子张某,在公安部门的通缉令发布之际,突然在一个雨天触电身亡了。是自杀?是他杀?老刑警队员王勇奉命侦办此案。

这天,晨曦初露,王勇带着助手小梁来到了死者现场。这里是一片颓垣废墙的破仓库,蛛网虬结,飞虫鸣唱。死者就倒在这座破仓库前的泥地上,面部无明显特征,穿一身极普通的工作服,上面沾满泥浆,脚上是一双新皮鞋,鞋底的花纹清晰可辨。他仰面朝天,手心朝上,手指搭在一根因失修而垂下的断电线上,头部有一处伤痕,旁边的石头上还有血迹。

小梁知道,老王在观察分析后便要考查自己是如何判断案情的,因此观察研究死者现场就特别仔细认真。他看到,老王在察看了死者那只搭在电线断头上的手之后,便开始专心研究起死者的服饰打扮来。老王看来尤其对死者脚上的那双皮鞋感兴趣,他蠕动着嘴唇,在细加玩味似的。小梁也探身过去观察了一会儿,心想,不就是那双新皮鞋吗,这上面会有什么大文章可做?死因是一目了然的了。

"小梁,他的死因是什么?"老王问。"老王,这不是明摆着的吗?从现场情况看,死者是因道路泥泞打滑,摔倒后,头部撞在石头上,手指触电身亡的。"小梁说完后,王勇没有吱声,他在凝神思考。过了一会儿,才说:"你放过了两个极其重要的疑点。"

你知道是哪两点吗?死者的真正死因又是什么呢?

243. 一副对联

从前有个贪婪而又吝啬的财主，由于他"夺泥燕口，削铁针头，鹭鸶腿上劈精肉，蚊子腹内刳脂油"，加之爱财如命，一毛不拔，村里乡民皆暗地叫他"铁公鸡"。一年，这个吝啬财主满60岁，为了庆祝自己的花甲大寿，他大摆"丰宴"遍请当地绅士名流。绅士名流接到帖子，以为吝啬财主开斋，会花钱买些酒肉，于是有的学究写了贺联，有的秀才写了诗，准备送给财主。是日，大家乘兴而来，但见桌上既无酒，也无鹅鸭鸡肉，只有豆腐干、笋干、菠菜、青菜及红白萝卜，不禁暗暗叫苦。一生性诙谐的落第举人嘻嘻一笑，朝吝啬财主拱了拱手："六十花甲，可喜可贺，晚生送副贺联。"说罢要求纸墨笔砚，连连挥笔：

一二三四五七八九十一二三四五六七八十

接着又写了一张五个字的横额：文口八土回。绅士名流一看，无不窃笑。你知道他们笑什么吗？

244. 证人被杀案

一起案件的重要证人约翰被追杀而受伤住院。为避免他再被人袭击，警方派人24小时驻守在他的病房外。但约翰最后还是被人用无声手枪杀死在病房内。警长到场调查，当时守卫门口的警员对他说："只在两小时前有个护士例行巡房，之后再没有人进去过了。"

警长再次在房内彻底搜查，发现垃圾筒内有纸巾、针筒的包装纸及吃剩的苹果、香烟头等垃圾。警长观察过这些垃圾后，随即肯定是警员曾经擅离职守，有人在此前半小时内进入过病房。事实证明，警长的判断是正确的。

警长看到些什么，让他做出了这样的判断？

245. 书房里的秘密文件

黑老大准备派人把一封秘密文件交给同党，不料却被警方获悉。警员前来搜查文件，匪党在屋外应付警察，黑老大立即把信件收藏起来。之后，黑老大由后门跑往天台，跳往隔邻那幢大厦躲藏，伺机逃脱。

匪党誓死不肯开门，警员只好合力破门而入，把他们拘捕。随即搜查全屋，但黑老大及密函都不翼而飞，警方只好将几人带回审讯。警长正想下令收队时，在无意识的情况下，把黑老大书房的台灯开启了。细心的警长仔细观察了一番，终于发现了藏信的地点，因而侦破了一宗数亿元的贩毒案！

你知道秘密文件藏在书房哪处吗？

246. 刺客

星期天，公司总经理杰克正在公园的林荫小道上散步。忽然，一个年轻漂亮的女子与他打招呼。杰克问道："小姐，您是哪一位？"那女子冷冷地说："我是一个刺客！"杰克脸色一下变得煞白，紧张地脱口而出："啊，你是那小子派来的吗？"并苦求饶命。那女子说："请别误会，我不会杀您的，我是来帮助您的。刚才您说的那个小子，是不是H公司的经理？""是，是，在商业上，他是我的最大敌人，我巴不得他早点死掉！"那女子用商量的口气说道："这件事就交给我办吧！请您放心，我要让他不留痕迹地无声无息地死掉，让他病死。至于采取什么办法，您最好别问了。而且，干掉他后再给钱，不要预付金，怎么样？""好！事成之后，重金酬谢！"

三个月后，杰克听说H公司的经理因心脏病突发，治疗无效去世了。随后，在一个星期天的早晨，还是在那条林荫道上，杰克再次碰到那位女子，他如数付给了酬金，那女子迈着轻盈的步子走了。

那个女子用什么办法使H公司的经理病死，从而得到一笔数目可观的酬金的呢？

247. 甲板枪声

游船在风暴中东摇西晃，颠簸前行。风暴暂息时，一号甲板传来一声枪响。正在度假的柯南几个箭步就冲上了升降口扶梯，在扶梯尽头拐弯处发现了死者，死者头部有火药烧伤。

船长和柯南马上展开了调查，以弄清事发时船上每位乘客的所在位置。调查工作首先从离尸体被发现地点最近的乘客们开始。

第一个被询问的是汤姆，他说听到枪声时，他在舱室里正好要写完一封信。

"我可以过目吗？"船长问道。柯南从船长的肩上望去，看到信笺上爬满了清晰的蝇头小字。很显然，信是写给一位女士的。

下一个舱室的乘客是韦恩小姐。她紧张不安，回答说，由于被大风暴吓坏了，问及事发时她在干什么时，韦恩小姐得情绪激动地说，她躲进了对面未婚夫迈克的卧舱。

后者证实了她的陈述，并解释说，他俩之所以未冲上过道，是因为担心这么晚同时露面的话，也许会有损于他俩的名誉。柯南注意到迈克的睡衣上有块深红色的斑迹。

经过调查，其余乘客和船员的所在位置都令人无懈可击。请问，柯南怀疑的对象究竟是谁？为什么？

248. 谁是真凶

一场混乱的枪战之后，某医生的诊所里冲进一个陌生人。他对医生说："我穿过大街时，突然听到枪声，见到一个人在前面跑，两个警察在后面追，我也加入了追捕，就在你诊所后面的那条死胡同里，遭到那个家伙的伏击，两名警察被打死，我也受伤了。"医生从他背部取出一粒弹头，并把自己的一件干净衬衫借给他换上，然后又把他的右臂用绷带吊在胸前。

这时，警长和地方议员跑了进来，议员喊："就是他！"警长拔枪对准了陌生人，陌生人忙说："我是帮你们追捕逃犯而受的伤。"议员说："你背部中弹，说明你是在逃跑！"

在一旁目睹一切的摩斯对警长说："受伤的人不是真凶！"

那么，谁是真凶呢？

249. 珠宝被劫

凌晨2时，名探柯南接到贵妇人玛丽太太的男管家的电话，说家中的珠宝被劫，请他立刻赶来。柯南走进玛丽太太的卧室，迅速察看了现场：两扇落地窗敞开着，凌乱的大床左边有一张茶几，上面放着一本书和两支燃剩3英寸的蜡烛；门的一侧流了一大堆烛液；一条门铃拉索扔在厚厚的绿地毯上；梳妆台的一只抽屉敞开着……

玛丽太太说："昨晚我正躺在床上，借着烛光看书，突然一股强劲的风把门吹开了，于是我就喊詹姆斯过来关门。不料，这时突然闯进来一个戴面罩的持枪者问我珠宝放在哪里。当他将珠宝装进衣袋时詹姆斯走了进来。他将詹姆斯用门铃的拉索捆起来，还用这玩意儿捆住我的手脚。"她边说边拿起一条长筒丝袜。"他离开时，我请他把门关上，可他只是笑笑，故意敞着门走了。詹姆斯花了20分钟方挣脱绳索来解救我。"

"夫人，虽然我不清楚您的目的是什么，但请允许我向您精心安排的这一劫案和荒唐透顶的表演致意。"柯南笑着说。

柯南警探是如何识破玛丽太太的漏洞的？

250. 富家女之死

杰卡应一位富家独生女之邀，和她的堂姐以及堂姐的未婚夫——一个外科医生，4人一起到郊外的别墅野餐。小巧轻盈的富家女，双亲都已去世，由她继承了巨额家产。到达别墅后，他们在庭院的草地上野餐。

他们带了3个大篮子，其中装满食物。吃饱后，篮子就收到别墅中。杰卡在与堂姐谈天时，富家女和外科医生一起进了别墅，好久也不见他们出来。堂姐进屋察看，发现里面空无一人。当杰卡也想进屋时，外科医生从另一边的树林里出来了，只见他一身泥巴，他刚才正在摘野草莓。杰卡问他富家女在哪里，他说在屋里。然而当他们3人进屋去时，却无论如何也找不到富家女，而且门窗都是从里面锁住的。杰卡找来找去，只是在走廊上捡到一块防水布片。3人失望地将别墅收拾整齐，把大篮子放回车上，离开了。

后来警察又进行了仔细的检查，只在浴室里看到了一点血迹。

富家女到哪里去了呢？她被谋杀了吗？尸体呢？凶手又是谁呢？

251. 消失的凶器

查理独自一个人在办公室打盹儿。突然，一个西装笔挺的人走进来，不由分说，向查理头部猛敲，查理当场毙命。凶器似是长约三十厘米的木棍。凶手逃走时，却在办公室门口遇上公司的保安，他是在听到查理的惨叫声后，匆忙前来察看，并立即擒住凶手。

不久，警方抵达现场，扣押疑凶，搜查凶器，发觉找遍房间、疑凶全身，甚至死者的身体，亦搜不到凶器。只是疑凶的领带有很多皱纹。

奇怪了，在这宽大的办公室内，疑凶又未离开过现场，室内只有一个鱼缸，四周又没有窗户的室中，疑凶究竟用什么凶器谋杀查理的呢？

然而，明察秋毫的警长还是发现了凶器，你知道是什么吗？

252. 凶器藏在哪儿

一天，富商约翰正在午睡，不知何时被凶手偷偷潜入，用尖锐的利器刺穿了他的咽喉。当时墙上大钟刚好指示在2时整，而凶手逃走时，正巧碰上管家，于是只好束手就擒。

当警方调查时，发觉在凶手的身上竟然找不到凶器，而命案现场连刀的影子也看不见。查问当时正在院子里修剪花草的园丁，也说案发时，窗子是关着的，可知凶器并未被丢到窗外。既是如此，凶手是用何种凶器行凶的呢？他杀人后，又把凶器藏在哪儿呢？

次日，报纸报道了这宗悬疑的凶杀案。名侦探摩斯看见后，不禁叹道："难道警方都是瞎子？凶器不是远在天边，近在眼前吗？"

摩斯究竟是如何推断出来的呢？

253. 他还是她

利物浦的时装模特Y女士，生活放荡，既是同性恋者，又同男士们谈情说爱。一个星期天的上午，有人发现她被可乐瓶击中头部，死在卫生间里。据邻居们反映："从昨晚起，就不断有人到Y女士房间里玩，今天拂晓听到争吵声，但分不清是男人还是女人的声音。"那么，对这位既有男情人又有女情人的女士，凶手的性别该怎样确定呢？

警官摩斯指着盖子和坐垫都翻在上面的抽水马桶说："看一眼现场就知道凶手是男是女了。"摩斯是怎样判断的呢？

254. 西餐店的谋杀

三名男子汤姆、迈克、马丁在一家西餐店里喝啤酒，突然间，店堂内一片漆黑，原来是停电了。不一会儿，侍者送来了蜡烛，于是，他们接着又喝了起来。几分钟后，马丁痛苦地挣扎起来，很快地就俯在了桌上，停止了呼吸。警方经过调查，发现马丁喝的啤酒中有烈性毒药。

听了警方的报告，警长福尔问："停电是偶然的吗？""不，三天前就贴出布告通知了。""那么，凶手一定是看到布告后做好杀人准备的。这狡猾的家伙利用停电的瞬间，迅速投毒到马丁的啤酒杯中！"警长自言自语地分析道，接着又问了一句："当时在现场的顾客多不多？""不多，只有他们三个人。""那么，向酒杯里投毒的凶手不是汤姆，就是迈克。"

警方对汤姆和迈克随身携带的物品进行了仔细检查，汤姆携带的物品有香烟、火柴、手表、胶囊感冒丸、乘车月票和800元美金；迈克携带的物品有手表、手帕、口香糖、记事本、老式钢笔和600元美金。在两人所带的这些物品中，没有可以盛放毒液的容器。侍者证实，汤姆和迈克谁都没有离开座位一步。所以，他们没有机会丢弃任何容器。

警长福尔将他们两人携带的物品看过之后，立即指出了投毒者是谁。请你分析一下，精明的警长所断定的凶手是汤姆还是迈克。凶手又是用什么东西盛放毒液的。

255. 遇害的寡妇

圣诞节之夜，将近7点了，警察局突然接到一个画家的电话。"警官先生，当我离开家，到100米外的一个单身独居的年轻寡妇家借打电话时，发现这寡妇躺在床上死了。"警官很快就赶到了现场。验尸结果，推定死亡时间是当天下午5点前后。这天，从天一亮就开始下雪，直到下午4点才停，雪积了30厘米高，这寡妇的家就像被雪围住的密室。警官查看四周后发现，除了画家去借打电话时留下的深深的脚印外，没有任何痕迹。那么杀人凶手在5点钟的时候，是如何进入寡妇家，而又没有留下任何痕迹的呢？警官百思不得其解，只得请教大侦探柯南。

柯南来到寡妇家，查看了现场后，便指着地上的脚印问画家："这就是你当时来借打电话留下的脚印吗？""是的，"画家说，"要是你不信，我再走几步给你看看。"

说完，画家又踩着积雪走了起来，脚印较第一次的明显浅了许多，柯南也一本正经地仔细查看起来。看着，看着，突然他指着画家对警官说："杀人凶手就是他！"

柯南凭什么说画家就是凶手呢？

256. 扑克占卜师被杀

一天早晨，单身生活的扑克占卜师在公寓自己的房间里被杀。他是被匕首刺中后背致死的，推测被害时间是昨晚9点左右，看上去是在占卜时受到突然袭击的。尸体旁边丢的到处是扑克牌，被害人死时手里攥着一张牌，是张方块Q。

"为什么死时攥着一张方块Q呢？"法医感到奇怪。"大概是想留下凶手的线索，才抓在手里的。"警长说。"这么说，凶手与钻石有什么关系？""扑克牌的方块与宝石中的钻石不同，是货币的意思。黑桃是剑，红桃是圣杯，梅花表示棍棒。"警长解释说。

不久，侦查结果出来了，锁定3个嫌疑犯：职业棒球投手、宠物医院女院长、男演员。"3个人似乎都与扑克牌里的方块没关系。"很多人感到纳闷儿。"即便没关系，这个家伙也是凶手。"警长果断指出了真凶。

那么，凶手到底是谁？

257. 教师之死

酷夏的一天夜晚，发生了一宗奇特的凶杀案：中学教师鲁达倒毙在地上，上身赤裸。警方经过调查，发现鲁达是被人勒死的，并很快拘捕了两个嫌疑人物。

一个是鲁达的弟弟鲁明。他是个不长进的流氓，吸毒成瘾，经常向哥哥勒索钱财，两兄弟也常发生争吵。第二个人，是被开除学生的家长。他为人粗暴，脾气很躁，他因为儿子被开除而大发脾气。

根据死者现场的环境，警方设想案情大概是这样的：死者在住所的窗前，看到来找他的人，于是开门，结果，却遭袭击死亡。

你认为，哪一个人才是凶手呢？

258. 美军医院

1945年，盟军登陆诺曼底前的春末，为了搜集情报，美军特别派出特务雅伦到德军占领区收集敌军情报。雅伦从飞机跳伞降落，不幸降落伞发生故障，使他坠落地面而致昏迷。

当雅伦醒来的时候，发现自己躺在一家医院中。那里是一间特别病房，床上挂有一面美国星条旗，医生、护士都说着满口流利的美式英语，雅伦被弄糊涂了。到底他是被德军俘虏了，还是被盟军救回了呢？这间美军医院，是真的还是伪装的呢？雅伦必须自己做出判断。他数了数美国国旗上的星星，上面共有50颗，雅伦忽有所悟，找出了答案。

这到底是真的美军医院，还是假的呢？

259. 遗书露破绽

1997年10月16日清晨，某五星级宾馆经理突然向警方报告，一个英国人乔治服毒自杀。警方来到现场，看到乔治的尸体直挺挺地躺在床上，室内设备完好，没有搏斗痕迹，尸体没外伤。经法医化验，乔治系氰化钾中毒身亡，死亡时间在12小时以前20小时以内。

"他什么时候住进来的？"侦查员问。"4天了。"经理回答。"就他一个人吗？""不。他们一共5个，3个英国人，1个荷兰人，1个美国人。""这遗书你用手碰过吗？"侦查员指着床边柜上的纸条问经理。"没有，我没有动过。"

侦查员仔细研究了那封遗书。遗书上写着："国际刑警在追捕我，既不能回英国，又不能在中国久留。只好见上帝了。乔治，10.15.97。"侦查员说："遗书上写的日期是1997年10月15日，也就是昨天，这与他的死亡时间是相符的。但乔治决不是自杀，而是被他人杀害的。遗书也是伪造的。"说完他又问经理，"你们宾馆从前天起住进了哪些外国人？"

"除了他们5个人外，还有2个日本人和3个新加坡人。""那么那个唯一的美国人有重大嫌疑，立即对他进行侦查。"侦查员说完便着手研究侦查措施。请问：侦查员为什么怀疑这个美国人呢？

260. 教堂前的尸体

小村教堂前的塔底之下发现了一具尸体，在靠近墙边大约30厘米的地面上。这个教堂高约15米，在10米高的地方，有一处的窗户被打开。警长来到了现场，他检查过死者的尸体，法医签署了死因是由高处坠下而致命的证明。死者衣衫褴褛，看起来是一个贫穷的老人。警长认为这是一起很普通的案件，死者由于无法忍受生活的痛苦，所以由塔上跳下来自杀。

一个警员细心看了看周围的环境，又看了看死者的尸体，说道："警长，我认为死者是被人杀死后搬到这里的，不是自杀！"警员讲出了理由，充分证明这是一宗谋杀案。

你知道警员推断的根据吗？

261. 饮弹而亡

孤身老人杰考勃·海琳突然死亡了。伦敦警察厅的安东尼·史莱德探长闻讯赶到现场。案件发生在昨天，死者还在客厅里，有一支自动手枪掉在身边。枪弹的射角很低，上腭明显被打穿了，嘴里有火药痕迹。这些迹象都表明了，手枪是放在嘴里发射的，一个理智正常的人决不允许人家将手枪放进自己的嘴巴，除非是中了毒，但死者并无被毒迹象，所以显而易见是自杀。史莱德探长从死者口袋里翻出一张便条和一张名片。便条是为海琳看病的贝尔大夫写的，内容大意是即日上午不能依约前往诊视，改为次日上午来访云云。名片是肯普太太的。史莱德又把首先发现海琳死亡的卡特太太和在这个街区巡逻的警察找来询问。

卡特太太是定期来为海琳料理家务的女佣，近一时期她到乡下去了，昨天傍晚来到海琳家时，发现他已经死了。巡街警察则提供了一个情况，说他昨天巡逻时曾看见一个妇女从海琳的住宅里走出来，但当时看不清其面貌特征，比较深刻的印象是这个妇女当时拿着一个很大的公文包。打发走两个证人后，史莱德又开始检查海琳的财物。他从书桌里找到一串钥匙，试了几把后，打开了放在客厅角上的保险箱。里面没有什么东西，仅存的一个银行存折，折里没留下多少余额。在电话里银行回答史莱德说：海琳曾在银行里存了不少钱，但在3个月前已全部取走了。"钱到哪里去了呢？"史莱德怀疑这是谋财害命案件。最近同海琳接触的只有两个人，一个是贝尔医生，但贝尔已写信告诉海琳，昨天没有空来，今天才会来。另一个就是留有名片的肯普太太，巡逻的警察昨天看到过一个妇女从海琳的住宅出来，手里拿着个大公文包，难道包内藏着的是从保险箱中窃得的钱财？

海琳的写字桌抽屉里有一沓信件，史莱德匆匆翻阅一遍后，没有发现与这个肯普太太相关的内容，倒有不少贝尔医生所开的药方。这就奇怪了，经常有往来的医生昨天案发时却没有来，来的却是一个从无交往的肯普太太。想到这里，史莱德打了一个电话到居民登记处，登记处回答是不存在名片上的地址，当然也没有肯普太太。史莱德这时脑子里渐渐地清晰起来了。

正在这时，大门口出现了一个陌生人，他看到客厅里的情景赶忙收住脚步，显出莫明其妙的样子："对不起，我是贝尔医生，是为海琳先生看病的，不明白这里发生了什么事？""海琳先生死了！"史莱德说，"你来得正好，我正有事向你请教。"贝尔医生怔了一怔："探长先生，我将尽力而为。""贝尔医生，实际上你昨天已经来过了。你替海琳看病，借口要看看他的舌头，把手枪放进了他的嘴巴，将他击毙了！你来时带了一只大公文包，里面装着一套女装，当你打开保险箱取走钱财后，就换上了女装，把钱和脱下的衣服放进皮包里，大摇大摆地走出去，故意让警察看到。这样做，你是想使侦探相信海琳是自杀，万一侦探怀疑是谋杀，你又可嫁祸于人。你认为安排得很巧妙，所以今天还要来看看事态的发展。"

贝尔医生听到这里，忽然哈哈大笑起来："你讲得头头是道，但请拿出证据来！"史莱德一把拿过贝尔的药箱，在医药箱的夹层里找到了一张字条。这是一张贝尔医生向高利贷者借款的借据。"你窃走了海琳的钱财就是去向高利贷者还款的，你还有什么可说的？其实就算我搜不到这个证据，你仍逃不了的！"史莱德为什么会这样说呢？

262. 林肯的亲笔信

温斯特检察官正用放大镜仔细看着一片残缺不全的纸，喃喃低语道："……在葛底斯堡公共广场，乐队奏着乐曲，人声鼎沸，大家唱着国歌涌向……"旁边又被撕去，但下面的签名很清楚："林肯"。

站在一边的犯罪实验室主任弗莱博士说："这大概值几百万美元。"

"就林肯总统的一封不完整的信，就值那么多？"检察官惊讶地问道。

弗莱博士点点头，示意道："你瞧那一面。"

检察官轻轻地吹了声口哨，把纸片翻过来，一看，只见背面是举世闻名的葛底斯堡演讲的部分草稿！

弗莱博士说："我是偶然在我姐姐放在阁楼上的一本《圣经》里找到它的，我要对它做些检验，这要花上几天功夫。"

后来检察官告诉海尔丁博士说，弗莱博士通过化学分析证明，那片纸是林肯时代的珍品。"我敢打赌，你肯定猜不出这一小片纸值多少钱！"

"大概一毛钱。"海尔丁慢悠悠地说，"可以把它卖给警察博物馆。"

海尔丁的话是什么意思？

263. 日本刀杀人案

一天早晨，侦探在自家附近的公园里散步时，发现空地中央处仰面躺着一个年轻女子。人已经死了，其左胸上插着一把细长的没有护手的日本刀。大概是被刺中后没走几步便气绝身亡了。可奇怪的是，以尸体为中心半径25米范围内，只留有被害人高跟皮鞋的鞋印，却不见凶手的足迹。因刚刚下过雨，地面仍湿漉漉的，松软的地面上清晰地留着被害人的高跟鞋印。因空地外面是草坪和杂草，所以没留下脚印。

四处找不到刀鞘，既不能认为是被害人自己拿着一把明晃晃没有刀鞘的日本刀刺进自己的胸腔自杀，也不能认为是凶手把刀拴在25米长的竹竿或木棒一端行刺的。拿那么长的棒子，被害人会及时发现并逃脱的。

那么，凶手究竟是用什么手段行刺的呢？这个案子就连老谋深算的侦探也思考了良久。当他注意到日本刀没有护手时才恍然大悟，进而识破了凶手巧妙的作案手段。侦探的根据是什么呢？

264. 冒牌丈夫

女作家玛莎上月逝世，出版商对她所著的《莫斯科回忆》一书停付版权费。玛莎在她书中谈到自己的丈夫死于1910年，却有一位自称是玛莎的丈夫的人，带着俄国护照、出生证明和结婚证书，来索取这本书的版权费。

应出版商的要求，侦探福尔与这位自称玛莎的丈夫的人进行了如下交谈："您的夫人在她的书中谈到你死于肺炎，您没让她知道你又活过来了，真是令人难以理解。""我们婚后6个月，我得了麻疹，不是肺炎，医院把我同别人搞混了，结果传出了我死亡的消息，而我不想更正这个误传。""您的英语不错，我想您这几十年一定走过不少地方，事业上也获得了很大的成功。""您说得不错，在纺织品贸易方面我相当成功。在我死亡的消息传出的第二年，我把自己的商行转卖给彼得格勒的一个大商行，保留股份，此后就到世界各地旅游。"

谈话过后，福尔告诉出版商："要报告警署检查他的证件，我认为证件是伪造的。"福尔为什么做出这样的结论？

265. 真假新娘

德国珠宝商菲克上星期在他的旅馆房间里被杀了。他的一大笔遗产将转入他的到美国来之前与他刚刚悄悄结完婚的新娘子手中。据菲克在美国的一个朋友说，菲克和他的新娘子在德国按德国风俗举行婚礼之后，菲克只身先到了美国，而他的新娘将在一星期后抵达纽约和他相会。除了知道这个新娘是个钢琴教师外，别的都不清楚。

现在新娘子来了——不是一个，而是两个！她们都有一切必要的证明，表明自己是菲克的新娘，而且对菲克也都很了解。那么，两个人中谁真谁假呢？

在菲克先生的那位美国朋友家里，福尔见到了那两位新娘，一位肤色白皙，满头金发，另一位肤色浅黑，两人都很丰满结实，三十来岁，很漂亮。福尔见那位金发新娘右手上那枚戒指箍得很深，手指上出现了一条红道道，而那位肤色浅黑的女士两只手几乎戴满了戒指。福尔沉思片刻，向两位女士欠了欠身："你们能为我弹一首曲子吗？"

浅黑肤色的新娘马上弹起了一首肖邦的小夜曲。只见她的手指在琴键上灵巧地舞动着，福尔发现她左手上有三枚蓝宝石戒指和一枚结婚戒指，右手上套了三枚大小不同的钻石戒指。她演奏完后，金发新娘接着也弹了这首肖邦的小夜曲，虽然她弹的和前一位一样优美动听，但她右手上仅有的那枚不起眼的结婚戒指却使她远为逊色。

福尔听完两位女士的演奏，对其中的一位说："现在请你说一说，你为什么要冒充菲克先生的新娘？"

福尔这句话是在问谁？

266. 白纸破案

在市郊的一幢别墅里，一位孤身盲眼的老太太死在沙发上。她手里拿着缝衣针，茶几上还有几张白纸，法医断定为服毒身亡。

负责调查的警长巡视了所有房间，发现老太太被谋杀的可能性很大，但是室内没有留下任何线索，就连服毒用的器皿也找不到。

警长站在客厅中央，凝视着沙发上的老太太，推断出她是在跟别人谈话时死去的。凶手可能是老太太熟悉的人，但却找不到一点证据。突然，警长看见了茶几上的几张白纸，灵机一动，他想起一件事情，于是拿起白纸摸了摸……最后，警长就凭这几张白纸捉住了真凶。他就是老太太的侄儿，为了早日继承遗产，毒死了老太太。

为什么几张白纸就能破案呢？

267. 推理作家破案

百万富翁艾姆临终之时立下遗嘱，把全部财产留给后妻艾姆夫人，除此以外和这位富孀共同生活的还有她的养女麦吉。

麦吉是一位典型的时髦女郎，社交极广，很能挥霍，养母管束很严，使她经常手头拮据，所以她总是盼望养母早点死去，自己可以合法继承巨额财产。可是，艾姆夫人的身体非常健康。终于有一天，急不可待的麦吉在汤里放了砒霜，艾姆夫人的健康状况突然恶化。幸亏保健医生发现得及时，才算保住了一条性命。

艾姆夫人康复后，马上警告麦吉道："我知道你想要我的命，这次为了维护家族的声誉，我不起诉你。为了保证我的人身安全，现在我应该把你从这个家里驱逐出去。但遗憾的是，按照你父亲生前的遗言，我不能这样做。所以，我为了能安度晚年，从今天起采取防范措施，你再也别想投毒害我了！"

艾姆夫人彻底改造了二楼的卧室，在窗户上安装了铁栏杆，门上的锁也重新换过。一日三餐都不让仆人做，而是她亲自从超级市场买来罐头，在卧室新增设的厨房里做饭，所有的餐具也不许任何人触动，连饮水都只喝瓶装矿泉水。每星期都请保健医生来检查身体。就连这位医生也只准许他测量一下脉搏和体温，打针、吃药都一概自理。

尽管防范得如此严密，但艾姆夫人仍然在劫难逃，不到半年光景死于非命。经解剖发现，艾姆夫人是由于无色无味的微量毒素长期侵入体内，致使积蓄在体内的毒素剂量达到了致死的程度。推理作家奎因陪同他担任警长的父亲参加了这一案件的调查，父亲忙着在现场搜寻毒药，奎因却在翻检死者用过的医疗器械，沉思了一会儿，他就指出了投毒杀人的罪犯。

那么，究竟是谁采用什么方法，把这位防范备至的艾姆夫人毒死的呢？奎因又是怎样推理的呢？

268. 被谋杀的富商

美国富商杰夫被发现伏尸于他的办公室桌上，头部被血泊包围，而书桌右面的地板上则有一支手枪。杰夫尸体的太阳穴上有火药的痕迹，子弹显然是从近距离直射入头颅内的，办公室的桌上则有一封遗书，而杰夫的右手仍握着一支笔，相信是写遗书之用。

　　警长看过现场情况后，认为这起事故不是自杀案那么简单，而是一宗谋杀案。警长为何知道杰夫不是自杀的？

269. 书房里的抢劫案

　　这天凌晨，福尔摩斯接到报案，在收藏家的花园洋房里发生了一起抢劫案。福尔摩斯迅速赶到案发现场，只见二楼的书房里，两扇落地窗敞开着，桌子上有两支点了一大半的蜡烛，烛液流了一大堆；桌下散落了好多文件，现场似乎发生过打斗；另外，地上还有一截绳子。收藏家告诉福尔摩斯："昨晚，房间突然停电了，于是我点了蜡烛，打算看看到手的珍贵手稿。谁知蜡烛刚点亮，门突然被风吹开了，我就去关门，不想从窗外爬进来一个蒙面人。他把我摁倒在地，捆住我的手脚，堵住我的嘴。然后他抢走了手稿，又从窗口爬了出去。我好不容易挣脱绳子报了警。"

　　福尔摩斯听完，环顾了一下四周，哈哈大笑起来："先生，虽然您制造假现场的本事很大，但是您还是忽略了关键的细节。看来以后还要更细心一些才是！"请问，福尔摩斯是如何发现破绽的呢？

270. 项链被窃

　　某夜，伯爵夫人在她的别墅举行了一个小型舞会。大侦探彼得也应邀参加。伯爵夫人很宠爱她的白毛哈巴狗，经常把它抱在膝上抚弄。这天晚上，伯爵夫人一面抚弄她的爱犬，一面和3位女士谈天。话题是其中一位女士安妮的珍珠项链。这串项链是前埃及女王的饰物，十分名贵。正说着，只见在座的安妮解下项链，放在桌子上，得意地让大家观看。

　　就在这时，突然停电了，室内漆黑一片。一分钟后，灯光再度亮起。众人正感惊讶，安妮忽然大叫起来："哎呀！我的项链不见了。"大家一看，果然停电时放在桌上的项链不翼而飞了。"想来，必定是在停电时被人偷去的。当时，男士们正在隔壁打桥牌，因此只有我们围桌而坐的4人嫌疑最大。不过，安妮是失主，项链当然不是她偷的，所以嫌疑犯就剩下我们3个了。"伯爵夫人边说边盯着那两位女士，"与其互相猜疑，倒不如我们都让安妮搜身。"伯爵夫人建议说。安妮认真地搜了她们3位的身，却一无所得。

　　这时，人们都闻讯赶来帮助安妮寻找，可连影子也没见到。正当众人疑惑难解时，大侦探彼得却在细心地环视室内的一切。他发现所有窗户全都上了锁，认为窃贼是不可能在一分钟内把窗户打开将项链掷出去的。同时，几位女士在停电时也没有离开桌边一步。彼得沉思了一会儿，心里有了数。当安妮要去报警时，他说："不用了，我知道谁是窃贼了。"

试问，窃贼是谁呢？

271. 落叶下的秘密

秋日的森林中发现了一辆高级轿车，车上有少量落叶，一个衣着体面的人死在车里，手里还握着一瓶毒药。"死者估计已经死亡两天。现场没有发现他杀痕迹，初步认定是自杀。"法医说道。

林地上铺满了落叶，看不到什么脚印。警长仔细勘察了现场，沉思片刻，对大家说："这不是自杀，而是他杀后移尸到这里。估计罪犯离开这里不到一个小时，他一定会留下线索的。请大家排除自杀的主观印象，仔细勘查现场。"

警长为什么做出这样的判断呢？

272. 深夜劫案

夜深人静，警长带着助手巡逻。路过一片工地时，突然一条黑影从拐角处窜过。警长立即奔上前去，正好看见那黑影闪进一幢宿舍。

警长疑惑地刚转身，一名女工就气喘吁吁地奔过来，见警长穿着警服，女工哭着报称刚才被一男青年抢走了钱包、手表、金项链等物。

警长问抢劫犯的特征，女工回答说抢劫犯留长发，且有较长的胡子，随手提一黑色皮包，其余说不清楚。警长即带女工敲门进入宿舍，先后走访3户人家，虽都有男青年，却无抢劫犯特征面貌者。

进入第四户人家时，一独居男青年正看录像片，此青年却是板刷头，也无胡子。警长正疑惑地想发问时，女工发现屋角有一黑包，指认说那正是抢劫犯携带的皮包。男青年却回答说那是一个朋友遗忘在这里的。说完，男青年打开皮包，拿出几罐易拉罐啤酒，并拉开易拉罐啤酒给警长喝，拉罐时，可能用力过猛，易拉罐中喷出的泡沫溅了男青年一脸。警长冷笑一声，立刻认定男青年正是那抢劫犯。

你知道抢劫犯露出了什么破绽吗？

273. 潦草的遗书

有位老人十分喜欢小鸟，所以他在杂木林深处建了一幢别墅，并在别墅里挂了许多鸟笼，里面养着各种各样的鸟。

一天，他的一位多年未见的朋友前来拜访他时，发现他死在家中，便立即报告了警察局。刑警来到现场，发现了一张字迹潦草的遗书，说他是服用了大量的安眠药而自杀身亡的。但是，当刑警环顾四周时发现，室内有很多鸟笼，笼内的小鸟还在欢快地啼叫着。他的朋友向刑警介绍说，死者三年前当上了爱鸟协会的会长。

听了这话，刑警果断地下了结论："如果是那样的话，是他杀，遗书是伪造的。"警察是根据什么说出这番话的?

274. 泄露天机的苹果

晚上8时，某研究所所长孙军华博士报警称，他刚接到一个恫吓电话，要他把一份绝密文件交出来，否则性命难保。警长马上赶到了孙军华家里，见房间里亮着灯，门竟是开着的。警长冲进屋里一看，只见孙军华博士昏倒在沙发下面，旁边扔着一块散发着麻醉药味的手帕。警长赶紧上前，想把博士唤醒。在警长的呼唤之下，孙军华博士慢慢地睁开了双眼，本能地摸了摸自己的衣服口袋，失声地叫了起来："完了，那份绝密文件被人抢走了!"警长一听，忙问："是什么人? 什么时候?"孙军华看了看手表，说："大概30分钟前，我一边看电视一边吃苹果，听到门铃响了，我以为是您来了。不料一开门，我被两个男人用枪顶了回来，开口就问我要这份密件，我佯装不知，他们立即用手帕堵住我的嘴和鼻子，以后我就什么也不知道了。"

果然，孙军华咬过一半的苹果正滚在电视机下面，电视机电源已断了。警长从电视机下面捡起了那只苹果，瞧了一眼，说："博士，你别演戏了，罪犯就是你自己! 是你把绝密文件卖给他们了吧!"孙军华一听，脸色变得灰白。

一个咬过一半的苹果，是怎样让警长识破假象的呢?

275. 手机短信的秘密

上海市公安局根据举报线索，在江苏省洪泽县洪泽湖度假村里，抓获一名涉嫌进行毒品交易的毒贩，查获了大量将用于购买毒品的现钞，共计人民币20万元，还有手机和笔记本电脑。但是该贩毒嫌疑人拒不交代其何时何地交易及向谁购买毒品，只交代了自己的名字叫赵无极，河南洛阳人。经上海市警方与河南洛阳当地警方联系，得知其毕业于华中理工大学，毕业后分配到洛阳市轻工局，后因吸毒被单位开除，之后一直没有找工作，据其家人透露，上个月27号，赵无极对家人说要到外地一家单位应聘。

警方仔细搜查了赵无极的个人物品，调查了他的手机短信，又请计算机专家对他的笔记本电脑里的内容做了全面的分析。经过计算机专家的检验，在赵无极的笔记本电脑里没有找到什么可疑的文件。电脑里除了WINDOWS系统文件以及一些常用的工具软外件，还安装了很多热门游戏，如《雷神之锤》、《极品飞车》等。

但是在调查赵无极的手机短信时，发现了几个疑点：

（1）上个月27号他离家之前，收到两条奇怪的短信，都是让人难以捉摸的英文字母串，一串字母是：

QEEBCZFFHIJDFSFDARSKWSYEWLHGEJKHQSXABHSUFTQGO

另一串字母是：

CGJOTWAEJLOSVAE

（2）此外，赵无极的手机还收到一条奇怪的短信，全文内容只有四个数字：3214。

（3）手机上还有一个无法查询到对方身份的电话号码。就是在收到上述三条短信后不久，赵无极又接了一个电话，经警方调查，这个电话是河南省洛阳市区一个IC卡电话，无法查到是何人拨打了这个电话。

你能根据以上线索破译手机短信里的秘密吗？

276. 轿车里的命案

一位路人发现某人死在一辆轿车的驾驶座上，便报了案。闻讯赶来的法医向警长介绍重要情节时说："当时车子停在停车场上，一颗子弹穿入了死者的右太阳穴。在汽车加速器踏板旁有一支手枪，车子内外毫无污痕。在车子周围20米以内的地面进行过搜索，仅找到两颗葡萄核和一枚生锈的铁钉。手枪上只有死者的指纹，尸检证实枪伤周围有火药烧伤，他的嘴里和胃里都有鲜樱桃。"警长说："我认为他不是自杀，而是在某地被害后，罪犯移尸到停车场的。"这个结论是根据什么做出的呢？

277. 吝啬财主的诡计

吝啬的财主才哲这年秋天患了重病，他恐怕自己死后亲人会争夺他的遗产，于是在有限的时间里，把全部值钱的东西变卖，换了外币，存放在银行里。最近他又把所有存款提出，拿回家收藏起来。

他在死亡边缘的时候，仍不肯将收藏遗产的地方透露出来。直至他死后，护士才在他的枕头下发现一封信，并把它交给在场的财主亲友。信内是这样写的："我已把全部值钱的东西换成了外币，遗产约有美金300万元。为了避免我死后亲人互相争夺我的遗产，所以，在我仍在世的时候，把全部资金拿回家。而其中250万美元已捐赠各慈善机构，其余50万美元则藏于睡房某地。"

各亲人看过信后，知道才哲尚有50万美金的现金藏于睡房内，不禁万分兴奋，急忙赶到他的家。可惜在睡房内只有一张木板床、一盏煤油灯、一张安乐椅及四面贴满报纸的墙。其余什么东西也没有。

最后，差不多把整间屋翻遍了，也仍未见50万美元的踪影。大家都很失望，正想离开的时候，突然，才哲的侄女一声惊呼，因为她在仔细观察了四周环境之后找到了。你猜猜才哲把美元藏在哪里了呢？

278. 巧取手提箱

一列开往纽约的列车即到站，这个站很小，停车时间很短。因此，旅客们急匆匆地赶着下车去。突然，一位女士急叫道："我的手提箱不见了。"刚巧，同车厢的大卫侦探听到这位女士的叫声，马上赶过来叫她别急，看看是不是有人拿错了。女士赶紧朝四处张望，果真看到一位男士提的箱子像自己的。于是，她快步冲了上去，抓住那个男士："这是你的手提箱吗？"男士一怔，马上道歉说："对不起，我拿错了。"于是把手提箱还给女士，自己朝出口走去。

大卫侦探看到这里，立即追过去说："先生，你下错车了，快回去！"说着，不由分说就把男士拉上了车。然后他叫来警长说："那个男子是个小偷，你去把他控制住。"警长把那个男子带到警备车厢，果然从他身上搜出了很多现金、首饰等值钱物品，那男子在事实面前只好坦白招供。

大卫侦探是怎么看出他是个小偷的呢？你看出来了吗？

279. 滑雪痕迹的秘密

S高原的别墅圣地比往年提前半个月下了第一场大雪，这是30厘米厚的积雪。大雪是在星期六早晨6点钟停的，可中午刚过，在被大雪封门的圆木造的别墅里，却发现了作家梅本大作的尸体。发现者是从东京刚来到这里的梅本夫人。作家的胸部、腹部被菜刀砍了数刀，推断死亡时间是当天上午9点左右。房门的后面戳着一套滑雪板。上午一直有降雪的新雪上面留着两条滑雪的痕迹，那滑雪板的痕迹一直通往离此处有40米远的一所红砖别墅，去那幢别墅一直是上坡路。

红砖别墅里有位电视演员小池美江子，刑警很快访问了她。当问到与被害人的关系时，她并没有露出反感之情，反而对答如流："星期五中午梅本来到我的别墅。不久下了大雪，于是就在我这里过了一夜。今天早晨起来一看，大雪已经停了，8点钟左右，他回到自己的别墅去了。""你们外面的滑雪痕迹是他回去时留下的滑雪板痕迹吗？""是的。我家有两套滑雪板，一套就借给了梅本。因他不太会滑雪，抬起屁股、似站非站地滑回去了。""你滑得好吗？""一般还滑得来，可昨天开始有些感冒，积雪以后就还没出过门。证据就是我的别墅周围除了梅本回家的滑雪板的痕迹外再没别的痕迹。"小池美江子强调说雪上没有留下自己的脚印。

不错，正像她说的那样，在积雪30厘米厚的雪地上，只留有梅本从美江子的别墅沿着斜坡回到自己别墅的滑雪板的痕迹，没有其他任何滑雪和鞋子的痕迹。梅本的滑雪板痕迹也不是一气滑下去的，中途好像多次停下来的样子，左右滑雪板的痕迹或是离开较宽或是压在一起，显得很乱，从而给人感觉，他的滑雪技术很真的差。

梅本在自己别墅被杀的时候已经是3个小时之前。雪停之后，如果作案后罪犯从现场逃跑的话，必然会在雪地上留下足迹。可夫人发现了丈夫的尸体时，不知为什么并没有那种足迹。尽管这样，仍然是小池美江子值得怀疑。于是，警察严厉地继续追问她。"被害人的夫人说一定是你杀害了他，你要和被害人结婚，然而被害人又没有与妻子分手的勇气，你讨厌他这种犹豫不定的态度，一赌气杀了他的吧？""那是夫人胡说。雪停之后我一步也没离开过自己的别墅，不可能去杀人呀。"美江子很冷静地反驳说。

但她的罪行终究还是被揭穿了，其关键问题就是她别墅门外的那棵松树。那棵松树上的积雪有一半落在地面上，刑警发现后揭穿了她那巧妙的手段。那么，是什么手段呢？

280. 宿营地命案

柯南到森林中打猎，见天色晚了，便在空地上支起帐篷，准备宿营。忽然一个自称叫杰克逊的年轻人跑来告诉柯南，他的朋友路易被人杀害了。"一小时前，我和路易正准备喝咖啡，从树林里突然钻出两个大汉，将我们捆了起来，还把我打昏了，醒来一看，路易已经……"

柯南跟着杰克逊来到了宿营地，发现路易的尸体躺在快要熄灭的火堆旁，两条绳子散乱地扔在路易的脚下，旁边的帆布包被翻得乱七八糟。柯南俯下身，见路易的血已经凝固，断定是一小时以前死亡，凶手是用钝器击碎颅骨才使他致命的。

他的目光又回到火堆上，火烧得很旺，黑色咖啡壶在发出"嘶嘶"的声响，刚刚烧沸的咖啡从锅里溢到锅外，发出迷人的香气，滴落在还没烧透的木炭上。柯南默默地站了一会儿，突然掏出手枪对准杰克逊说："别演戏了，老实交代吧！"

你知道这是怎么回事吗？

281. 可口可乐提供的线索

霍尔斯警官的好友约翰是位棒球教练。这天，约翰急匆匆地跑来警局，哭丧着脸报案，并讲述了事情的经过。"今天我回家比较晚，到家时已经快10点了。进门后我发现女儿玛丽趴在桌上，开始我以为她睡着了，叫了好几声不见回答，走近一看才知道她已经死了。"

霍尔斯警官立即赶赴现场，在桌上发现了喝了半听的可口可乐。经化验证明里面混有氰化物。桌子上，零散放着几张信纸，其中一张信纸上放着半听混有氰化物的可口可乐。那个信纸上的钢笔字迹十分清晰。"这个听装的可口可乐原来放在哪儿？"霍尔斯问道。"是在厨房的冰箱里。"约翰回答，"我女儿最爱喝冰镇的可口可乐，所以我家的冰箱里总是备有大量的可口可乐，谁料有人借此投毒害死了玛丽……"

霍尔斯打开冰箱看了看，又回到玛丽的闺房。他拿起桌上的一张信纸看了看，问助手明智三郎："这些信纸都鉴定过了吗？""是的，经鉴定，上面的字迹和指纹全是玛丽的，信纸上写的都是有关失恋的诗句。""约翰，你女儿恋爱了吗？"霍尔斯问。"是的，"约翰答道，"由于我不同意她小小年纪就涉足爱河，所以她与男朋友在几天前分手了。"霍尔斯又抽出了那张压在可口可乐下的信纸端详了一会儿，又问："那听可口可乐一直都是压在这张信纸上的吗？""是的，没有人动过它。"约翰答道。霍尔斯思考了片刻说："这听可口可乐不是玛丽从冰箱取的，而是罪犯拿来让她喝下致死的！"

请问，霍尔斯警官为何这样判断？

282. 捣鬼的秘书

集邮家林瑞买了一套海滨别墅，前后都有窗子。他有两张珍贵的邮票，今天上午放在写字台上，写字台前窗子当时开着，不料风太大，与这扇窗相对的窗子突然被风吹开，把一张邮票吹到窗外，带进了大海。风停半小时之后，在警察局工作的朋友刘思来访，林瑞约他在房前海滩上散步，谈了这件事。

刘思边听边低头观察一只海鸥的足迹，从足迹看，这只海鸥起飞时面朝大海，半小时前的退潮海水没有抹掉这些足迹，说明海鸥飞走的时间不超过半小时。

刘思问："是你亲眼见到邮票被吹到窗外的吗？"林瑞说："不，是秘书告诉我的，她说幸好她及时按住了另一张。"刘思说："那张邮票还在，是你的秘书在捣鬼。"

刘思根据什么做出这样的判断？

283. 狡猾的走私者

亨利的职责是在边卡检查那些入境车辆是否带有走私物品。除周末外，每天傍晚时分，他老是看见一个工人模样的汉子，从山坡下面用自行车推着一大捆稻草向入境检查站走。每当这时，亨利总要叫住那人，要他将草捆解开接受详细的检查，接着将他的每个衣袋也翻个遍，看看能否搜出点金银珠宝之类或别的什么值钱的东西，但遗憾的是每次都未能如愿，尽管他搜查得一丝不苟。但是他料定此人准是在搞走私，然而却查不出走私物。

退休的前一天，亨利对那人说："今天是我的最后一班岗。我观察你很久了，知道你一直在携带走私物品入境。你能否告诉我你屡屡得手，究竟贩运的是什么物品？要是你告诉我，我绝对为你保住秘密，决不食言！"

那汉子沉吟片刻，最后，大笑着向亨利透露了底细。你能判断出走私物是什么吗？

284. 悬崖伏尸

冬天，在一个陡峭的悬崖下，有游人发现了一具男性尸体，崖上发现的一只男皮鞋是死者的。被发现的男尸身穿大衣，满身伤痕，穿着一只鞋，鼻子上架着太阳镜。警方前来调查，搜索一番后，认为是自杀案件，决定收队。在搬运尸体时，探长站在一旁，突然大叫道："慢着！这并非是自杀案，而是谋杀案，尸体是被人搬到此处，伪装成自杀的。"

你知道探长是怎么发现的吗？

285. 明断替罪案

河北省有一位姓胡的县官，某天受理这么一桩奇案：有个瞎眼的中年男子来到县衙门，声泪俱下地说，自己在狂怒中不慎失手打死了年老的父亲，要求胡县令给他治罪。胡县令随即去现场查勘，进门一看，只见一位白发老翁面朝黄土，倒在血泊中。胡县令发现死者后脑勺有三个伤口，这些伤痕有规则地分开排列着。

胡县令心生疑窦，这似乎不像一个瞎子干的。他不露声色地对瞎子说道："你杀了人，是要抵罪的。跟我们走吧！你这一去再别想回来了！家里还有什么人？叫来和你告别！"瞎子脸色阴沉地说，家里仅有一个儿子。儿子被传来了，畏畏缩缩地站在瞎眼父亲的身边。此时，胡县令在一旁大声地说道："你们父子有什么话就快说吧，今天可是最后的机会了！"听罢这话，儿子抓住了父亲的手，低头呜咽起来。父亲也哭着对儿子道："儿啊，以后可要好好做人，只要你今后好好地过日子，你父亲此去也没什么牵挂了。不要想念我，我眼睛瞎了，也不值得想念！"那儿子神色凄然而又慌乱，一语不发地低着头。

县官立即喝令他儿子退下，过了一会儿，他又叫瞎子退下。随后立即又将那儿子叫来铁青着脸高声叫道："刚才你父亲把一切都招认了，是你打死了你祖父，还想要你父亲来抵罪，你知道该当何罪吗？还不快招供？否则……"那儿子"扑通"一声跪倒在地，哆嗦着说："我确实打死了祖父，但我父亲前来投案认罪是他自己的主意，这跟我不相干，请大人饶命！"说完连连磕头。

原来他家共有四口人，他还有位叔叔，那老翁由于大儿子是瞎子，所以常常偏袒小儿子。这孩子就记恨在心，趁着有一天老翁一人在家，抡起石块就砸死了他。父亲回来可吓坏了，为了门庭这条根，就想出了替罪的办法。

事后，人们惊奇地问胡县令怎么会得知其中的曲折。你知道胡县令是怎么回答的吗？

286. 狗咬了她吗

有一天阿秀正在家里看书，一阵急促的门铃声把她惊动了，她赶紧去开门。走进来的是隔壁的泼妇西凤，她是个远近闻名的刁恶妇人。只见她气势汹汹地指着阿秀姑娘说道："你太可恶了，把自家的狗放出来咬人！"阿秀莫名其妙，因为她家的狗从不咬人，而且今天一直蹲在姑娘脚边没出屋。于是，阿秀问西凤道："什么时候咬的？咬了哪里？"西凤说："就在刚才，经过你家门口时。"说着把她那美丽无损的裙子拉起来。果然，在膝头处有一个伤口，像是被野兽咬的。

阿秀是个爱动脑筋的姑娘，当她看过西凤的伤口后，十分肯定地说："你在撒谎，这伤口不是我家狗咬的。"接着阿秀说出了证据，西凤被说得哑口无言。你知道阿秀的证据是什么吗？

287. 警长看到了什么

半夜时分，一阵急促的电话铃声把警长从睡梦中惊醒，原来发生了一起盗窃案。

警长来到被盗人家，只见主人被绑在一旁，嘴里喃喃地说："我睡在床上，突然听到屋内有响声，急忙开灯，发现有个强盗。我们俩扭打起来，他一拳把我打倒在地，还把我绑了起来。幸亏我所有的财产都已经保了险，能够……"

警长边听边环视着屋内的一切，突然目光停留在床上，没等主人把话说完，他就知道是怎么回事了。

你知道警长看到了什么就立刻明白了真相？

第三篇　逆向思考

288. 流放犯人

在1790～1792年间，英国政府经常需要将犯人流放到澳大利亚，两国之间的距离是17000多公里。在当时的技术条件下，这段航程大概要花费3~4个月的时间。当时英国政府的做法是，雇用一些商船来运送这些犯人。开始的时候，英国政府会在起航前，根据这次运送犯人的数量，把钱先支付给商船。由于这单生意给商船带来的回报不菲，商船也会积极地运送犯人。但是，后来问题就显现出来了，船主和水手会虐待犯人，致使大批流放人员死在途中（葬身大海）的事件经常发生。在这种策略实行了三年之后，英国政府发现用商船运送犯人到澳大利亚的死亡率非常高。

面对这种情况英国政府该怎么办？

第一种选择，政府不再使用私人商船，而是自己买船或者造船，自己出水手来开船，并派军队来保证船的安全。在这样的策略下，必然能保证犯人的生命安全，降低死亡率，但是会大幅度地增加成本，成本之大是英国政府无法承担的。

第二种选择，政府采用惩罚的策略。比如规定，每死一个人，对商船罚款多少钱。这会怎么样呢？商船会把犯人死亡的风险算进去，并告诉政府犯人死亡的风险其实还是挺高的，从而把这个死亡风险加到他的要价中去，通过向政府要高价来规避死亡的风险。对政府来说，这实际上还是需要增加成本的。

除此之外，政府还有什么好办法呢？

289. 法官的妙计

一个牧场主养了许多羊。他的邻居是个猎户，院子里养了一群凶猛的猎狗。这些猎狗经常跳过栅栏袭击牧场里的小羊羔。牧场主几次请猎户把狗关好，但猎户不以为然，虽然口头上答应了，可没过几天，他家的猎狗又跳进牧场横冲直闯，咬伤了好几只小羊。

忍无可忍的牧场主找镇上的法官评理。听了他的控诉，明理的法官说："我可以处罚那个猎户，也可以发布法令让他把狗锁起来。但这样一来你就失去了一个朋友，多了一个敌人。你是愿意和敌人做邻居呢？还是和朋友做邻居？

"当然是和朋友做邻居。"牧场主说。

"那好，我给你出个主意，按我说的去做。不但可以保证你的羊群不再受骚扰，还会为你赢得一个友好的邻居。"法官如此这般交代一番。牧场主连连称是。

你知道法官给他出的什么好主意吗？

290. 对画的评价

从前，有一位美术系的学生精心画了一幅画，自己认为完成得十分完美。但是他仍然想知道别人对画的评价，于是他便将画放到了图书馆的门前并且在画旁放了一支笔，附上说明：每一位观赏者，如果认为此画有欠佳之处，均可在画中做记号。

晚上，这位学生取回了画，发现整个画面都涂满了记号。没有一笔一画不被指责。他十分不快，对这次尝试深感失望。

这时一个老人路过，看到了事情的经过，就对学生说："你何不换种方法试试呢？"于是给他出了一个主意。学生照做之后，果然收到了意想不到的效果。

你知道老人给学生出的什么好主意吗？

291. 奇怪的评分

一次考试中，全答对的人得了零分，而全答错的人却得了100分，你知道这是为什么吗？

292. 触礁

一天，一艘轮船触礁了，大约有25分钟就会沉没。轮船备有一只可以载5人的皮划艇，从沉船到最近的小岛要4分钟时间。请问最多可以有几人被救？

293. 漂浮的针

大家都知道，稻草是可以浮在水面上的，而针却不能。请问如何能让针也浮在水面上呢？

294. 聪明的阿凡提

阿凡提的聪明机智是出了名的。财主巴依经常吃他的亏，总想着要戏弄一下他。一天，巴依邀请阿凡提来自己家中吃饭。但是他把自己家的房门一米高的位置钉上一块横木板，他想这样的话，阿凡提进门的时候就可以向自己低头了。不一会儿阿凡提来赴宴，看到了门上钉的横木板，就知道了巴依的心思。于是他用一种巧妙的方式过去了，并没有向巴依低头。

你知道阿凡提是怎么做到的吗？

295. 倒可乐

小明坐在椅子上，小刚站在他身后，拿着一瓶可乐呈一条直线向小明的头上倒去。可是小明的头发上、身上、地上都没有可乐，这是为什么呢？

296. 放方糖

小明想喝咖啡，刚把方糖放进咖啡中，电话铃就响了。小明赶紧跑过去接电话。10分钟后，等小明接完电话回来时，方糖却一点也没有溶化。你知道这是为什么吗？

297. 校长的门

学校大厅的门被踢破了——可怜的门。自从安上那天起，几乎没有一天不挨踢。十五六岁的孩子，正是撒欢的年龄。用脚开门，用脚关门，早已成了不足为奇的大众行为。

教导主任为此伤透了脑筋，他曾在门上贴过五花八门的警示语，什么"足下留情""我是门，我也怕痛"，诸如此类。可是不顶用。他找到校长："干脆，换成铁门——让他们去"啃"那铁家伙吧！"校长笑了，说："放心吧，我已经订做了最坚固的门。"很快，破门拆下来，新门装上去了。

新门似乎很有人缘，装上以后居然没有挨过一次踢。孩子们走到门口，总是不由自主地放慢脚步。阳光随着门扉旋转，灿灿的金色洒了孩子们一身一脸。穿越的时刻，孩子们感觉到了爱与被爱的欣幸。

你知道这是为什么吗？

298. 司机的考试

　　某大公司准备以高薪雇用一名小车司机，经过层层筛选和考试之后，只剩下三名技术最优良的竞争者。

　　主考者问他们："悬崖边有块金子，你们开着车去拿，你们觉得最近能在多远处拿到金子而又不至于掉落呢？"

　　"二米。"第一位说。

　　"半米。"第二位很有把握地说。

　　"我会尽量远离悬崖，愈远愈好。"第三位说。

　　你知道谁会被录取吗？

299. 成人之美

　　第一次登陆月球的航天员，其实共有两位，除了大家所熟知的阿姆斯特朗外，还有一位叫奥德伦。

　　当时阿姆斯特朗所说的一句话："我个人的一小步，是全人类的一大步。"早已是全世界家喻户晓的名言。

　　在庆祝登陆月球成功的记者会中，有一个记者突然问了奥德伦一个很特别的问题："由阿姆斯特朗先下去，成为登陆月球的第一个人，你会不会觉得有点遗憾？"

　　你知道奥德伦是如何回答的吗？

300. 遗嘱

　　从前有个农民，一生养了不少牛。去世前留下遗嘱：牛的总数的一半加半头给儿子，剩下牛的一半加半头给妻子，再剩下的一半加半头给女儿，再剩下的一半加半头宰杀犒劳帮忙的乡亲。农民去世后，他们按遗嘱分完后正好一头不剩。

　　请问他们各分了多少头牛？

301. 厕所和厨房哪个更重要

　　麦当劳是世界上最大的快餐集团之一，从1955年创办人雷·克罗克在美国伊利诺斯普兰开设第一家麦当劳餐厅至今，它在全世界已拥有28000多家餐厅，已成为人们最熟知的世界品牌之一。

相信我们身边很多人都去过麦当劳，不管是为了孩子还是为了自己，即使没有去过，麦当劳标志性的"M"字拱门大家也一定见过。现在向小朋友提出去吃麦当劳，一定会得到欢呼赞成。以至于小朋友今天的表现很乖，奖励也是去麦当劳。

麦当劳是如何做到这一步的呢？肯定每个人都希望学习到它的成功经验，但不管是在经营理念还是市场推广上，我们要学习的地方都太多了。能把厚厚的麦当劳文化读完，就已经是一件很不简单的事情了。

我们不如先从麦当劳的厕所看起。麦当劳公司在它的公司手册中对公司的厕所有非常严格的规定：第一，所有麦当劳的厕所与店面的设计风格和颜色都必须是一致的；第二，麦当劳会安排专门的员工实行专人、定时、保质的打扫，每个厕所后面都有一张清洁表，每过几个小时，打扫人和清洁人都要在上面签字确认；第三，对厕所的打扫，麦当劳有着极为细致的规定，如地面、台面、镜面、把手、水渍、纸篓等每个单项都分列表格，工作程序逐一完成；第四，众所周知，麦当劳的厕所不仅对内，还会对外方便更多民众，从某种程度上说，它还承担了一定的公厕职能，而公司要求即使在这样的情况下，依然要保持干净，不能有异味。

除了对厕所清洁的严格规定外，麦当劳还对如何清洁地面进行了严格的规定，如几个小时清洁一次，清洁时使用湿墩布还是干墩布等。

对一个餐厅来说，厨房的清洁和洗手间的清洁哪个更重要呢？

302. 免费打气

有一位老者在某工厂门口摆摊卖香烟。一天，他突然在摊位上挂了个打气筒，并挂出"免费为自行车打气"的招牌。你知道老者为什么要这样做吗？

303. 聪明守门人

某市教育局发下去文件，要求本市所有中学职工减员10%。一时间到处议论纷纷，每个人都怕裁员裁到自己头上。一个学校的看门人却并不着慌，反而在自己所在的传达室门口写上："教员休息处"五个字，并为教职员工提供免费茶水和咖啡。你能知道他为什么这么做吗？

304. 逃脱劳动

班里要进行大扫除，老师在课堂上安排每个人的工作的时候，小明在下面起哄说："大扫除不需要那么多人，我家里正好有事，想请一天假。"其他同学也都纷纷效仿，想要逃脱劳动。老师说："我还想和你们一起劳动的。这样吧，教室里正好有一个放废纸的纸盒箱子，数学课上，我们测量过它是一个长、宽均1米、高1.5米的大箱子。如果你们谁能不用任何镜子和反光的东西，就能看到这个箱子的一面和与之相对的另一面，那他就可以不参加这次的劳动。好不好？"同学们都做不到，只有老师办到了。你认为可能吗？

305. 巧放棋子

如果有3颗棋子，怎么放才能让每两个棋子之间的距离相等？如果是4颗棋子呢？如何放能让4颗棋子中任意两颗棋子的距离都相等？

306. 智斗强盗

小和尚出去化缘，得到9块碎银子，走到半路被强盗拦了下来。小和尚说："这是要供给佛祖的，如果你中途拦下，会犯大错的。"强盗说："如果你能按我的方法，把银子放到我这四个袋子里，我就把袋子和银子都给你。如果你放不进去，就算是过路费了。我开山收过路费，佛祖也不会难为我的。"小和尚没办法就答应了。强盗说："把9块碎银子放到这四个袋子里，要求每个袋子都有银子，并且每个袋子里银子的块数都是单数。"

小和尚能做到吗？

307. 聪明的豆豆

豆豆要从A地运货物到B地，路上有数不清的关卡，都要向他征税。不过由于是在同一个国家，所以征税的标准是一定的：每过一个关卡就要缴纳货物的一半作为税费，但关卡会再退回1千克的该货物。即使这么苛刻的税收，路上随时还有军队增设关卡。为了保证货物足量运到目的地，很多商人都会拉着足够多的货物上路。不过豆豆想了个法子，从A地到了B地，经过15个关卡后，却一斤货物也没有失去，你知道这是为什么吗？

308. 猫吃老鼠

小猫过生日，猫妈妈给小猫准备了礼物，其中有12条鱼，1只老鼠。然后猫妈妈把这13个吃的围成一圈，对小猫说："你可以吃这些东西，但是有一个规则，你必须按着顺时针方向每数到13，就把这个食物吃掉，然后再继续数，再数到13，并把它吃掉，如此类推。但是你只能最后一个吃老鼠。你能做到吗？"

如果你是小猫，想按照妈妈定的规则吃这些食物，你应该从哪个开始数起呢？

309. 排队的顺序

A、B、C、D、E、F六个人排成一队。已知：

（1）C在E的前面；

（2）A在F的后面；

（3）E不在第五位；

（4）D和A之间隔着两个人；

（5）B在E的后面，并紧挨着E。

请问：第四位是谁？

310. 猜国籍

北京大学有很多来自不同国家的留学生。莉莉、娜娜和拉拉三名学生，一个是法国人，一个是日本人，一个是美国人。现已知：

（1）莉莉不喜欢吃面条，拉拉不喜欢吃饺子；

（2）喜欢面条的不是法国人；

（3）喜欢饺子的是日本人；

（4）娜娜不是美国人。

请推测出这三名留学生分别来自哪个国家。

311. 数字矩阵

观察这个矩阵。你能填上未给出的数字吗？

1	1	1	1
1	3	5	7
1	5	13	25
1	7	25	?

312. 分配零食

小红的爸爸买了一堆零食回来分给来家里做客的小朋友。第一个小男孩说:"小丽喜欢吃话梅。"第二个男生说:"我喜欢吃核桃,但我不是明明。"第三个女生说:"有一个男生喜欢吃橘子,但不是小新。"第四个女生说:"小玲喜欢吃瓜子,但是我不喜欢。"你能判断出这四个小孩都是谁?他们分别喜欢吃什么吗?

313. 关卡征税

有一个商人从巴黎运苹果到柏林去卖,刚刚离开巴黎的时候,他用一辆马车拉着这些苹果。不一会儿到了一个关卡,征税官对他说:"现在德法两国正在打仗,税收比较高,需要征纳所有苹果的2/3。"商人无奈,只好按规定给了足够的苹果数。交完税之后,纳税官又从商人剩下的苹果中拿了1斤,放进了自己的腰包。

商人很生气,但是又无可奈何,只有接着往前走了。没走多远,又到了一个关卡,同样这个关卡的人又从他的车上拿了2/3的苹果,外加1斤。之后,商人又经过了3个关卡,缴纳了同样的税和每个征税官1斤的苹果。终于到了柏林,商人把自己的遭遇告诉了他媳妇儿,并把最后1斤苹果给了她。

你能帮商人媳妇儿算算商人从巴黎出发时,车上有多少斤苹果吗?

314. 聪明的匪徒

一群匪徒劫持了一架飞机,准备逃往太平洋上的一座小岛。飞机在飞行的过程中出了点问题,需要减轻一个人的重量才能安全飞行。于是狡猾的匪徒头目命飞机上所有的19名匪徒排成一圈,说:"现在我们点名,从1数到7,凡点到第7名的人可以留下,然后剩下的人继续点名,直到剩下一个人,那个人必须跳下去。"有个聪明的匪徒负责点数,他想救其他兄弟而让头目跳下飞机。那么,他该从哪里开始点名呢?

315. 牧童的计谋

有一个农夫,想要自己盖一座房子,就到远处拉石料,他赶了一驾牛车。他知道自己的重量是150斤,这头牛大概有800斤,车子有100斤,路上要经过一座桥梁,桥头立着一块石碑,上面醒目地写着这座桥的最大承重是1300斤,去的时候他并没有在意，虽然车子经过时，桥有点颤颤巍巍的。回程时，他拉了500斤的石料，走到桥头，却犯了难，如果就这么样过去的话，桥一定会被压塌。到底怎么办呢？就在他一筹莫展的时候，过路的一个牧童给他出了个主意。按照牧童的想法，牛车竟然很快就过了这座桥，石料也安全地运到了家。

请问，牧童是如何使牛车和石料顺利地通过桥梁的呢？

316. 心灵感应

小明和小红刚刚结婚，两人搬到了自己的小屋，开始美好的二人生活。住了3个月后，小红发现了个奇怪的事情：小红每次在家里的时候，小明都会在窗外喊一声："老婆开门。"小红觉得很奇怪，就问小明原因，为什么小明知道小红在家。小明就说："因为我们俩有心灵感应啊！"真的是这样吗？

317. 装睡

小明每次装睡的时候都会被哥哥发现，小明觉得很奇怪，就问哥哥原因。哥哥说："那是因为我有特异功能！"真的是这样吗？

318. 杀死跳蚤

有个人在家里养了一只狗，可是在冬天的时候他没把狗的卫生做好，使得狗的身上长了跳蚤。很快，整个家里就都是烦人的跳蚤了，这人决定解决这个问题。他先试着用苍蝇拍，但很快发现这样根本拍不到跳蚤。后来换了个跳蚤拍，但还是效率太低了。他一赌气，想：现在科技如此发达，我就不信杀不死你们这些跳蚤！于是他去买了杀跳蚤的喷剂，在整个屋子的各个角落都喷了一遍。

过了三天，屋子里果然没有跳蚤了。他非常高兴，心想高科技就是高科技，效率真是高。不过他错了，这些喷剂对跳蚤根本就没什么杀伤力。你知道为什么跳蚤都死掉了吗？

319. 精明的生意人

有一位生意人不仅经商精明让人佩服，而且处理其他事情的胆识与独到，也是令人叫绝的。他在风景优美的雁荡山上开了一家酒店，名叫朝阳山庄。他想请一位领导为自己的酒店题字，可是一直没有如愿。后来，这位领导偶然入住这家酒店。

这位商人用一个特别的方法得到了这位领导的题字，并做成了牌匾。你知道他是怎么做到的吗？

320. 如何拍照

拍集体照大家都知道，最难的就是大家的眼睛问题：几十个人，甚至上百个人，咔嗒一声照下来，要保证所有人都是睁眼的还是有些难度的。闭眼的看到玉照自然不高兴：我90%以上的时间都是睁着眼，你为什么偏让我照一张没精打采的相，这不是歪曲我的形象吗？

一般的摄影师喊："1……2……3！"但坚持了半天以后，恰巧在喊"3"的时候坚持不住了，上眼皮找下眼皮，又是做闭目状。

可有一位摄影师很有经验，他用一种特别的方法，照片洗出来以后，一个闭眼的人都没有。你知道他是怎么做的吗？

321. 调整水位

在一个装了很多水的大水缸里浮着一个小塑料盆，小塑料盆里装着一个铁球、一块木头、一小袋子水。请问：现在想要让大水缸的水位有所下降，应该怎么办？提示：把某样东西取出来放到水里。

322. 盖房子的故事

一个村子里住着老乔、老李、大周三户人家，三人都有一个要结婚的儿子，于是他们就决定一起去买砖盖房子。谁知道大周家里有事，只有老乔和老李两人把砖买了回来，老乔买了3000块砖，老李买了5000块。本来大周还想自己买，结果发现其他两家的砖完全够盖三间房子了。于是三人将房子盖好后，大周给了两家人4000元作为报酬。

老乔和老李为了这4000元发生了争执。老李说："我家有5000块砖，你家3000块，我应该得到八分之五，就是2500元。"老乔则坚持认为应该平分了这4000元，每家2000元。

争执不下，他们找到了村长，村长说："老乔，老李肯给你1500元，你应该接受。如果按公平分的话，老乔应该拿3500元，你得500元。"

为什么会这样呢？

323. 接领导

一位领导到北京开会，会议的主办方派司机去火车站接站。本来司机算好了时间，可以与那列火车同时到达火车站。但是不巧的是，领导改变了行程时间，坐了前一趟火车到了北京。而司机还是按照预计时间出发的。领导一个人在车站等着也无事可做，就打了一辆出租车往会场赶，并通知了司机。出租车开了半个小时，出租车和司机在路上相遇了。领导上了司机的车，一刻也不耽误地赶到了会场，结果比预计时间早了20分钟。

请问，领导坐的车比预计的车早到了多长时间？

324. 不会游泳

有一个人想渡河，他看到河边有很多船夫在等着，就问到："在你们中，哪位会游泳？"

船老大们围上来，纷纷抢着回答道："我会游泳，客官坐我的船吧！""我水性最好，坐我的船最安全了！"

其中只有一位船老大没有过来，只站在一旁看着。要过河的那人就走过去问："你会游泳吗？"

那个船老大不好意思地答道："对不起客官，我不会游泳。"

谁知要过河的那人却高兴地说道："那正好，我就坐你的船！"

其他船老大非常不满，就问："他不会游泳，万一船翻了，不就没人能救你了吗？"

你知道渡河的人是怎么说的吗？

325. 扔扑克

有5张扑克A、2、3、4、5，背面写着a、i、u、e、o，但是顺序不同。把这些扑克随意散放，第一次出现了A、2、5、a、o；第二次出现了A、3、a、i、u。请问，哪张牌的背面是o？

326. 忧心忡忡的母亲

古时候有这样一个故事，一位母亲有两个儿子，大儿子开染布作坊，小儿子做雨伞生意。每天，这位老母亲都愁眉苦脸，天下雨了怕大儿子染的布没法晒干；天晴了又怕小儿子做的伞没有人买。如果你是这位母亲的邻居，你要怎样才能开导她呢？

327. 处理国家大事的时间

有一个国王要出门一个星期，他交代自己的王子："每天必须要有时间处理国家大事，并且每次处理国家大事的时间不能少于3小时。"王子很好玩，不喜欢处理国政，但又不能违背父亲的意愿，只好答应了。等国王回来，大臣回话说："王子一个星期只拿出12个小时处理国家大事。"但王子称自己完全遵守了国王的旨意，大臣对此也完全同意。这是怎么回事呢？

328. 是否改变选择

某娱乐节目邀请你去参加一个抽奖活动。有三个信封，让你挑选其中一个。并且告诉你其中一个信封里装着10000元，而另两个信封里面装的各都是100元钱。当你选中一个之后，主持人把另两个信封打开一个，不是10000元。现在，主持人给你一个选择的机会，你要不要换一个信封？难题交给你了，你是换还是不换呢？

329. 菜市场的商贩

菜市场有三家商贩关系很好，三人分别来自大连、烟台和海南，卖三种货物：水产品、鸭梨和杧果。一天三人在一起聊天，其中一个人说："我最爱吃水产品才自己卖的。"说到这里，他好像发现了什么，惊喜地对同伴说："我们可真有意思，来自大连的人不卖水产品，来自烟台的不卖鸭梨，来自海南的不卖杧果。"

来自海南的商贩说："真是这样的，你要是不说，我还真没注意呢！"

你能根据他们的话，猜出三个人各是从哪里来卖什么的吗？

330. 假币

小明的妈妈在早市卖水果，这天很早就回到了家。"今天的生意特别好，快来看看我今天的收获。"小明跑了过去，接过妈妈拿出来的一沓人民币开始数起来。数着数着，小明突然发现一张一百元的人民币是假币。制作得和真币很像，就是颜色要比真币浓重一些。妈妈接过假币一看，直拍脑袋："我怎么就没有注意到呢！"

"这里百元的钞票只有6张，你仔细想想到底是谁给了你这张假币？"小明提醒妈妈道。

"今天用百元钞票买水果的人一共有3位，因为都是大客户，所以我记得很清楚。第一位是个年轻姑娘，买了个188元的果篮，给了我两张一百元的；第二位是个中年男子，买了两箱价值298元的进口水果，给了我3张一百元的；第三位是一个二十出头的小伙子，买了120块钱的热带水果，给了我一张一百元的和一些零钱。"妈妈认真回忆道。

"我知道了，一定是那个二十出头的小伙子给你的假币！"小明马上断定说。

你知道小明为什么这么说吗？

331. 亲生子

美国有一个亿万富翁，他年事已高，弥留之际，他想找到自己失踪多年的儿子继承自己的财产。这时有人称自己是富翁的儿子，警察询问此人的血型，回答是B型。已知富翁和他的妻子都是A型血。这个男子可能是富翁的亲生儿子吗？

332. 区分鸡蛋

妈妈给小明煮了几个鸡蛋，可是淘气的小明把熟鸡蛋放在了一堆生鸡蛋里。如何才能把熟鸡蛋从外表相同的生鸡蛋中挑出来呢？

333. 北极的植物

小明对北极地区的植物很感兴趣，他发现那里的植物要么长得很低，要么就是趴在地上生长。你知道这是为什么吗？

334. 体重

如果你现在的体重是50千克，那么你到了珠穆朗玛峰的峰顶，你的体重是会变大、变小还是不变呢？

335. 李白喝酒

李白去买酒，提壶街上走。

遇店加一倍，见花喝一斗。

三遇店与花，喝光壶中酒。

试问酒壶中，原有多少酒？

336. 聪明的孩子

一天，三个孩子在睡午觉的时候，被人偷偷地在脸上画了鬼脸。三个孩子醒来后，彼此看了一眼后同时哈哈大笑。不一会儿，其中一个孩子若有所思地默默走到洗手间去洗脸了。你知道这是为什么吗？

337. 枯井

一只喜鹊掉进一口枯井中，请问它能自己飞出来吗？

338. "杀人"的酬金

王先生是一家上市公司的老总。一天清晨，他一个人在公园锻炼身体。突然从路边的树丛中闪出一位妙龄女子，拦住他的去路。

"我们认识吗？"王先生纳闷地问道。

"我们不认识，不过我想××公司的张老板你应该认识吧。顺便告诉你，我是一名杀手！"女子冷笑了一下回答道。

张老板正是与他存在竞争关系的另一家公司的老总，两家可以算是死敌了。

"他雇你来杀我的？"王先生一惊，吓得退后了几步。

"别担心，王先生。我没打算对您动手。相反，我是来帮你的。要知道我们这行也都是为了钱。"女子说。

"帮我？怎么帮我？"王先生听对方如此说，稍微放下心来。

"我知道张老板是你的死对头，我可以帮你干掉他，只要你愿意付给我一百万元。"女子说。

"干掉他？那我岂不是也会受到牵连？"王先生担心这一点。

"这点你大可放心，我自有办法，不使用任何凶器，而是让他病死，一点痕迹都没有。"女子说。

"你开玩笑吧，天下哪有这种事情？"王先生有点不相信。

"这你就不用操心了，你给我3个月时间，如果我做到了，你再付款也不迟。"女子说。

王先生答应了。

过了大约两个月，果然，有消息称：××公司的张老板因病医治无效死亡。

又是一个清晨，还是在那个公园里，王先生再次遇到那位妙龄女子。他如数付了酬金。

可是，他依然不知道女子到底是如何做到的。你知道吗？

339. 聚会的日期

有三个人是好朋友，他们经常一起聚会。可是这三个人都有怪脾气：甲只在晴天和阴天可以出去，下雨天绝对不出去；乙只在阴天和下雨天出去，晴天绝对不出去；丙只在晴天和下雨天出去，阴天绝对不出去。请问这三个人能聚会吗？

340. 买书

小明从书店买了一本书，共有200页。从第3页到第12页这10页上有小明非常喜欢的一个故事，所以小明把它们撕了下来，收藏在自己的故事本中。这样这本书就剩下了190页。然后，小明又发现第88页到第107页这20页上也有一个非常精彩的故事，他把这20页也撕下来收藏。那么这本书还剩下多少页呢？

341. 盲人分衣服

有两个盲人，各自买了两件一样的黑衣服和两件一样的白衣服，可是他们把这些衣服放混了，但是不久他们没有经过任何人的帮助就自己把这些衣服分开了。你知道他们是怎么做到的吗？

342. 神枪手钓鱼

一位神枪手去河边钓鱼，河里有很多鱼，可是他技术不好，一条也没有钓到。他干脆拿出手枪对准河里的鱼射去。可是一连开了好几枪，依然一条也没有射到。他可是神枪手啊，这到底是怎么回事呢？

343. 抓骨头

一只被2米长的绳子拴在树上的小狗，看到在离树2.1米处有块骨头，请问它该用什么办法才能吃到骨头呢?

344. 灯的数量

小明家里有7盏灯,一天夜里,他关掉了5盏,请问还剩下几盏?

345. 吃罐头

三兄弟合伙买了一瓶净含量700克的水果罐头,然后老大吃了200克,老二吃了200克,给老三留下了300克。可是老三一看剩下的罐头,就生气了,你知道这是为什么吗?

346. 卖给谁

下班时间到了,米贩老王有急事,准备关门。这时来了两位客人,一位要买20斤米,一位要买8斤米。而米贩还有一袋25斤的大米,不够卖给两个人的。而且店里只有一个可以量1斤米的斗。米贩想用最短的时间完成交易后离开,请问他该把米卖给谁?

347. 怪盗偷邮票

怪盗基德把邮票展上展出的一枚价值连城的珍贵邮票偷走了,侦探小五郎马上开始追踪,跟随基德来到一家旅馆,见基德钻进了其中一间房间。小五郎上前敲门,怪盗打开房门:"原来是小五郎先生啊,找我有事吗?"

"少装蒜,快把你偷来的邮票交出来吧。"小五郎直截了当地说。

"别生气嘛!你随便搜好了,我这里根本没有什么邮票。"怪盗挥挥手,轻松地说。

小五郎环顾一下四周,这个房间不大,家具也很简单,除了开着的电视机和上面不停旋转的电风扇外没有什么电器。按说能藏东西的地方也不多,为什么怪盗能够如此坚信对方搜不出赃物呢?你知道怪盗把赃物藏在哪里了吗?

348. 愚蠢的国王

有一个愚蠢的国王,想要自己的儿子快点长大继承王位,便要求御医给他儿子一种吃了就可以马上长大的药,否则就治其死罪。御医没有办法,只好答应下来。但是御医提出了两个条件:第一,这个药太过珍贵,需要他亲自去老家一趟去取回来;第

145

二，在取药服药这段时间，国王不能见王子，否则影响药效。国王听完想都没想就答应了他的要求。等御医回来之后，国王发现王子真的长大了。你知道这到底是怎么回事吗？当然，世界上不会有吃了就长大的药的。

349. 无法入睡

一个人躺在旅馆的床上翻来覆去无法入睡，然后他起身给隔壁房间打了个电话，什么也没说，就挂断了电话。不一会儿他就睡着了。你知道这是为什么吗？

350. 移走巨石

古时候，一座山因为大雨而滑坡，一块巨石滚了下来，正好堵住了一条交通要道。正巧，第二天皇帝经过这条路出游，地方官员马上组织人清理巨石。可是这块石头实在太大太重，只有一点点凿开搬走，这就大大地减缓了速度。这样下去，到皇帝出游的时候是不可能完工的。正在这时，一名工人想出了一个好办法，很快就把巨石搬走了。你知道他的办法是什么吗？

351. 最安全的名画

有一座专门收藏世界名画的美术馆，收藏了很多大师级的名画。这些画各个都价值连城，所以美术馆为每一幅画都投了巨额保险。但是只有其中的一幅，也是一位超级绘画大师的作品，却没有投保。你知道这是为什么吗？难道不怕被盗吗？

352. 冰封的航行

在北方有一条航线，每年的冬天都会因为天气原因冰封两个月的时间。这为航运公司带来了巨大的困扰，不但经济效益受到了影响，还大大影响了居民的出行。因为在冰封的时候，人们不得已只能选择别的出行方式。为了最大限度地减少这种情况，人人纷纷想办法让航道冰封的时间缩短。你知道什么有效的方法吗？

353. 站住不动

小明上班快迟到了，所以他一下公交车就马上向公司跑去。跑了一会儿，突然他站住不动了，办公室马上就到了，为什么他不跑了呢？

354. "腊子桥"

一天，警长接到一份案情报告，说在当地破获一个走私集团时，在罪犯身上查获到一张写有"腊子桥"三个字的小纸条。据侦察，这是走私集团的暗号。警长认为，该镇只有一座名叫解放桥的桥，假定纸条上的"桥"指的就是这座桥，那么"腊子"二字肯定是接头时间了。警长又悟中现在正是春节前，与"腊"不无关联。这样，三天后的一个深夜，警长及其助手依照破译的"暗语"，守株待兔，果然大功告成，将前来接头的罪犯逮着了。

你知道"腊子桥"三字暗喻什么吗？

355. 佳画讽贪官

绍兴新任知府胡大人上任第三天大发请帖，邀请全城富绅名流赴宴。一则有利于今后立足；二则还可捞到大笔财礼。徐文长知道这位知府是严嵩的心腹，善于捧上压下，搜刮钱财。开贺这天，徐文长也大模大样地进府去。知府大人知他是有名的书画家，就请他作一幅祝酒行乐之图。徐文长说声"献丑！献丑！"唆唆几笔，画了一僧（和尚）一道（道士），毕恭毕敬地站在一起。又在画卷上角题了"僧在有道"四字。

贺客们看罢暗笑不止，只有知府老爷还蒙在鼓里，假充斯文地连声称赞徐文长的书法和绘画均为"上乘之作"。你知道徐文长这幅画的含意吗？

356. 徐文长的"心"字

徐文长的名气很大，有一次，一家新开的点心店店主央求他给写一块招牌。徐文长写了一个大大的"心"字，但这个"心"字中间缺少一个点。店主拿到招牌后，虽然很奇怪，但最终还是将招牌挂上。结果有很多人赶来看这个字，店里的生意也变好了。

店里的生意好起来后，店主为了多赚钱而偷工减料，店里的生意便又变差了。店主认为是招牌上缺了一个点的缘故，于是用黑漆在"心"字中间补了一点，但是店主惊讶地发现，店里的生意并没有变好，反而更差了。

店主无奈之下，只好再来请徐文长再给出个主意。徐文长看到店主的确有悔改的意思，便给店主出了一个主意，把那个"心"字修改了一下。店主照办后，生意很快又好了起来。

你知道徐文长为什么不写上那个点吗？后来，他又给店主出了一个什么主意呢？

357. "恳"

有个财主开了一个店铺，经常以次充好、缺斤少两、坑骗顾客。为了壮大门面，他央求一位著名的书法家给他题字。书法家欣然挥毫写下了"恳"字。财主如获至宝，将字幅挂在商店中央炫耀。一天，一位老者见了这幅字，笑着对财主说："这字是条谜语，影射一句话。"经指点，财主恍然大悟，一气之下将字幅撕得粉碎。

你知道这幅字影射了哪句话吗？

358. 改一字救命

从前有个专帮穷人打官司的讼师叫张胜，常能反败为胜、化险为夷。一次，当地流氓刘金宝调戏农民林阿狗的妻子，正巧被林阿狗撞上，两人就打了起来。那流氓有些武功，把阿狗打个半死。阿狗妻急了，随手拿着一把斧子朝流氓劈去，谁想正劈在要命的地方，竟把他打死了。于是官府把阿狗夫妻俩抓到县衙门去。

阿狗的穷乡亲请张胜去为阿狗主持公道。张胜查了案卷，见上面的结论是：阿狗妻见丈夫被刘金宝打伤，急了，就用斧子劈死了刘金宝。如果按照这个结论，会将阿狗妻判为故意杀人罪，这罪名可大了，轻则要判十几年甚至无期徒刑，重则要偿命。办案的法吏是张胜的朋友，张胜对他说："刘金宝要入室欺侮女人，而且把阿狗打得要死，阿狗妻是为了自卫才动了斧子，按情理应该轻判，请老兄笔下留情。"法吏说："已经记录在案，盖上了官印，不能再更改啦。"张胜说："小弟倒有办法，只需改动一笔，就可救她。"

"改一笔就能救人？"法吏忽然想起了两件事：前些时候，斗笠湖口漂来一具浮尸，法吏前去验尸，呈报单上写了"斗笠湖口发现浮尸"，湖口岸的老百姓很着急，怕官府因此来找麻烦，敲竹杠，张胜就请法吏把"湖口"的"口"字当中加上一竖，改成"斗笠湖中发现浮尸"，这样就使湖口的老百姓没了关系。又有一次，有个农民因交不起租，家中的东西全被财主抢去。那农民一时性急，奔到财主家夺回一口锅，财主就告农民"大门而入，明火执仗"。张胜知道后，在"大"字的右上角加了一点，就变成"犬"字。这样就显得不符合事实了：既"明火执仗"，却"犬门而入"，使财主落了个诬告的罪名。法吏想到这里，想看看张胜这次有什么妙计。就说："我也同情阿狗夫妻俩，如果你能改得巧妙，就请吧。"

张胜笑了笑，在"用柴刀劈死"中的某个字上轻轻加上了一笔，法吏看后笑道："你真是改一字救一命啊！"你知道张胜是怎么改的吗？

359. 车号谜团

一个正在穿越人行横道的男子被突如其来的一辆车撞倒，肇事汽车停都没停便逃之夭夭。被撞的人奄奄一息，在被送往医院的途中，只说了逃跑汽车的车号"6198"，便断气了。

警察马上通缉了该牌号的车辆，虽然找到了嫌疑犯，但对方有确切的不在现场的证明，而且车坏了，在案发前就已送修理厂修理。

如此说来，罪犯的车牌号不是"6198"。那么，它应该是什么呢？

360. "赢"字破案

从前，有个人在旅店过夜，第二天早上起来，发现自己的五十两银子不翼而飞。因为那天夜里没有别的旅客和他住在一起，因此，这个旅客怀疑是店老板偷的，于是，他就把失窃银子的事告到县衙门。县官传令店老板到公堂，店老板自以为偷银子时做得手脚利落，一点蛛丝马迹也没留下，所以矢口否认。县官很有办案经验，初步确认银子是他偷的，但由于店老板坚决不承认，没有确凿的证据，所以定不下案来。

县官想了一会儿，终于想出一个好办法。他叫店老板伸出手来，用毛笔在他手心里写了一个"赢"字，然后对他说："你到门口台阶下去晒太阳，如果很长时间字还在，那么你的官司就算打赢了。"这店老板好不奇怪，心想：这县官也真是个糊涂官，只要我不去洗手，写在手心里的字怎么会没有呢？再说县官把店老板支开后，马上派差役到这家旅店。县役按照县官的吩咐，对老板娘说："你家主人已在公堂承认夜里偷了客人的银子，请你把银子交给我们带回公堂，还给客人吧！"谁知，狡猾的老板娘心想，既然我男人已在公堂上承认偷银子，为何不把他一起带回来取银子呢？这样还少费些周折，肯定是县官想用计谋来哄我。所以她便装着什么也不知道的样子。公差见老板娘装模作样，便把她带到了公堂上。老板娘见自己的男人在门口台阶下晒太阳，也弄不清到底是怎么一回事，又不好跟丈夫说话，心中充满了疑虑。只听得县官又照前面的话说了一遍，她还是不作回答。

县官突然对她丈夫大声说道，"店老板，你的'赢'字还在不在？"店老板唯恐"赢"字不在，所以马上回答说："在，在！"老板娘一听，居然把偷银子的事实都讲出来了，只能乖乖领着公差回到家里，把窝藏的五十两银子如数交还给旅客。你知道这个"赢"字为何发挥了这么神奇的功效吗？

361. "好好"的故事

艺术大师曼夫在一个秋夜被杀，不过他在临终之时，用自己的血写下了一行血书，提示凶手是谁。因为秋季的缘故，血迹很明显。这行字写着："小心好好是杀我的凶手。"警长看了这句话，不禁莫名其妙。

事后，抓了三个当晚和曼夫接触过的人。第一个叫刘好人，他和曼夫见面时间最早，而且是最早离开的一个，也因他名字有个"好"字，才被怀疑。第二个叫玛花，她美丽而擅长交际，并且曼夫正在追求她，当晚她和死者相处时间最长，所以嫌疑最大。第三个是曼夫的老友李浩东，他嫌疑极小，无杀人动机，并且和死者属生死之交，只因他平常被人称为"老好人"而被怀疑。

你能猜到谁是杀人凶手吗？为什么？

362. 吕安访友

三国时期，文学家吕安和"竹林七贤"非常要好。一次，吕安不远千里，驱车来到河南修武看望"竹林七贤"之一的嵇康。不巧，嵇康外出了，只有嵇康的哥哥嵇喜在家。嵇喜是个德才不高的庸俗官吏，吕安素有耳闻，对他十分鄙视。因此，尽管嵇喜再三挽留，但吕安拒不进门，只在门上写下一个大大的"鳳"（凤）字，然后，微微一笑，登上车，扬长而去。

嵇喜一看，以为是这位雅士夸赞自己日后能攀龙附凤、步步高升呢，乐得手舞足蹈。嵇康回来后，嵇喜把这件事告诉了他，聪明的嵇康一看，笑笑说："他是在讽刺你呢！"经他一解释，嵇喜顿时感觉又羞又愧。

你明白这是怎么回事呢？

363. 包公训儿

包公中年得子，夫妻俩对儿子包繶十分疼爱，尤其注重对儿子的教育培养。一日包拯散朝回家，领着包繶在后花园游玩，边走边给儿子讲古代名人的故事："孔子原是鲁国大贵族手下一名主管仓库的小官吏，每日里在库房数着数码，画着记号，监督财物出入。后来，齐景公向孔子请教治理国家的办法，孔子回答：'理在节财。'"讲到此，包拯编了四句诗谜考儿子："一宅分成两院，五男二女当家。两家打得乱如麻，打到清明方罢！"并说明："孔夫子在世之日尚无此物，现在到处可见！"聪颖的包繶并未直接回答父亲的考问，而是吟诗一首作答："古人留下一座桥，一边多来一边少，少的要比多的多，多的反比少的少。"包公一听，乐得直捋胡须。你知包公父子所吟为何物吗？

364. 包公招贤捉罪犯

洞房之夜是人生中一个幸福时刻。可是新郎官秦观海却满面愁容独自闷坐在学堂里。原来，新娘子小凤要学当年苏小妹难为新郎，以此来试探一下秦观海肚里到底有多大的学问。出个什么题呢？小凤想到，秦观海常常与同窗李庭上阁楼攻读诗书，便提笔在纸上写下了7个娟秀的大字："等灯登阁各攻书"。上联送到秦观海手里，尽管他冥思苦想了半天，但还是对不上来。他不仅为自己的学业赶不上小凤而觉得惭愧，更怕这件事传出去后没脸见人。他一气之下，钻到学堂里，把自己反锁了起来。

到第二天清晨，秦观海回到家，对小凤说："你如果瞧不起我，嫁别人去。那联我对不上来。""你不是对上了吗？"小凤惊讶地说道。"你在做梦吧？我昨晚在学堂睡了一宿，哪儿也没去。"听秦观海说到这里，小凤面如土色，猛然转身冲出屋去。当天晚上，人们在秦家的一间堆放杂物的空房里，发现小凤悬梁自尽了。有人把案子报到了官府，县官立即派人把秦观海捉了去。严刑之下，秦观海屈打成招，被判定了杀妻罪，单等上报批复后，问斩示众。

碰巧，案卷送到了包公府。包公看过案卷后，觉得疑点甚多，便派人明察暗访，果然了解到冤情。怎样才能抓住真凶呢？包公思索了片刻，终于想出了一个破案的妙法。

包公令人张榜招贤，说是包府要招几个有才能的人帮助包公处理公事。几天之内，远近有十几个书生赶来应考。包公把小凤出的上联让这些考生对，结果没有人能对上，考生们只好怏怏退去。最后那天，有一个斜眼书生把自己对的下联交给包公。"对得好！"包公看罢，大喝一声："给我拿下！"一审问，斜眼书生如实招供。原来，新郎到学堂后，将对联的事对同窗斜眼书生说了。斜眼书生顿生邪念，夜入洞房骗奸了新娘小凤。

这副对联的下联既是犯罪的根源，又是破案的关键线索，你能将它对出吗？

365. 找到了6位数

德国女间谍哈莉以"舞蹈明星"的身份出现在巴黎，任务是刺探法国军情。在她结交的军政要人中，有一位名叫莫尔根的将军，原已退役，因战争需要又被召回到陆军部担任要职。将军最近因老伴去世，颇感寂寞，对哈莉追求得也很急切。不久，哈莉弄清了将军将机密文件全放在书房的秘密金库里。但这秘密金库的锁用的是拨号盘，必须拨对了号码，金库的门才能启开，而这号码又是绝密的，只有将军一个人知道。哈莉想：莫尔根年纪大了，事情又多，近来又特别健忘。因此秘密金库的拨号盘号码，肯定是记在笔记本或其他什么地方，而这个地方决不会很难找，很难记。每当莫尔根熟睡后，她就检查将军口袋里的笔记本和抽屉里的东西，但都找不到这号码。

一天夜晚，她用放有安眠药的酒灌醉了莫尔根，蹑手蹑脚地走进书房。这时已是深夜两点多钟。秘密金库的门就嵌在一幅油画后面的墙壁上，拨号盘号码是6位数。她从1到9逐一通过组合来转动拨号盘，但都没有成功。眼看天将大明，女佣就要进来收拾书房了，哈莉感到有些绝望。忽然墙上的挂钟引起了她的注意。她发现来到书房的时间是凌晨2时，而挂钟上的指针指的却是9时35分15秒。这很可能就是拨号盘上的号码，否则挂钟为什么不走呢？但是9时35分15秒应为93515，只有5位数，这是怎么回事呢？她进一步思索，终于找到了6位数，完成了刺探情报的任务。

她是怎样找到的呢？

366. 破谜救国

勐巴拉纳有个贪婪的叭召勐，想并吞邻近小国勐邦加。一次，他派使者给勐邦加送去一道谜，说："5天后答不出来，就要大兵压境！"这个谜是："一棵大树，有4个大杈，结着两个果，一个红，一个白，树上开着9亿9万9千朵鲜花，这是什么？"召勐忙召集全勐的大臣、大小头人、佛爷来商讨破谜之事。结果，谁也无法解答。

勐邦加有个聪明人岩摩纳，他终于破了此谜。这谜怎么解释呢？

367. 十四字状

一天，徐文长路过一个村庄，听见有家人在哭哭啼啼。原来，这里住着小夫妻两个。男的叫王二，长得五大三粗，娶的媳妇可是俏俏刮刮、玲玲珑珑。这一日，他的媳妇出去洗菜时被村上的大财主王万砍看见，扯着想调戏。他媳妇又气又羞，大声呼救。正巧，王二赶到，他抡着钵子似的拳头，打了王万砍几下，王万砍就像面团似的瘫在地上不动了。这下惹了大祸，王万砍平日里仗着他在京城做官的儿子有权有势，胡作非为，村上的人个个恨死了他，但就是无可奈何。王万砍吃了王二的亏，岂肯罢休？他马上派人去县衙门击鼓叫冤，说王二行凶打人，妄图谋财害命。县太爷当即派差人传王二去大堂听审。王二媳妇想到平时丈夫在家话都不会讲，到了大堂也肯定是张口结舌，说不出个道理来。一时间小夫妻两个抱头痛哭起来。

徐文长听完胡子直翘。他想了一会儿，吩咐找来笔墨，叫王二伸出手来，每只手掌上替他写了几个字，关照王二说："你到了大堂上，不管老爷问你什么，你都不要开口，把左手举起来，再问，再把右手举起来。他要问是谁写的，你就说是徐文长，保准你能打赢官司。"说完，徐文长继续赶路去了。

再说王二到了大堂，县太爷惊堂木一拍："你狗胆包天，竟敢欺到王老太爷头上！赶快从实招罪。"王二不作声，举起了左手。老爷扒开一看，上头写着："我妻有貂蝉之美。"县太爷继续往下问，王二又把右手一举。县太爷再一看，也是七个字，却让他愣了半晌。县太爷还算通点人性，心想，王万砍这般无耻，怎能不被打？活该活该。一转念，他京城的儿子要怪罪下来，我岂不丢了乌纱帽？真是左难右难。又一想，王二绝对写不出这十四个字来，还有高手在后，他狠狠拍了一下惊堂木，叫王二讲出是何人写的。王二吞吞吐吐，嘴唇努力半天，才挤出三个字："徐文长。"一听这三个字，县太爷一吐舌头，一挥手，对王二说："好了好了，恕你无罪，快回家去吧！"

原来，县太爷早就听说徐文长的厉害，哪肯自找霉倒呢？就这样，徐文长凭十四个字打赢了这场官司。

你知道王二右手上的七个字是什么吗？

368. 刀笔吏妙拟奏折

自古以来，食盐是关系国计民生的重要物资，贩盐是商人的生财之道，经营者很多。在清代，曾规定江南的食盐不能运到江北贩卖。同样，江北的食盐也不能运到江南贩卖，以避免纠纷。然而，贩盐的纠纷还是屡屡出现。有一年，江南的食盐歉收，杭州知府就暗中派盐商到江北运盐，不料在长江的江面上被对方拦截住了，盐商急将此事告知杭州府。杭州府去公文协商，恳求对方给予通融。对方却不肯谅解，说食盐南北分卖，是朝廷立下的规约，谁也不能违背。杭州知府为此愁得食不甘味，夜不成寐。

府衙有个姓李的幕僚，是绍兴人，秀才出身，才学出众。杭州知府就同李秀才商议如何来解决这贩盐纠纷。李秀才坦诚相告："要解决此事，势必通天，打破以前立下的规约，但革除旧规并不容易。朝廷准奏，固然能为民造福，万一怪罪下来，则非同小可。个中风险甚大，不知大人能担待否？"杭州知府说："为民请命是我本分，只要有理有礼有节，再大的风险，我也敢于担待。"李秀才发挥了他绍兴师爷"刀笔"的才能，当场就为知府代拟了一个奏折。他在奏折中慷慨陈词，分析了南北分贩食盐的不合理，强调革除旧规的必要性。说得头头是道，有条有理。在奏折的末尾，有两句点睛之笔。杭州知府看到第一句，情不自禁地大声读了出来："列国纷争，尚且移民移粟。"看到对仗工整的第二句，更是忍不住大喝一声"好"！

这份奏折由杭州知府上达朝廷后，皇帝见了感到文中所写颇有见解，觉得自己应该做一个统一的大清的主子。于是就将奏折批给户部，户部尚书不敢怠慢，又见文中所说字字有力，句句在理，就下令取消了旧规。从此，食盐就可南北调运，这次纠纷当然顺理成章地解决了。

奏折末尾的两句点睛之笔发挥关键作用，文中已经给出第一句，你知道第二句是什么吗？

369. 不求人

从前有一个农夫，娶了一个聪明能干的媳妇。小夫妻俩男耕女织，勤俭治家，过着丰衣足食的日子。农闲的一天，农夫靠在大门边，边搓牛绳边晒太阳。他想：由于自己和贤妻会过日子，如今不欠债，不受饥，什么也不用求人了。一时高兴，顺手拾起块黄泥，在大门上写了"万事不求人"几个大字。

一天，县太爷乘轿路过，见这赫然醒目的5个大字，冷笑说："穷鬼竟敢说如此大话，我来教训教训他！"于是喝令停轿，将农夫召到轿前："想必你有大本领，才敢夸此海口。那好，明天给我送样东西到衙门来！"

壮实的农夫问："大人要何物？"那县令捋着胡子冷冷地说："你竖着耳朵听着！"接着念了四句："高山上面叠高山，高山下面毛竹滩，毛竹滩上滚龙潭，滚龙潭下火焰山。"说罢，乘着四抬藤轿晃悠而去。

农夫妻子对丈夫说："这难不倒我们，明早准能办到！"于是，小夫妻忙了一夜，第二天一早就把东西送去了。那县令一看，暗暗称赞道："果然聪明有本领。"请你说说，县令要的是什么东西？

370. 徐文长手对知府

徐渭，字文清，后改字文长，号天池山人，青藤道士，又别署田水月，山阴（今属绍兴）人，明文学家、书画家，也是晚明时期思想解放运动的先驱。他一生作联很多（《徐渭集》载有对联118副，这在明代是很少见的，而所写出的40字以上的长联就有12副，在明代几乎没有第二人。尤其是他最先突破百字长联，为绍兴开元寺大殿题的140字长联至今犹存），至今徐文长还有一些作联故事在浙江流传。

徐文长14岁时来到杭州。当时的杭州知府目中无人，他得知徐文长在杭州赋诗作画，颇受人们赞赏时，大为恼火，认为一个小毛孩子竟敢在他的辖区内舞文弄墨，真是不知天高地厚，便派衙役将徐文长召来对句。威胁他说如对不上，就驱逐出城。徐文长镇定自若，满口答应。知府带徐文长到西湖边，指着六和塔，说出上联："六塔重重，四面七棱八角。"

徐文长没有开口，只是扬了扬手。知府以为对不上，暗自高兴。他得意忘形地指着保俶塔，又出了个上联："保俶塔，塔顶尖，尖如笔，笔写四海。"徐文长还是一言不发，而是用手指了指锦带桥，向知府拱拱手，然后，又两手平摊，往上一举。

知府见徐文长还是没有回答，就神气十足地说："连一句也对不出，还算什么神童！"立即下令："快把他赶出去！"这时，徐文长却理直气壮地哈哈大笑："休得无礼，下联早就对好了！"知府怒气冲冲地说："你敢无理狡辩，愚弄本府？"徐文长解释说："你是口出，我是手对。""手对？是什么意思？"知府追问道。徐文长沉着应答，知府听了哑口无言，只好悻悻而去。

你知道"手对"是什么意思吗？

371. 问路

武装部张部长带着两名女民兵执行一项任务。走到一处十字山路口，由于地方生疏，加上不少松树挡住了视线，不知目的地该往哪个方向走。这时旁边有一位老大爷在那里砍柴，张部长就上前问："老大爷，您知道到××地该向哪个方向走吗？"老大爷说："要女的走开。"张部长于是叫那两个女民兵走远一点。等她俩走后，张部长又问："老大爷，她俩已经走开了，您就说吧！"老大爷还是说："要女的走开。"张部长说："我身边没有女的了，怎么还要女的走开呢？"老大爷不吭声，继续砍柴。张部长眉头一皱，恍然大悟，三个人继续朝大爷指引的方向走去。

三人走呀走呀，走到一处大山口，丛林茂密，眼前出现两条岔道，一条向山上，一条向山下。正在他们分析辨别的时候，见一位老婆婆在树荫下歇息。张部长上前打听："大娘，您知道去××地朝哪条路走吗？"老婆婆看见他们带着枪，打量了他们一番之后说："吓得我不敢开口。"张部长说："大娘，不要怕，我们是抓坏蛋的。"老太婆不但不说话，而且拔腿径直赶路走了。张部长用手抓了抓脑袋之后，高兴地对两位女民兵说："走，跟我来！"后来，他们顺利地到达了目的地。

他们是怎样走的？

372. 智惩四恶少

清朝时，苏北有个聪明人叫沈拱山，专爱打抱不平，在地方上很有些名气。这天有四个恶少，在盐城街上看见一个小孩拎着一条大鱼在卖，二话没说，抢了就跑。小孩哭得十分伤心。这时正巧沈拱山走来，问明方向，便朝四个恶少跑的方向追去。追到了"杏花村"酒家一看，四个恶少已将鱼扔给老板娘做了。沈拱山想，好歹也得将小孩的鱼钱要回来。于是，他进了酒家，也叫来一壶酒，坐在四个恶少旁边吃起来，静观事态发展。过了一会儿，老板娘把鱼端上来，香味扑鼻。可吃着吃着，四个恶少争吵了起来。甲说头好吃，乙说尾好吃，丙说中段好吃，丁说处处好吃。

沈拱山见他们越吵嗓门儿越大，就走到他们面前微笑着说："诸位不要吵，要说鱼身上哪处好吃，只有我说出来你们四人才服帖。"四个恶少哪里肯服气："什么？什么？好！好！你说！""你们咋呼什么？现在我要跟你们四位打赌，我说出来你们都服帖，一个输我一两银子。如果我说出后有一个不服帖。我就掏四两银子给你们。"四个恶少心想真是好买卖，赌就赌。沈拱山又说要请中人，这时行人早围了一堆，很快推了两个中人出来。沈拱山这才开口："春天的鱼头好吃，头奔上，嘴扑水，活动哩！夏天的鱼尾好吃，头奔下，尾在上，摆动哩！秋天的鱼身子摆平了中段好吃。鱼到冬天，钻到水肚里了，就处处好吃。你们不曾听渔船上的人说吗？春头夏尾秋中段，鱼到冬天处处肥！"话一落，众人叫好，四个恶少面面相觑，输啦！沈拱山拿了四两银子，送给了卖鱼小孩后，又碰到了四个恶少。

四个恶少刚刚打听到今天遇到的是沈拱山，口气早软了，其中一个走过来，恭敬地问沈拱山："沈先生，你说鱼的哪处不好吃？"沈拱山的回答让众人大笑不止，四个恶少只好灰溜溜地走了。你知道沈拱山是怎么回答的吗？

373. 甲乙堂

从前有一个皮匠，很勤俭，积了一点钱，居然造起一所房子来。在这新屋将要落成的时候，他请一位读书人替这所新屋题一个堂名，这位先生想了一想，替他题了"甲乙堂"3个字。皮匠没有读过书，不晓得这三个字是什么意思，他兴冲冲地去做了一块匾，把它高高地悬在厅堂的正中。

新屋落成，照例有一番热闹，这一天，亲戚朋友，济济一堂，大家看了这块匾，都莫名其妙，打听起来，知道是那位读书人题的，宾客中有和他相识的，便去请教他题"甲乙堂"的意思。

你知道这"甲乙堂"三个字是什么意思吗？

374. 电梯里的故事

第二次世界大战中德军占领法国期间，有一天，巴黎的一家旅馆里有四个人共乘一部电梯下楼。其中一个是身穿军装的纳粹军官；一个是当地的法国人，是地下组织的秘密成员；第三个是一位漂亮的少女；第四个是一位老妇人。他们相互不认识。

突然电源发生了故障，电梯停住不动了，电灯也熄了，电梯内漆黑一团。这时发出了一声接吻的声音，随后是一掌打在脸上的声音。过了一会儿，电灯又亮了，纳粹军官的一只眼睛下面出现了一块猩红的伤痕。

老妇人想："真是活该！幸亏如今的年轻姑娘们学会了如何保护自己。"少女寻思："这个纳粹分子真怪！他没有吻我，想必是吻了这位老妇人或者那位漂亮小伙子，真不知道是怎么回事！"纳粹军官在想："怎么啦！我什么事情也没做，可能是这个法国男子想吻这位姑娘，她失手打了我。"

只有那个法国人对发生的事情知道得清清楚楚，你能推测出所发生事情的真相吗？

375. 小丫头搬救兵

一个冬夜，一伙蒙面强盗闯入一家殷实富户。主人夫妇从床上被拖了起来，吓得浑身筛糠似的发抖。"快把柜门、箱笼的钥匙交出来！"强盗们扬着宝剑，直逼主人的喉咙。主人夫妇不敢怠慢，哆哆嗦嗦地到梳妆台上寻出一串钥匙。强盗们立即分散奔入各个房间，翻箱倒柜。顿时，卧室、厅堂、书房……全给搅得狼藉不堪。此时，有个小丫头见状十分愤怒，猛生一计。她装出十分害怕的样子，对放哨的强盗哭哭啼啼地说："叔叔，我冷，我冷，让我到厨房里去暖和暖和。"那强盗见小丫头不满10岁，又不是要求出门，就不以为意，很不耐烦他说："去吧！"

小丫头马上跑进厨房，将门拴上。拿着敲火石，点着了油灯，并往灶间塞进几大把稻柴，将火点着了，然后推开窗子，越窗跳入后院，复将窗子关好。放哨的强盗走到厨房门前，朝门缝里窥探了一下，只见油灯闪亮，灶膛间透出红光，估计那小丫头蹲在灶前取暖，便重新回到厅堂门前放起风来。

小丫头来到后院，居然想办法让众多村民来到富户家里。埋头搜索财物的强盗们听见外面人声喧闹，猛然惊觉，要想外逃，可是为时已晚，他们全给村民们活捉了。村民们无不赞许小丫头随机应变的智慧。你知道小丫头想的是什么办法吗？

376. 死而复生之谜

林艳小姐正在宾馆走廊里打扫卫生，突然听到612房间里传出一声枪响似的声音。林艳大吃一惊，赶紧走到服务台准备打电话给保安部。可转念一想，如果不是枪响呢？保安人员一定会责怪自己大惊小怪，不如先去看一看再说。于是，林艳从服务台拿了钥匙走到612房间前，先按了一下门铃，里面没有反应。林艳又扭了一下门锁，里面锁上了。林艳将钥匙插入锁孔，正欲开门时，又是一声枪响似的声音，林艳身旁的门上被打了一个洞。

林艳吓得要命，双腿打着战，她确定这是枪响了，不敢再开门入房。她跑到服务台打了电话到保安部，告知了枪响情况。此后再无枪声。不一会儿，保安人员赶来，开门一看，一名男子握着一把手枪伏在对着房门的办公桌上死了，那把手枪正对着房门。

保安人员报警后，刑警赶到现场，仔细勘查后未发现有他杀迹象。死者是租用该房间的私营贸易公司总经理，桌上还有一封遗书，内容是经商不善欠下大笔债务，被人骗去巨款又无法追回，只得自杀云云。死者左前额太阳穴上有一枪洞，桌上流着血和脑浆，手枪一共打过两发子弹。刑警大惑不解，这名死者难道能在击中自己脑部死亡后，又复生打出第二枪？

直到法医到现场后才解开了这个谜。你知道其中的缘由吗？

377. 智认偷鸡贼

古时候，有一个人到县衙控告别人偷了他的鸡，县令便把他的左邻右舍传来审讯。邻人都低着头跪在案桌前，但谁也不承认自己偷了鸡。县令胡乱问了几个问题后，说："你们暂且先回去。"正在众人纷纷站起来要走时，县令突然拍案大喝了一句，偷鸡的人不由自主地颤抖着双腿，屈膝跪在地上。

你知道县令大喝了一句什么话吗？

378. 羊皮招供

南北朝时，北魏的雍州太守李惠某天审理这样一个案子。有个盐贩子背着一口袋盐到雍州城去卖，半路上遇到一个卖柴的樵夫。走了一段路，他们在一棵大树下一起休息。当他们站起来准备赶路时，却为铺在地上的一张羊皮争执起来。都说是自己的，最后竟打了起来。过路人把他们拉开，叫他们到太守李惠那里去告状。"去就去！"两人面红耳赤地赶到州府。

太守李惠让他们讲讲事情的前因后果。背盐的抢着说："这羊皮是我的，我带着它走南闯北贩盐，用了五年了。"砍柴的也嚷道："你好不知羞！竟要把我的东西说成是你的！我进山砍柴时总要披着它取暖，背柴的时候总拿它垫在肩上。"两个人滔滔不绝地讲得头头是道，一时竟不能看出谁真谁假。李惠对两人说："你们先到前庭去一下，等一会儿就有审理结果了。"

两人退下大堂后，李惠问左右差役："如果拷打这张羊皮，能问出它的主人是谁吗？"左右觉得很奇怪，心中暗笑着不回答。李惠吩咐道："把羊皮放在席子上，打它四十大板！"四十大板打过之后，李惠上前拎起羊皮看了看，说："它果真吃不住打，已经招供了。"接着又喝道："传他们上来！"盐贩子和砍柴的上堂后，李惠说："羊皮已经招供了，说卖盐的是它的主人。"砍柴的定睛一看，知道无法再蒙骗了，只好认错。

你知道羊皮是怎么招供的吗？

379. 寻获赃银

唐朝时，某个秋高气爽的早晨，有一只小货船正在长江峡谷中行进。船很沉重，速度很慢。商人们想这船再过一个晚上便到达目的地，暗中庆幸自己将要发财了。这中间有一个大商人，怕身边的银子遭人偷窃，趁着其他商人不注意的时候，悄悄把银子藏在货物中间。但是他的举动却被一旁掌舵的小伙子看在眼里。船行了十余里，晚上停靠到一个码头，商人们都到镇上买东西或散步去了。等商人全部上岸，年轻的船夫偷了那个大商人的银子，却照原样将货物安置好，然后也上岸去了。

第二天，船终于到了江南的一个码头。那个大商人发现自己藏在货物里的银子不见了，在船上翻了几遍，均没发现。于是，大商人便扭着年轻的船夫到了官府，官府派人对小船重新进行搜索，始终没见银子的踪影。

案子交到太守阎济美手中，他对船夫审讯几句后也没有结果，最后问几个商人，从商人口中得知了或许能找到银子的地方，便命令几个差役立即去找，果然找到了银子。人赃俱在，那个船夫只好认罪。

你知道银子是在什么地方找到的吗？船夫的作案手段是什么？

380. 不翼而飞的纸币

约瑟夫咖啡馆坐落在伦敦闹市区的一个拐角处，十字路口的好地头给约瑟夫带来了生意兴隆的好运气。但是一天夜里，一个小偷乘乱从现金抽屉里偷走200镑左右的纸币。不到30秒钟，约瑟夫就发现现金被窃，连忙打电话向警察局报案。

事情竟又十分凑巧，那个倒霉的小偷刚逃离咖啡馆，跑出几十米远就碰上了迎面而来的巡警，巡警并不知道咖啡馆失窃的事情，他们只是见小偷形迹可疑，叫住他，做了例行公事的盘问。正盘问着，警察局办案的警察也赶到了。办案的警察认识这个小偷，在警察局的档案里有这个小偷的名字。小偷名叫乔治，是个惯犯，警察当场对乔治进行了搜查，但乔治身上只有几个便士的零钱，尽管乔治犯有前科，但由于证据不足，警察只能将他放了。

这天晚上，在咖啡馆喝咖啡的还有位名叫褒丽的女记者，喜欢追根刨底的职业习惯使她对这个案子特别感兴趣。乔治为什么只偷纸币？而硬币却一个也没拿，这是为什么呢？取得第一手新闻原始资料的欲望使她开始了侦查活动……经褒丽调查，乔治当时没有同伙协助作案，他被释放以后的几天里再也没有到过约瑟夫咖啡馆，而是一直在家待着。乔治是独身一人，家里没有电话。假如窃贼肯定是乔治，难道他偷了钱，把钱藏在咖啡馆里一个不易找到的秘密地方了吗？这不可能，因为警察曾对咖啡馆进行了彻底的搜查。那钱到底到哪儿去了呢？难道真的不翼而飞了吗？

三天后，根据褒丽的线索，警察在乔治的家里找到了赃款。富有戏剧性的情节是，乔治是恰好当着警察的面得到这笔钱的。你知道他是怎么得到的吗？

381. 识破惯骗

明朝嘉靖年间，有位名叫宋清的人在河北任知县时曾巧断过不少案子。人称"铁判官"。一天，宋清正在县衙办公，外面有个叫王讳的男子脸色惨白地奔进来告状，说他刚才摆渡过河，艄公抢走了他50两银子。宋清问道："你是干什么的？""小人贩卖蜜饯为生。""你的银子原来放在哪里？""就放在包袱里。"说完，王讳打开包袱，只见里面有几盒蜜饯。宋清当即命衙役随王讳前往渡口捕拿艄公。不久，两个衙役带来一个渔民装束的大汉，回禀道："强盗已抓获，这是赃银。"宋知县打开包一看，正好50两银子。

大汉"扑通"跪倒在地："老爷明鉴，小人冤枉！"宋清一拍桌案："不准乱嚷！本官问你，你是干什么的？""打鱼兼摆渡的。""这银两是哪儿来的？""这是我两年多的积蓄啊！"宋清听罢情况，思忖片刻，便命衙役将银子放到院子里。过了一会儿，他养的一只小黄猫便来到银两前东闻西嗅。见此，宋清又命将银子取回，问打鱼的艄公："你存这些银两，可有人知道？"艄公道："昨天，我在'芦花'酒店喝酒，跟那里一位挺熟的小二说起过。"

不一会儿，店小二被带来了。宋清唤王讳上堂，指着他问店小二："此人你可认识？"店小二仔细地打量了一会儿，道："回禀老爷，此人虽不认识，但记得他昨日在我店中喝过酒。对了，昨日傍晚与这位打鱼的兄弟前后脚进店的。"宋清点点头，一拍惊堂木，厉声道："王讳！你竟敢诬陷好人，还不从实招来！"王讳脸色骤变，声音发颤大喊冤枉。然而宋清冷冷一笑，说了一番话之后，王讳不得不招供了。原来，这王讳是个惯骗，昨天在酒店喝酒，听到打鱼艄公与店小二的谈话，便心生一计，买了些蜜饯，自己撕破了衣服，装着遭劫的样子，今早告上公堂，不想自投罗网。

你知道宋清是怎么说的吗？

382. 遗产纠纷案

明朝时，河北某县有一户有弟兄俩，兄长王大已成家多年，弟弟王二刚刚成家。

成家之前，兄弟合着过，兄弟关系尚可，只是叔嫂之间有些不和。他们的父亲生前经商有些积蓄。照理这笔钱应该是兄弟俩的，可王大媳妇为人刁横，想独吞这笔遗产。王大一向怕老婆，只得依顺。王二成家后提出分家之事，并要求得到遗产的一半。王大媳妇一听便哭道："你真没良心！爹娘死得早，这些年你哥好不容易把你拉扯大，爹娘死时剩下的一点钱早就为你花光了！你还要遗产，真是恩将仇报，令人心寒啊！"嫂子这么一闹，老实的王二一时没了主意，只得回房跟媳妇商量。媳妇问："你可知道有多少遗产？"王二答："有一箱银元宝，是我亲眼看见的。"媳妇想了想说："你嫂子不讲理，心又狠，听说知县宋清为官清正，判案无私，咱们去向他告状。"

第二天清晨，王二便将状子呈上县衙。宋清阅完状子，问王二："你爹死时，你多大？""7岁。""那么小，你怎么知道你爹留下了遗产呢？""我记得爹的丧事刚完，哥哥就让我帮他把满满一大箱银元宝装在一口大缸里。""那缸放在什么地方？""不知道。后来，我再没见过此缸。"听完王二的话，宋清一拍桌案，怒道："大胆王二，竟敢胡说八道。你自己搞不清楚，叫本官如何去查？来人，把他赶出去！"王二回到家中，委屈地与媳妇抱头痛哭。王大夫妻听说此事，高兴极了。

几天后的一个深夜，宋清带着一班衙役，忽然闯进王大家中，将王大拿住。宋清怒喝道："有人检举，说你参与了邻县的杀人抢劫案！给我搜！"王大夫妻吓得面如土灰，连连喊冤。宋清趁热打铁，解决了这桩遗产纠纷案。你知道是怎么解决的吗？

383. 来者是谁

清代画家任伯年擅长花鸟、山水，兼工人物，尤精肖像画。在任伯年10岁左右的时候，有一次，他父亲出门，恰巧有朋友来访。当来访者知道他父亲不在家时，坐了片刻就告辞了。他父亲回来后，听说有人来访，就问他："来者是谁？"任伯年答不上姓名来。后来，伯年想了一个办法，终于使他父亲知道了来客是谁。

你知道任伯年想的什么办法吗？

384. 帅哥失踪了

玛莎是一个双目失明但聪明漂亮的富家少女，在一个花香袭人的下午，她与帅哥杰卡一起乘火车私奔。到达车站后，玛莎听见车长对她说："欢迎登上本次列车。"然后车长对管房说："尼克，你带这位小姐到她房间去。"

到了房间后，杰卡便叫玛莎拿出她的一万英镑交给车长保管，以保安全。玛莎依照吩咐，把钱交给了杰卡。过了一会儿，火车启动后，杰卡还未回来，玛莎于是去找车长，询问杰卡的下落。

车长说："这班列车上没有人叫杰卡。"玛莎便说："明明他和我一起，管房还带我们到房间去了。"可是，管房尼克说："这位小姐是单独上火车的，没有什么杰卡。"

事情究竟是怎样的，你能推断出来吗？

385. 小木屋藏尸案

登山家马友的尸体于2月23日下午5点30分被人发现在雪山上的一间小木屋里。根据尸体的解剖结果，其死亡时间在当日1点30分至2点30分，而山庄的老板表示2点整曾和马友通过电话，这样一来，其死亡时间范围更缩小了。

经过调查，涉嫌者有三名。他们也都是登山好手，和马友同在一家登山协会，听说最近为了远征喜马拉雅山的人选及女人、借款的关系，分别和马友发生过激烈的冲突。为了避免火爆场面，三人都换到山庄去住，只留马友一人在木屋里。洪海服务于证券公司，正午时离开小屋，沿着山路下山，5点多到达旅馆。走这段路花5小时20分，算是脚程相当快的人，最快的纪录是4小时40分。另外服务于杂志社的李迟和贸易公司的赵山1点30分一同离开小屋子。到一条分岔路时，李迟就用制动滑降往下滑，4点整到达山庄。赵山利用制动滑降一段距离后，本打算再滑雪下去，怎奈滑雪工具不全，只好走下山，到达山庄已经8点多了。他在上一次登山中，弄伤了腿，所以从滑雪处走到山庄行动不便，全程计算起来至少要花6小时！赵山说遗失的滑板后来在山庄附近的树林中被发现。

他们都和死者一起来登山，所以这三个人中必定有一个是凶手，到底是谁呢？

386. 珠宝抢劫案

汤姆和迈克刚刚抢劫了一家珠宝店，但是警察就在他们身后不远的地方。他们在逃跑中经过一片废弃的砾石场，迈克曾经在这里工作过。他们停了下来，把装着珠宝的袋子扔进了砾石场，并记住了袋子落下的地点。为了确保袋子藏得更安全，他们还在袋子落下的地方撒了一层干沙。20秒钟后，他们再看的时候却看不到袋子了，干沙已经和下面的湿沙混合在一起了。在他们跑出两英里后，警察逮捕了他们，但不久之后因为缺少证据又把他们释放了。第二天，汤姆杀害了迈克后逃走了。当时的情况是怎么样的？

提示：

1.他们中的任何人都没有告诉过警察到哪里去找珠宝。

2.没有动物或人偷走珠宝。

3.珠宝已经不在原先的地方了。

4.汤姆晚上没有拿走珠宝，也没有怀疑迈克会拿走珠宝。迈克也没有怀疑汤姆会拿走珠宝。

5.他们记住了藏珠宝的确切地点。

6.他们做了一个警示标志，所以从上面根本看不出来。

387. 制服女流氓

摩斯侦探正在跟踪一个重大文物走私案。在开往墨西哥的轮船上，他装扮成一个整天捧着书本的书呆子，不说一句话，以免引起走私分子的注意，暗中却监视着走私分子和他随身携带的装有文物的旅行箱。

过了一会儿，旅客们纷纷走出船舱到餐厅吃午饭，走私分子也走了出去。为了监视那只旅行箱，摩斯装成醉心于读书不忍释卷的样子，独自一人留在船舱内。突然，一个穿着时髦的妖冶女郎闯进船舱，见舱内只有摩斯一人，便笑吟吟地走上前去，猛地扯开自己的衬衫领口，压低声音说道："赶快把钱包交出来，不然的话，就喊说你要侮辱我。"摩斯一惊，很快便镇定下来。心想：出示证件可以制服这个女流氓，但这会暴露自己的身份，无法完成跟踪走私分子这一首要任务；不暴露身份，眼下如何应付？

突然，他灵机一动，略施小计，便将这个女流氓制服，使自己脱了困境。

摩斯用的是什么办法呢？

388. 狼狈为奸

名探福尔去拜访一位女画家，看到房间里开着灯，敲门却听不到一点儿声音，就感到情况有些不妙，急忙找来公寓管理员，用备用钥匙打开了房门。进去一看，只见女画家浸在浴盆中死去了。据推断，死亡的时间是前一天夜里8点到12点之间。经过调查得知，前一天夜里9点左右，住在同一公寓的人曾看到，已同女画家分居的她的丈夫拉姆，偷偷摸摸地从发案现场的房间里出来。于是，福尔开始搜寻拉姆的住所，后得知他和他的情妇宿于郊区一个旅馆。

福尔来到那家旅馆，厉声问道："是你杀死了你的夫人吧？"可是拉姆说道："这从何说起？昨晚我10点半来这里，11点我想给妻子打电话，可是因为对方正在讲话，电话没有接通。这就是说，那时我的妻子还活着呢，电话是通过交换台要的，旅馆接线员可以做证。"旅馆接线员证实，拉姆没有说谎。接线员记下的电话号码，也确实是被害者的。

"和拉姆住在一起的他的情妇，当时在什么地方？"为慎重起见，福尔又询问了旅馆服务员。服务员回答说："你说的是那个女人吗？我看见她11点左右在走廊上的公用电话附近。"

福尔立即识破了拉姆的诡计，说道："说了半天，凶手还是你啊！你把尸体浸泡在水中，企图使人难以推断死亡的时间。然后和你的情妇狼狈为奸，妄图制造不在现场的假象。"

那么，拉姆和他的情妇身在旅馆，是怎样制造出被害者正在打电话的假象，并迷惑了交换台的接线员为其诡计做证的呢？

389. 幻影

1988年，美国波士顿城发生了一起谋财害命案。凶手洗劫了波士顿繁华街道的一家富宅，杀死了年仅28岁的女主人——美国驻日领事的夫人，她是从日本回国生孩子的。孩子还没出世，自己就惨遭毒手。法医在解剖尸体时，发现她肚里怀的是一对双胞胎。这样一来，凶手就欠下了3条人命的血债！当时，假如领事的6岁小女儿贝茜没有及时躲到落地窗帘后面去，她也很可能难逃厄运。现在，可怜的贝茜成了这幕惨剧的唯一见证人。

波士顿警察局怀疑这桩骇人听闻的罪行是一名叫杰夫·戈菲尔的罪犯所为，于是将他拘捕。结果小贝茜一眼就认出他正是杀害母亲的凶手。可是除此之外却搞不到其他证据，犯人也矢口否认。而且对一个被吓得半死的6岁女孩的话，也不能完全相信，案件就这么拖了3个月。

有一位名叫切伦的密探，了解到杰夫是个文盲，而且很迷信，于是就想出一条妙计，要让杰夫主动交代自己的罪行。

一天深夜，杰夫被噪音吵醒，忽然看见被他掐死的女主人，心里一惊。这时有一个声音在责问他：杰夫，你这个刽子手！你为何要杀死我？上帝不会饶恕你的……杰夫惊恐万分，跪在地上求饶，把自己的罪行全部说了出来。

你知道切伦用了什么计策吗？

390. 女间谍失踪案

在伦敦大道上，一名外国特务正在跟踪一名妙龄少女，她是东南亚某国的著名女间谍，身上藏有该国的机密情报。当女间谍发现被人跟踪后，立即躲入一条横巷内。据特务所知，这条小巷是没有出口的，只要守住入口，等她出来，便可立刻将她捕拿。

可是等了10分钟左右，仍未见少女出来，特务等得焦急了，跑入巷内查看。只见一家简陋的理发店内放有两张长木椅，一张木凳，一个老伯正在替小孩理发。另有一老妇领着她的孙儿正等待理发，其余什么人也没有。

奇怪，那个女间谍究竟逃往哪里去了呢？

391. 彦一夺刀

日本古代有一种所谓德政的法律，就是官府不定期地发"德政布告"。这个布告一出，人们的借贷关系就宣告废除。这种法律的出发点是帮助穷人，但实施起来却漏洞百出，甚至闹出许多笑话来。后来这种法律就自行终止了。彦一生活的年代，这种"德政布告"还在实施期间，尽管人们当时已不按照布告的规定那么认真执行了。正是"德政布告"张贴的那一天，一个外地的和尚游历到镇上，借住在一家旅馆里，他在山路上奔波了一天，并不知道"德政布告"公布之事，他随着老板走进一间舒适的客房，收拾了一下行囊，准备晚饭后早些休息。

和尚的行囊中最引人注目的是一把宝刀，造型美观，刃口锋利。店主是个喜欢武术的人，不免觊觎这把宝刀，他向和尚借这把宝刀用一下，和尚当然不便推辞。店主借了宝刀就来到店外的空地上练武，向过往人等炫耀自己的本事。围观者很多，人们纷纷赞扬，也有人惋惜地说："宝刀虽好，但可惜是别人的。"店主听了大喝一声："谁说这把刀不是我的？"正在房内准备休息的和尚，听到外面人声喧哗，不免探出头来张望，正好听到店主的话。他眼看宝刀要易主了，连忙走下楼来向店主索还宝刀。"这把刀是我向你借的是不假，但现在借了东西，就成了我的东西了。"他说完指指路边树上刚张贴出的"德政布告"。虽然当时人们已并不严格执行"德政布告"，但毕竟是现行法律，店主不肯归还，和尚也奈何不得他。围观者虽觉得店主无赖，但也无话可说。

机灵的孩子彦一也在围观的人群之中，他喜欢抱不平，就站出来，对店主说："执行德政布告是应该的，这把刀不用还给和尚了。"店主听了大喜，和尚听了则大为沮丧。彦一话头一转对和尚说了一番话，和尚听了转忧为喜，而店主却转喜为忧，连忙告饶道："我情愿归还宝刀。"

你知道彦一是怎么说的吗？

392. 第一流杀手

卡伦是一位一流的杀手，但他不愿为钱而冒太大的险。有一次，他接到三项任务。

1.将在威斯康星州首府麦迪狄逊市大街上的珠宝店的男林枪杀，伪装成强盗杀人的样子。酬劳15万美元。

2.将住在伊利诺伊州首府斯普林菲尔德市的女医师在她的住处枪杀。酬劳25万美元。

3.将住在密歇根州首府兰兰辛市的女市长在她家附近的路上射杀。酬劳15万美元。

这三项任务当中，第二项的酬劳最高，而且最容易得手，但是卡伦放弃，只答应1、3两项任务。

请问他这样决定的原因何在？

393. 绣鞋风波

这件奇案发生在直隶定州（今河北定县）。村民严阿大受不了酷刑，终于如实招供："自与娇妻结婚，我对她管束极严。前几天她回娘家，硬要住一夜。我气不过，心生一念，趁她看戏看得忘乎所以时，扒下她脚上一只绣鞋。哪知她当夜回家被我辱骂一顿后，竟悬梁自尽了，我越想越害怕，将她扔到附近庙中水井里，又假装到她娘家要人！"州官胡聪听完，令衙役给他戴上刑具，押着去寻妇人尸体。哪知，井里捞出来的竟是个光头和尚，头破血流，有人认出是庙中和尚法源。

原来那妇女落井后，正巧掉在高坎上，没被淹没。因为解开了绳子，慢慢醒了，便大声呼救。庙中法源和尚正巧起身汲水灌园。他忙放下绳子，可妇人力气小，拉了几次都没用。这节骨眼上，来了个种菜小伙子，急忙发话："法源师父，你擅长淘井，快下去救！"法源马上让那小伙子拉住绳子，自己顺绳而下，找到妇人，把绳子拴在她腰上，高声叫喊："往上拉！"小伙子用力，果然把那妇人救了出来。小伙子却心中恶念顿生，搬过一个大水坛投入井内，又搬过石块连续扔下。一会儿，井内寂然无声，和尚死了。小伙子霸占了妇人，要强娶她为妻。妇人左思右想，长叹一声答应。一会儿，她说："我的一只鞋陷在井里了，你得去找双鞋来才能赶路。"谁知找了一天，小伙子也没找到鞋。第二天黄昏，他胆战心惊地在野路上走，忽然看见一双女人的绣鞋放在路边。他欣喜若狂，来不及细想，忙拿回室中。妇人一看大吃一惊："这鞋是我的，怎么到了你手里？"小伙子正述说经过，衙役们破门而入。小伙子被抓到公堂，强装镇定地责问州官胡聪："我犯了啥罪？证据呢？"胡聪笑了："我让你死个明白……"小伙子再无话可说，俯首认罪。

原来，胡聪在检验和尚尸体时，同时捞出了妇人的一只绣鞋，心想：这女人没死，且难以走远，跟她在一起的肯定是邻近的单身男子，他不敢向别人去要绣鞋的，于是心生一计，抓了了罪犯。根据前面的情节，你能想出这条计策吗？

394. 王冕对字谜

元代著名画家、诗人王冕，出身于贫寒的农家，少年时白天替财主放牛，边放牛边在青石上写字画画，晚上便到寺庙里去借长明灯读书。长大后，因未考中进士，一气之下，归隐九里山，以卖画为生。其画多作墨梅，在当地颇有名气。

王冕少年时替财主放牛，有一年到了年终该领工钱时，突然财主出难题，说："你得先回答我一个问题，答对了，我就把工钱给你，如果答不上，分文不给。"王冕只好同意："老爷，你问吧！"财主说："从前有一帮穷人在锄地，突然挖到一块璧玉，这些穷人叫嚷说：这是块宝贝，我们分了吧！于是他们就把璧玉摔碎了，一人分了一块。但他们哪里知道，这价值连城的璧玉一打碎了就不值钱了。结果，他们仍旧是穷光蛋。这是个故事谜，打一个字，你说是什么字？"王冕立即回答说："这有何难？这不过说的是穷人分宝贝还是穷，不就是'贫'字吗？"财主没难住王冕，只好把一年的工钱全付给了王冕。

王冕拿到钱但心里不高兴，停了一会儿，王冕说："老爷，我也说个故事谜，打一字。老爷如果猜对了，我白给你干一年，如果猜不出，那我就要告辞回家了。"财主心想："你说吧！"王冕说："从前有一位财主想出外做生意赚大钱，于是他雇了一位伙计，并在契约上写明，财主出钱，伙计出力，赚钱后年终三七开。一年生意下来果然赚了大钱，财主为了独吞，当伙计来要分红时，财主哭丧着脸说：'真是倒霉透了！昨天我俩分手时，因马受惊狂奔乱跳，一下子就把装钱的箱子给踏扁了，钱没法取出来。'这样，财主就把钱全部私吞了。老爷，您猜这是什么字？"财主听了，抓耳搔腮，怎么想也猜不出来。王冕忍不住差点笑出声来，说出了答案。财主一听恼怒万分，但先前有约，又不好发作，只得让王冕回家。

你知道这是个什么字吗？王冕是怎么解释的？财主又为什么恼怒？

395. 奇怪的算式

福尔警长应邀到数学教授乔治家去做客，在约定的时间到了乔治家的大门口。当他正准备按门铃时，发现大门是半掩着的，便走进了教授的家中。

他坐在了客厅的沙发上，没有看见乔治本人。扫视了整个客厅后，目光停在了一台台式电脑的荧屏上，这时是计算状态，上面打着"101×5"的一道式子。福尔看了觉得十分纳闷儿，乔治教授算这个还要用计算器？

突然，福尔从这道式子中觉察到了什么，立即拨响了警察局的电话。你知道其中的原因吗？

396. 牧童考秀才

16岁的穷书生解缙，考中全县头名秀才以后的第二年，他满载父老乡亲的重托，自己挑着书箱，翻山涉溪，去省府南昌城参加选拔举人的乡试。一日，解缙来到一处三岔路口，不知该往哪条路走才是去南昌的方向，心中十分焦急。正巧，有一位牧童骑着水牛，横吹短笛，缓缓而来。解缙连忙放下肩上的书箱担子，迎上前施了个拱手礼，然后问："请问这位小弟弟，去南昌城该走哪条路？"那牧童见这位书生哥哥懂礼貌，心里很高兴，心想："不知他学问如何，待我试一试！"于是，翻身下牛，不声不响地走到一块大石头的后面，伸了伸头。解缙一看，心领神会，连声说："谢谢小弟弟指路之恩！"说罢又深施一礼，然后重又挑起书箱，朝牧童的方向走去。你知道解缙走了哪条路吗？

397. 什么职业

一年仲秋，天高气爽。知府大人巡视各地，来到吉水，听县令提到"神童"解缙，半信半疑。他亲自召见解缙，面试其聪慧颖悟。知府见解缙五短三粗，面色黝黑，稚气未脱，便先笑问："小孩儿，你父亲以什么维持生计？"

解缙起身答道："慈父肩挑日月。"知府大人又问："那你母亲呢？"解缙又答："家母手转乾坤。"

知府一听，高兴地说："小神童果然名不虚传！"当即命随从赏了解缙5两银子。解缙谢过知府，蹦蹦跳跳地出了衙门。

你能猜出解缙父母的职业吗？

398. 板桥断案

某地有位丧偶老者，续弦后又生一子。临终时，老者写下遗嘱，关照家人在他死后才许拆封。待老人死后，其家人打开遗嘱封鉴，可老者所写文字却不具标点符号，因此惹来一场争执。老者前妻所生女儿已出嫁，女儿、女婿认为父亲的家产应归他们，照他们的读法是：七十老翁产一子，人曰非是也。家产尽付与女婿，外人不得干预。

后妻自然不服，遂带着幼子状告到县太爷郑板桥那儿。郑板桥在做了调查后，对孤儿寡母甚表同情，遂用朱笔将遗嘱圈点了几下，当众诵读，老者的女儿、女婿便再也无话可说。

你知道郑板桥是怎样点的标点吗？

399. 无字天书

从前，有一个外出经商的生意人，托人给在家的妻子带回十两银子和几幅画。受托之人却存心昧银，只交给商人之妻画，说："你丈夫托我给你带回的。"商人之妻打开一看，是四幅画：一幅画有七只鸭子；一幅画有只鹅用嘴拼命地拉着躺在地上闭着眼睛的大象；一幅画了一把倒挂的勺子和十只苍蝇；最后一幅画着一男人，在嫩柳成荫的道路上走着。她笑了笑："不对。这位大哥，他叫你给我带回了十两银子，请快给我吧！"说完，还指着画，一一解释着。带信人一听，大吃一惊，赶快掏出银子，交给了商人之妻。

你看得懂这四幅画的含义吗？

400. 马克·吐温的道歉

一次，美国作家马克·吐温在一个酒会上一气之下说道："国会中有些议员是狗娘子养的。"议员们知道后大为恼火，纷纷要求作家公开道歉。马克·吐温为"满足"议员们的要求，于是登报道歉。道歉启事只是以新的形式表达了原来的内容，让读者不禁哈哈大笑。你能想到马克·吐温在启事上是怎么写的吗？

401. 明晨到达

县农业局的马书记到秘书室拿报纸，习惯地瞥了一眼电话记录本，只见上面写着接省农委电话，韩流明晨到达，请做好准备。马书记看了一下日期，是今天记的，就转身朝食堂走去，交代食堂明天早点买菜，最好今天就把菜买好，明天一早上面有人来。

次日早晨，马书记一早就到局门口等待了，天不知怎的猛然冷起来，风刮到脸上像小刀片割似的。6时半，7点40分，8点5分，10点都到了，马书记已在寒风中站立了3个多小时，不禁有点沉不住气了。中午都过了，韩流还没有到，马书记这才真有些急了，便去秘书室里亲自给省农委打电话问韩流怎么还没来，可省农委的回答弄得马书记啼笑皆非。这是怎么一回事呢？

402. 智获巨款

某甲因贪污巨款而被拘留审查。但经过依法搜查，却不见巨款踪影。某甲深知罪责难逃，急于消除罪证。一日某甲的妻子来探望，某甲递出一张纸片说："这是我的遗言。"看守人员检查了内容，见是一首悔恨诗：

绿水涛涛心难静，彩虹高高人何行？

笔下纵有千般语，内心凄凉恨吞声。

账面未清出破绽，单身孤入陷囹圄。

速去黄泉少牵挂，毁了一生怨终身。

看守员见没有什么，就转给某甲妻，某甲眼见计将成功，不禁高兴万分。正在这时，检察官赶来要过诗凝神看了几遍，终于喊道："有了！"即按信中所暗示的内容，一举查获了巨额赃款。

检察官怎么知道赃款的隐藏地点的？

403. 字迹辨凶

浴室里发现了一具尸体，住在7号房间的李西小姐手被反绑着溺死在浴缸里。侦查人员赶到现场，发现浴缸里有支铅笔，浴缸壁上有铅笔字"6"。经辨认，是李西小姐临死前写的，显然与凶手有关。侦查人员经调查，发现住在6号房间和9号房间的两位先生都很可疑。宾馆保安正要去抓住在6号房间的先生时，侦查人员却指着住在9号的先生说："凶手是他！"你知道为什么吗？

404. 木条的含义

在某住宅小区发生一起凶杀案。一位公司职员被杀死在家中。从现场看，死者似乎正在摆弄根雕，从同事口中也得知死者喜欢根雕艺术。现场的一切痕迹都遭到故意破坏，看来凶手和死者很熟悉。

令警察很难理解的是死者两只手各握着一根长木条，并试图将两只手合拢在一起，似乎在向警方暗示什么。警长闻讯赶来后，仔细观察一番后说："我知道死者手中木条的含义，我们应按照死者留下的线索去破案。"

果然他们很快抓到了凶手，那么死者手中的木条到底有什么含义？

405. 四封电报

伊莉薇娜的弟弟佛莱特伴着她的丈夫巴布去非洲打猎。不久，伊莉薇娜接到了她弟弟的电报："巴布猎狮身死。——佛莱特"。伊莉薇娜悲不自胜，回电给弟弟："运其尸回家。"

三星期后，从非洲运来了一个大包裹，里面是一只狮尸。她又赶忙发了一个电报："狮收到。弟误，请运回巴布尸。"很快她得到了非洲的回电，说："无误，请查收。"

尸体究竟在哪里呢？你能说说吗？

406. 丈母娘的考问

杰克第一次去未婚妻菲丽家时，菲丽的母亲想试试他的智力，便故意问他："如果有一天我和菲丽一起掉到河里，而时间只允许你救起一个人的话，你先救谁？"杰克一时为难了，心想：如果说先救菲丽，菲丽母亲肯定不乐意，如果说先救菲丽母亲，她会知道这显然是骗她。他想到了一个好的回答，使大家听了都很满意，并开怀大笑。你知道他是怎样回答的吗？

407. 改联气官人

从前，有户官宦人家非常刁恶。过年时，为了炫耀他家的权势，就在朱漆大门上贴了一副对联，上联是："父进士子进士父子皆进士"，下联是："婆夫人媳夫人婆媳均夫人"。一天，这事让一个穷秀才知道了，他趁夜深人静，拿笔在上联同样的三个字上各描了一笔，在下联里相同的三个词上各添了三笔。经过这样一改，原来对联的意思就完全颠倒了，所有路人看了都大笑不止。

次日清晨，这家官老爷一出门，看见改过的对联，当时就气得昏倒在台阶上。请你想一想，穷秀才改了哪几个字？怎样改的？

408. 少尉破密函

法国某保安局少尉裴齐亚捉到一名亚尔赛斯特的间谍，从他身上搜到了一份密函。密函全文如下："B老师：就援助贵校球队出外比赛一事，明天5时请与领队到我家详谈。"受过特工训练的裴齐亚少尉很快就破解了间谍携带的这份密函。

你可知它的真正内容是什么吗？

409. 数字信

有一个人，干起工作来很认真，技术又好，不过有个缺点，喝起酒来一醉方休。喝醉了酒，不是骂人，就是打架。亲戚朋友都劝他少喝酒，甚至不喝，他却总是改不了。

一天，这位爱喝酒的朋友收到一封信。拆开一看，信纸上写的全是数字：

99

81797954

7622984069405

76918934

1.291817

奇怪呀，这么多数字，什么意思？怎么一点点文字说明都没有呢？从笔迹看，是他的小外甥写的。你知道这封信的意思吗？

410. 难倒唐伯虎

这一天，唐伯虎闲暇无事，到郊外散步。他踏上田埂，只见一位老农挑着一担泥迎面走来，唐伯虎想让路，又很为难。原来田埂不宽，两边都是水田，两人僵持不下。于是老农开口说："我出个对子你来答，答得上，我让路；答不上，你让路。"唐伯虎笑着点了点头。老农开口道："一担重泥拦子路。"唐伯虎一听，愣了半天，一时答不上来，只得脱鞋下水，为老农让路。原来，这是一个隐字对。不知你能不能猜得出老农这个隐字对的意思？

411. 进谏

朱元璋登基不久，准备封赏立下汗马功劳的文臣武将和自己的亲戚朋友，可是，他想了想倒是有点为难：功臣有数，而沾亲带故的三亲六戚却多如牛毛，要是每个人都封他个官职，不就成了无功受禄、滥竽充数吗？要是不封亲戚朋友为官，人家背后又会说三道四，讲朱元璋当了皇帝便六亲不认，再说面子上也过意不去。为此，明太祖举棋不定，闷闷不乐。军师刘伯温深知明太祖的矛盾心情，又不便直言进谏，于是画了一个身材魁伟的大丈夫，头上竖着一束束乱得如麻的头发，每束头发上都顶着一顶小帽子。画毕，敬献给明太祖朱元璋。朱元璋细细观赏，百思不解画中含意。想了一夜，终于恍然大悟。次日一早，明太祖召见刘伯温，笑道："爱卿此画进谏得好，朕即采纳。"从此，朱元璋只封有功之臣，不再封亲朋好友为官了。你知道刘伯温那幅画的奥妙所在吗？

412. 画师作画骂慈禧

1900年，八国联军进攻北京，吓得慈禧太后傍晚前从西直门偷偷溜出，向西安逃去。满朝文武官员也都随驾逃之夭夭了。后来，慈禧派人同洋人订立了丧权辱国的条约，八国联军这才撤出北京城。第二年，太后才回来。慈禧一回到北京城，别的什么也顾不上，光想为自己的六十六大寿庆贺一番。可这时圆明园已烧得片瓦无存，颐和园还可以修复。她就降旨，动用建立海军的经费库银修建颐和园为她庆寿。

慈禧要做一个豪华的大屏风，找了20多个能工巧匠用了三个多月，制出一个金龙盘玉柱的紫檀屏风。又指派著名画师李奎元在屏风中间画上一幅最美的图画，以便摆在祝寿用的仁寿殿里。打那以后，李奎元就关起门来一个人在屋里作画。

画作成的第二天，慈禧带着满朝文武官员都来看这幅老画师的巨作。太监走到屏风前，毕恭毕敬地掀开黄绫幔帐。大家一看，上面画着一个活生生的大胖小子，红兜肚，豆绿裤子，胖乎乎的身子，一张粉红脸蛋，一对大眼睛，跪在午门前，手托一个莲叶，莲叶上有一个又红又大的寿桃。画的背景是各国军旗迎风招展，大队兵马杀气腾腾，洋枪大炮严阵以待，洋人的将领耀武扬威。真是一幅军阵图。文武百官齐声喝彩。有的说："这是仙童祝寿。"有的说："这是万国来朝。"慈禧左看看，右瞧瞧，先是点点头，后又摇摇头，最后勃然大怒。传旨把画师火速带来。不一会儿，太监回奏："画师昨天夜里逃得不知去向了。"

慈禧狠狠地问文武百官："你们看了半天，知道这画是什么意思吗？"群臣恐慌地不敢作声。你知道是什么意思吗？

413. 林肯的推理

此事发生在林肯担任律师的时候。一天，汉克农场的记账员在出纳室被谋杀了，他右手握着一支笔，倒在大门前的地上，大门上有MN两个字母，是记账员临死前用手中的笔写的。出纳室的地上散落着很多文具用品，仓库里边的钱也被抢光了，凶手大概是在记账员工作的时候进来的，当记账员向门口逃去时，被杀手追上杀死的。

门上的字一定是记账员被害前写下了凶手姓名的第一个字母。这字母透露出是黑人莫利斯·纽曼干的，他的姓名前两个字母是MN。纽曼太太见丈夫被捉，觉得很冤枉，因为凶案发生时，他们夫妻俩都在农场工作。她想到林肯是保护黑人的，就去找林肯律师代为辩护。林肯思考一番后，从农场的工人里找出一个名叫尼吉·瓦得逊的人。这个人平时爱赌博、喝酒，品行很不好。林肯对他说："是你杀死记账员的！""胡说，你有什么证据？"林肯说："记账员在门板上写了NM两个字母。""MN是那个黑人，我的名字是NW！"林肯笑着说："案发当时，你在哪里？"接着做了一番推理，让尼吉·瓦得逊无言以对，终于承认了自己是凶手。

你知道林肯是怎么推理的吗？

414. 郑大济智斗县官

清朝乾隆年间，闽清六都有个郑大济，自幼聪明伶俐。有一回，郑大济的祖父郑贡生因打抱不平，得罪了县太爷。县太爷一怒之下，硬把全乡的皇粮派给郑贡生交纳，并且限令他在3日之内就要交清，否则就办他"抗交皇粮"之罪，抓去坐班房。郑家虽是书香门第，但经济并不宽裕，哪来的余钱剩米交纳全乡的皇粮？因此把郑贡生急坏了。

郑大济这时才12岁，得知此事后，对郑贡生说："爷爷，这事好办，明天让我去见县太爷，我自有办法对付他。"第二天，郑大济戴了祖父的帽子，穿了祖父的长衫，摇摇摆摆去见县官。沿路行人见一个乳臭未干的孩子穿着长衫在地上拖，都很惊奇，跟了一大群人在后面瞧热闹。郑大济也不理睬，径直向县衙走去。把门的衙役见了，大声喝道："哪来的野仔，敢来闯县衙？"郑大济瞪了他们一眼，大声应道："县太爷有事相请，你敢拦阻吗？"说完，大踏步往衙门里走去。衙役摸不着头脑，也不敢十分阻挡。

县太爷正坐在堂上，睁眼一看，认得他是郑贡生的孙子，号称"神童"的郑大济，便严厉喝道："没毛小子，为何自己的衣服不穿，要穿爷爷的衣衫？"郑大济机智地做了回答。围在衙门外看热闹的一听郑大济的话，"哄"的一声笑了。那县官听了，竟一时答不上话来，只好不再让他祖父交全乡的粮了。

你知道郑大济是怎么回答的吗？

415. 咖啡毒杀案

贝克拿着杯子起身去倒了一杯白开水。"哟，怎么喝起白开水来了，还是让我给你来杯咖啡吧！"一女同事殷勤地说。

"哦，不用了，我是想吃片感冒药。不过吃药归吃药，还是麻烦你再来杯咖啡吧！"贝克边说边从上衣口袋里掏出药包。

"要是泡咖啡的话，给我也来一杯。"坐在贝克邻桌的布朗也抬起头。布朗喜欢喝咖啡在公司内是出了名的。让布朗这么一嚷嚷，屋里所有的人都说要咖啡。女同事只好为每个人都准备一杯，另一位女职员也过去帮忙。这种情形在公司内是司空见惯的。

布朗从女同事伸过来的托盘中取了两杯，其中一杯递给了邻桌的贝克，然后从放在两人桌子中间的砂糖壶中盛了两勺糖放在自己的杯中，再将砂糖壶移到贝克那边。布朗端起杯子只喝了一口就突然咳嗽起来，咖啡溅到桌前的稿纸上。贝克见状马上将自己喝药剩下的多半杯水递给布朗，布朗接过去一口喝尽，但痛苦愈发加剧，杯子也从手中脱落掉在地上摔碎了。

"喂，怎么啦！"贝克快速奔过去抱起就要倒下的布朗，但布朗已经断气了。

"贝克这个人反应很机敏，他当即让把所有人的杯子包括布朗的在内都保管起来，所以当我们赶到时现场也保护得很好。"负责调查此案的刑事部长向侦探萨拉里说明道。"经鉴定，有毒的只有布朗的杯子，其他人的杯子及砂糖壶上都没有化验出有毒。当然两名女职员一度被怀疑，但倒咖啡和送咖啡都是两人一块做的，而且一个个杯子又难以分辨，所以除非两个人是同谋，否则很难将有毒的一杯正好送给布朗。两个女职员既无杀害布朗的动机，也无同谋之嫌。"

"邻座的贝克也无杀人动机吗？"萨拉里问道。"有。听说此人与布朗玩纸牌欠了他很多钱。两个人虽然是邻座，桌与桌之间乱七八糟地堆放了许多东西，但贝克要想不被发现往布朗的杯子里放毒是不可能的。""说是布朗死前将咖啡溅到了稿纸上，那稿纸保管起来了吗？""我想是的。""那么就去化验一下稿纸，另外布朗杯子里剩下的掺毒的咖啡我想也取证收起来了吧？……"按照萨拉里的意思，一小时后从鉴定科出来的刑事部长高兴地说："真是意外，果不出你所料。"

那么，贝克是怎样毒死布朗的呢？

416. 无字状纸

从前，雷泽县有个财主雇了个哑巴佣人，欺侮他不会说话，三年没付他一文工钱。哑巴托知情人写状纸，可是没人敢代写，他一气之下直奔县衙门。县官孟温舒见他递上的状纸竟无一字，又"咿咿呀呀"说不出一句话，觉得此案难判，想了好一会儿，猛击惊堂木喝道："将这无理取闹的哑巴拖出去游街半天！"在大街上，哑巴无比悲愤，满脸流泪，"哇啦哇啦"地大声喊叫。凡认识他的人都在窃窃私语，议论纷纷。哑巴被押回县衙时，但见他的东家已跪在那里，县官判决财主除付清哑巴三年的工钱外，还得游街半天。

你知道孟温舒是怎么得知真相的吗？

417. 试胆量

夏夜，有三个年轻人在天南海北地聊天。后来，有一个年轻人说："怎么样，现在我们来试试胆量吧！就在讨饭房那边吧？"另外两个年轻人也赞成。那座讨饭房是在村子尽头的一幢独户房，无人居住。据说，走过这幢房子的门前时，便会听到屋里传来"给我饭吃，给我饭吃"的声音，因此，村里人十分害怕走过那儿。三个年轻人说定：在这幢房子门前打一个木桩回来，猜拳输的人先去。

"我输了，我先去。"第一个输拳的人拿着木桩子去了。过了一会儿，那个年轻人气喘吁吁地跑了回来。"啊，真可怕！不过，我把木桩子打在那幢房子的门前了。"接着是第二个年轻人去了。过了一会儿，他脸色苍白地跑了回来，说："真可怕！可我把木桩打好了。"轮到第三个年轻人了。三个人中，就数他胆子最小。他心惊胆战地去了。他好不容易走到讨饭房的门前，觉得马上就会传来可怕的"给我饭吃，给我饭吃"的声音。这个年轻人战战兢兢地总算把木桩打进土里去了。"呵，总算打好了。"他想要离开时，不知谁一下子拉住了他的长衫下摆。"啊，鬼来了！"年轻人吓得昏了过去。

那两个年轻人见他老不回来，担心起来，就到讨饭房去找他。只见他躺在房门前昏迷着。两个人使劲摇晃他的身子，这个年轻人才清醒过来。"可怕，可怕，不知谁拉住我的长衫下摆不放。"年轻人心惊胆战地说道。

是鬼拉住了年轻人的衣服了吗？那当然不是。那么，是哪种可能性呢？

418. 豆腐能打伤人吗

一个酒气熏天的男子走进派出所投案，他哭哭啼啼地说道："我刚才失手打伤了人。我和朋友酒后打赌，说可以用豆腐打伤人，他不相信，我就用豆腐把他打伤了。"警察不相信他："你是喝得太多了说胡话！"男子说："不是，真打伤了，不信，我带你们去看看。"男子带着警察来到一处住所，只见客厅里躺着一个头破血流的男子，地上是一块碎了的豆腐，地毯也湿了一大片。

警察被弄糊涂了，难道豆腐真可以把人打伤吗？

419. 匪首落网

刘胡兰烈士是山西省文水县云周西村人，15岁时英勇就义，死在阎锡山匪军的铡刀之下。当人民解放军解放文水全县时，杀害刘胡兰的匪首却没有抓到，广大群众一直耿耿于怀。

一次，某地公演歌剧《刘胡兰》，当演到大胡子连长指挥士兵铡刘胡兰时，有个看戏的人低声说了一句话，这句话恰巧被站在他身旁的一位老工人听见。老工人想：莫非这家伙……老工人见那个可疑的人说完话后退出剧场，就跟踪在后，直到那个人的家门口，老工人立即报告了公安机关。经调查，原来那个家伙就是杀害刘胡兰烈士的匪首。这个罪大恶极的刽子手终于落入法网。

这个人说了一句什么话，才引起老工人的怀疑的呢？

420. 智斗奸商

从前，哈萨克族有个十分穷苦的姑娘叫阿格依夏。一天，她拉着一爬犁柴火到集市上去卖。有个商人问她："要卖多少钱？"姑娘说："5块。""全部吗？""全部。"那个商人立即对旁边的商人们说："听见了吧，各位，她将柴火连牛和爬犁全部卖给我了，一共5块钱。"阿格依夏这才知道商人作弄了她。她看了看手中的斧子，不动声色地问："5块钱你拿手给我吗？""当然拿手给你！"阿格依夏也向一旁看热闹的人们大声说："这个商人拿手给我，你们听见了没有？""听见了！"牛赶进了商人的院子，人们也跟着拥了进去。这时商人拿出5块钱给阿格依夏，接下来发生的事出人意料，商人给了阿格依夏1000块。你知道阿格依夏是怎么做到的吗？

421. 空罐头盒

两个流氓打了起来，隔壁的妇女听到后，立即报警。警长带人赶到现场后发现其中一个流氓头被打破，已经死去，从伤口看，死于钝器猛击。可是，问到凶手杨杰，他拒绝回答。警长在这间连像样的家具都没有的屋子里搜了半天，连个可口可乐瓶子都没找到。要说像凶器的钝器，只有一个空菠萝罐头盒子，而且还被压扁扔在地上。

"你是用这个罐头盒打的他吗？""笑话！你们相信这空罐头盒子能置他于死地吗？"杨杰推开双手，做出若无其事的样子说道。

据那位住在隔壁的妇女说，杨杰在案发后一步也没有离开过房间，而且也没有向窗外扔过什么凶器。那天，他到底用的什么样的凶器，又把它藏在哪儿呢？警长和助手稍微考虑了片刻，相互会意地点了点头。警长突然把杨杰的胳膊扭到背后，助手朝他的腹部猛击。杨杰因受到突然袭击，疼痛难忍，呕吐起来。

"杨杰，还假装不知道吗？"说着，警长指出了真正的凶器。

你知道凶器究竟是什么吗？

422. 海瑞两度怒喝

海瑞曾是明代淳安县令，当时奸相严嵩得势，气焰很嚣张。海瑞的顶头上司是闽浙总督胡宗宪，此人是严嵩的得意门生，他倚仗着有大靠山，不可一世。一天，胡宗宪的儿子带着一帮浪荡公子哥到淳安闲逛，并派人请县令安排食宿。胡公子的恶名海瑞早有所闻。他想了一下，关照专管接待的驿站公差说："他们不是奉公而来，照规矩可以不接待。不过他们既然来了，就让他们住下，一日三顿便餐就行了。如果他们胡作非为，及时报我。"

胡公子一伙在淳安住了一天，便有人传来消息，说这帮人抢掠东西，调戏妇女，闹得城里鸡犬不宁。海瑞脸上不露声色，心中却生了一计。晚上，胡公子等人吃饭时，桌上只摆了三菜一汤，而且无酒。胡公子便破口大骂，还把桌子掀翻。驿站公差辩解了几句，胡公子不由分说便命随从将他捆绑起来，吊打一顿。海瑞大怒，命衙役们将胡公子一帮人捆到公堂受审。胡公子一见海瑞，不肯下跪，高叫道："我是胡总督的儿子，你这样对待我，要是让我父知晓，轻则革职，重则性命难保！"海瑞哈哈大笑说："总督大人我是知道的，他可是朝中严太师多次夸奖过的廉洁奉公之人。""知道就好，赶快松绑，给我赔罪！"胡公子趾高气扬地说。海瑞忽地沉下脸，怒喝一声后，让衙役重打胡公子40大板。胡公子的一个家奴忙跪下说："大人息怒，我们出游有老爷的亲笔信……"海瑞又拍了一下惊堂木，再次怒喝后，又让衙役重打胡公子40大板。胡公子一伙人，吓得魂不附体，连连磕头求饶。海瑞立即给总督府写了个公文，说有一起冒充胡大人亲属的案件，要求严办，接着派人押着犯人连夜赶往总督府。胡总督对此果真是哑巴吃黄连有苦说不出，奈何海瑞不得。

你知道海瑞这两次是怎么怒喝的吗？

423. 谁是匪首

有个边境线旁的小村寨，交通非常不方便，村民的生活很艰苦，最让人恐怖的是边境线的对面有一帮土匪经常来村里抢劫，吃饱喝足了，临走的时候还要带走鸡鸭鹅羊，谁敢反抗，就会遭到毒打和枪杀。等到边防警察局接到报警，要走很长的山路才能赶到，这时候土匪已经逃走了。

为了把土匪一网打尽，克莱尔探长带领部下，忍受着寒冷和虫咬，埋伏在附近的山洞里。整整半个月过去了，土匪没有动静。有的警员说："也许土匪知道我们埋伏了，不会来了吧？"探长说："马上要到圣诞节了，土匪一定会来抢东西，好回去过节的！"

果然，就在圣诞节早上，土匪又来了。边防警察迅速出击消灭了几个土匪，其余的都乖乖举手投降了。克莱尔探长早就听说，这帮土匪的头目心狠手辣，杀害了不少人，得先把他揪出来。他来到俘房面前，看到土匪们都穿着一样的军服，谁是土匪头子呢？

克莱尔探长问："谁是带队的？"土匪们都低着脑袋，一声不吭。探长知道，土匪头子一定混在当中，所以土匪们都怕他，不敢说话，克莱尔探长想了一想。突然大声问了一句话，话音刚落，他就知道谁是土匪头子了。

聪明的克莱尔探长问了一句什么话呢？

424. 机智的老板

有三个强盗偷了一颗价值连城的钻石，他们在如何保管赃物上达成协议："在钻石没兑成现款之前，钻石由三人同时保管，三人须同时同意方可取出钻石。"

一天，他们来到浴室洗澡，便把装钻石的盒子交给老板，并吩咐：要在三人同时在场时，方可交回盒子。在洗澡时，丙提出向老板借把梳子，并问甲、乙是否需要，二人都说："需要。"于是丙到老板这里，向老板索取盒子，老板拒绝了。丙向老板解释，是另外二人要他来取的，并大声对甲、乙说："是你们要我来取的吧？"甲、乙还以为是梳子一事，就随口应道："是的。"老板听后无话可说，便把盒子交给丙，丙带了盒子逃走了。

甲、乙二人等了一会儿不见丙回来，感到事情不妙，忙来到老板处取盒子，发现已被丙取走了。二人揪住老板要求赔偿。老板说是征得你们二人同意的，二人坚持说丙问的是梳子，并且三人也没同时在场。甲、乙强要老板交回赃物，正僵持不下，老板灵机一动，说了一句话，二人听了，只得垂头丧气地走了。

你知道老板究竟说了句什么话吗？

425. 谁的伪钞

凌晨1时45分，旅馆夜班服务员杰姆在核对抽屉里的现金时发现一张面额为100马克的钞票是伪钞……半小时后，警长霍尔赶到了这家旅馆。

"你是否记得是谁把这张100马克给你的？哪怕有一点印象也好。"警长问。"我没留心。"杰姆似乎在回忆什么，随即用不容置疑的语调说，"我值班时，只有3个旅客付过钱，他们都没有离开旅馆。"警长眼睛一亮，竖起双耳："不开玩笑？""决不会错！我今晚收到731马克现金，其中14马克是卖晚报、明信片等物品收进的，其余的现金都收自3位旅客。考纳先生给我一张100马克和24马克的零票；鲍克斯先生给我两张100马克加19马克的零票；斯特劳斯先生给我3张100马克以及74马克的零票。"

警长的手指在桌面上轻轻弹着，若有所思。"你能肯定他们都是付给你100马克票面的钞票？"他问。

杰姆肯定地答道："请放心，凡涉及钱，我的记忆特别好。""那好吧，我想我已找到了要找的人。"警长霍尔说。

你知道谁是使用伪钞的人吗？

426. 开了几枪

一名走私女郎在她的九层居室被射杀了。根据现场取证的资料来看，凶手是从对面大楼的楼顶上用消音手枪将她击毙的。屋子里的窗户关得紧紧的，在窗户的玻璃上有一个弹痕，也就是说，凶手应该只开了一枪。

但令警察百思不得其解的是，死者身上有两处枪伤，一处击中左胸，子弹仍然留在其中；另外一处枪伤在左腿的大腿处且贯穿了左腿。这样看来，凶手应该开了两枪才对。但经验丰富的警长根据现场的痕迹做出了准确的判断：凶手只开了一枪。你知道为什么吗？

427. 让凶手落网

富翁阿隆索的太太雇来了一个年轻杀手，想杀掉她的丈夫，独吞他的财产。年轻人看上去并不凶狠，他拿着手枪闯进了富翁的别墅。当时，富翁正一边看电视，一边喝着威士忌。杀手突然一声不响地出现在富翁面前。富翁尽管对妻子有所怀疑，但他没想到她会请来杀手。当时女佣正好出去买东西，要两小时后才能回家，太太早就借故离开了别墅，这一切都是经过精心策划的。

富翁知道自己有生命危险。他问杀手："我太太付给你多少钱？""五十万元。""我给你一百万元，只要你放了我。"富翁说，"或者还可以更多。""不，我虽然爱钱，但也有原则，决不背叛雇主。"杀手也有原则？富翁很感意外。他想即使我死了，也不能让太太独吞财富的阴谋得逞。富翁想了一下说："既然我要死了，让我多喝几杯，你也来一杯吧！"杀手也想用酒来镇静一下自己："那就来一杯吧！"

富人取来酒杯，倒上威士忌。杀手接过酒一饮而尽，看来他也很爱这杯中物。"看得出，你也喜欢喝酒。反正我马上得死，就把我藏在金库里多年的白兰地送给你吧。""真的？"杀手有几分高兴。"当然。"富翁说完，就打开金库，拿出一瓶年份久远的白兰地。杀手很感兴趣地看着酒瓶上的标签，就在此时，富翁趁机做了一个小动作。

"好了，我得执行自己的任务了。"杀手还是向富翁开了枪，看着富翁一命呜呼，杀手才离开了作案现场。

可是事后，杀手和富翁的太太都被探长卡玛尼逮捕了，正像富翁临死前希望的那样，她独吞财产的阴谋破灭了。这多亏富翁阿隆索给探长卡玛尼提供了一条绝妙的线索，才这么快就破了案。你知道是什么线索吗？

428. 聪明的死刑犯

4个世纪之前，英国有个名叫阿奇·阿姆斯特朗的惯盗，他终于在一次盗窃王室珍宝的犯罪中被抓，法庭判他因犯偷盗罪处以极刑。

当时英国国王是詹姆士六世，他在位期间因钦定《圣经》而闻名，同时还善于倾听臣民的意见。罪犯阿姆斯特朗抓住了这个机会对狱卒说："听说国王钦定的英译《圣经》已经完成了，我到现在还没有见过《圣经》，作为对世界最后的留恋，我想把《圣经》读完后再死。请求您替我向尊敬的国王说说看。"狱卒把这件事报告了上级，以后传到了国王耳朵里。

"满足他的愿望吧！在他读完《圣经》之前。暂停执行死刑。"经国王的许可，崭新的《圣经》送到了阿姆斯特朗手上。接过《圣经》，他对老对头詹姆斯侦探讲了自己的阅读计划，詹姆斯顿时醒悟了，国王上当了。实际上阿姆斯特朗借此取消了自己的死刑判决。

他的计划是什么呢？

429. 毒品在哪儿

某夜，马尼拉—北京航线的班机降落在首都机场，海关人员开始检查旅客的行李。女检查员小吴发现从飞机上下来的3个港商打扮的人神色可疑，他们带有两个背包和一个帆布箱。小吴查看了他们的护照，他们来京的目的是旅游，当天早上从泰国首都曼谷出发，经过菲律宾首都马尼拉，经过我国广州，然后飞抵北京。

小吴拿着护照看了一会儿，便让来客打开行李进行详细检查，果然在夹层中发现了毒品海洛因。什么原因引起了小吴的怀疑？

430. 发黑的银簪

妩媚动人的刘晶小姐失踪了。第二天，在郊外树林里发现了她的尸体，一根银簪深深地刺进她的太阳穴。警长从尸体上拔下银簪，用白纸拭去上面的血迹。银簪尖部十分锋利，闪闪发光，可作防身的短剑，柄端却像熏过似的黑乎乎的。

"这是刘晶的东西吗？"警长问刘晶的父亲。"是的。是我女儿的男友罗伊送的。"警长叫助手把罗伊找了来。

罗伊是一位举止庄重的人。一靠近他就有一股硫黄的气味，再仔细一看，大概是患了皮肤病，两手手指黄黄的、干巴巴的。"真是糟心的病啊，涂了硫黄药了吧，见效吗？"警长同情地说。"好多了，只是味儿太大。"罗伊像是不让人看似的，把手藏在身后。"可是，你不是要同刘晶定亲了吗？""是有这个打算，可刘晶说推一推……""这么说你是憎恨刘晶变了心而杀死她的？""这是什么话，凶手绝不是我！我不是说死人的坏话，可刘晶还别的男人。""我有你杀人的证据，你快老实交代吧！"

那么，警长根据什么发现了凶手呢？

431. 月夜命案

在我国东北地区的一个小镇，一天晚上9点发生了一起杀人案。第二天，警方锁定了一名嫌疑犯，并对他进行了审问：

"昨天晚上9点钟，你在哪里？""我在河边与女朋友谈话。"嫌疑犯所说的这条河流，是由东向西流的。警长接着审问："你坐在河的哪一岸？""南岸。昨夜是满月，河面上映出的月亮真美！""你说谎！如此说来，杀人犯就是你了！"

警长的根据是什么呢？

432. 深夜入侵者

深夜，在侦探外出不在家时，窃贼潜入他公寓5楼的住宅。他此行的目的是在侦探的电话机上安装窃听器。

首先，从卧室的电话机开始装起。因这间屋子没有窗户，所以即使打开桌上的台灯也不用担心灯光会泄到外面。窃贼正往电话上装微型窃听器时，忽听大门外有钥匙拧门的声音。好像是侦探突然回来了。窃贼惊慌失措，赶紧关掉台灯躲到床后边，打算在侦探去其他房间时趁机悄悄溜掉。

可是，卧室的门突然开了，是侦探进屋来了。他没有去按门旁边的电灯开关，而是在黑暗中站了一会儿。"谁在那儿，快出来！"侦探大声叫着，打开了电灯，窃贼也就藏不住了。"你非法侵入民宅，打算偷什么？""什么也没拿呀，可你是怎么一下子就知道我在这儿的呢？"窃贼感到不解。"是那个闹钟告诉我的。你这个溜门撬锁的高手也太粗心了。"侦探指了指床头桌。桌上放着电话、台灯和一个闹钟。

那么，那个闹钟怎么会告诉侦探有入侵者呢？有哪种可能性？

433. 谁偷了黑钻石

房产商王涛参加了一个生日宴会。在会上，他为了炫耀自己的富有而将一颗黑钻石拿出来让人家观赏，众人赞不绝口。随后，王涛将黑钻石放回珍宝箱，可这时原来的封条怎么也贴不上去了，王涛只好向宴会主人要来糨糊将封条封好，再把珍宝箱放回了原处。

王涛回到客厅与客人们继续聊天。突然，一位客人的右手拇指被一只不知名的毒虫咬了一口，迅速肿了起来。主人马上拿来碘酒，涂在他的右手拇指上。慌乱中，打碎了一只茶杯，另一位客人捡玻璃碎片时，示指又被划破了。主人用纱布将他的示指包扎好。不久主人拿来苹果，第三位客人自告奋勇削苹果时，却把左手拇指也划开了，直流血。主人要为他包扎，他说："我包里有云南白药，涂一点就能止住血。"说罢，他在左手拇指上涂上了云南白药。

生日宴会如此扫兴，大家想托故离开。王涛这时想再炫耀一番他的黑钻石，于是将珍宝箱取来，撕开湿漉漉的封条，打开箱子一看，里面的黑钻石竟然不见了。主人见状立刻报了警。

警长经过一番了解之后，他断定作案人就是三个客人中的一个。于是他把三个客人找到跟前，向他们宣布了案情，然后说："把你们的手伸出来。"三个人齐刷刷地伸出了双手。民警发现：被虫咬的客人，右拇指呈蓝黑色；被玻璃划伤示指的客人，包扎的纱布被水浸湿了；被刀削破左拇指的客人，拇指上还在流血。民警经过一番思考之后，很快认定了犯罪嫌疑人，并从他的身上搜出了黑钻石。

偷黑钻石的人是谁，依据是什么？

第四篇　化繁为简

434. 字母分类

把26个英文字母按下面分成5组，想一想，这样分组的依据是什么？

第一组：NSZ

第二组：BCDEK

第三组：AMTUVWY

第四组：HIOX

第五组：FGJLPQR

435. 热气球过载

英国有一家报纸曾经举办过一次高额奖金的有奖征答活动。题目是这样的。

在一个充气不足的热气球上，载着三位关系人类兴亡的科学家，热气球过载，即将坠毁，必须丢出一个人以减轻重量。把谁扔出去？

三个人中，一个是环境专家，他的研究可使无数生命避免因环境污染而身亡；一个是原子专家，他的研究成果能够防止全球性的核子战争，使地球免遭毁灭；最后一个是粮食专家，能够让数以亿计的人脱离饥饿。

奖金丰厚，应答的信件堆成了山，答案各不相同。

最终的获胜者却是一个小孩，你知道他的答案是什么吗？

436. 包工队的酬劳

有一个建筑公司拿下了某个小区的开发权，为了节省成本，该公司把其中的9栋楼承包给三个包工队，让每个包工队承包3栋楼的建筑实施，并按标准图纸装修为统一风格。三个包工队各有长处：甲包工队擅长装修，比其他两个包工队的装修速度快3倍；乙包工队擅长盖楼，比甲包工队快2倍，比丙包工队快4倍；丙包工队擅长管线的布置，其布线速度比甲快3倍，比乙快5倍。工作结束后，建筑公司付给三个包工队一共3亿元的报酬。请问：他们应该怎样分这笔钱才最合理？

437. 唐朝人的计谋

唐僖宗年间，蜀中盗贼横行，为害乡里，老百姓怨声载道。崔安潜出任西川节度使，决心下大力气进行治理。他到任之后，并不忙着部署人员抓捕盗贼，而是先从府库中拿出了一大笔钱，分别堆放在西川三个大城市的繁华市集上，并在钱上悬挂告示："凡有能提供线索协助官府捕获盗贼者，即赏五百串钱。盗贼之间，凡能将同伙解送到案者，不仅赦免原先的罪行，赏赐也和普通人一样。"

你知道这招高明在哪里吗？

438. 最聪明的小偷

一个农夫进城卖驴和山羊。山羊的脖子上系着一个小铃铛。三个小偷看见了，第一个小偷说："我可以偷到他的羊，还能叫农夫发现不了。"

于是，第一个小偷悄悄地走近山羊，把铃铛解了下来，拴到了驴尾巴上，然后把羊牵走了。农夫在拐弯处四处环顾了一下，发现山羊不见了，就开始寻找。

这时，第二个小偷说："我能从农夫手里把驴偷走。"

于是，第二个小偷走到农夫面前，问他在找什么，农夫说他丢了一只山羊。

小偷说："我见到你的山羊了，刚才有一个人牵着一只山羊那这片树林里走去了，现在还能抓住他。"

农夫恳求小偷帮他牵着驴，自己去追山羊。

第二个小偷趁机把驴牵走了。

第三个小偷说："这都不难，我能把农夫身上的衣服全部偷来。"

另外两个小偷不相信，可是最聪明的第三个小偷真的做到了。你知道他是怎么做的吗？

439. 牙膏

有一家牙膏厂，产品优良，包装精美，深受顾客的喜爱。营业额连续10年递增，每年的增长率在10%～20%。可到了第11年，业绩停滞下来，以后两年也如此。

公司经理召开高级会议，商讨对策。会议中，公司总裁许诺说：谁能想出解决问题的办法，让公司的业绩增长，重奖10万元。

有位年轻的经理站起来，递给总裁一张纸条，总裁看完后，马上签了一张10万元的支票给了这位经理。

你知道这位年轻的经理想出的办法是什么吗?

440. 偷换概念

有3个人去住旅馆,住3间房,每一间房10元钱,于是他们一共付给老板30元,第二天,老板觉得3间房只需要25元就够了,于是叫伙计退回5元给3位客人,谁知伙计贪心,只退回每人1元,自己偷偷拿了2元,这样一来便等于那3位客人每人各花了9元,于是3个人一共花了27元,再加上伙计独吞了2元,总共是29元。可是当初他们3个人一共付出30元,那么还有1元哪儿去了呢?

441. 正面与反面

桌上有23枚硬币,其中10枚正面朝上。假设蒙住你的眼睛,而你的手又摸不出硬币的正反面。如何才能把这些硬币分成两堆,使每堆正面朝上的硬币的个数相同?

442. 苹果橘子

小明有一个粗细均匀并且只有两端开口的长盒子,里面放着4个苹果和3个橘子,苹果与橘子的大小相同,且正好能放在盒子里,现在苹果和橘子的排列方式是:aaaaooo,小明想到妹妹只喜欢吃苹果,就想在不取出任何水果的情况下,使排列变成aaooooaa,他该怎么办? ("a"表示苹果,"o"表示橘子)。

443. 扔石头

在一个高塔上,可以感觉到在水平方向上有风吹动,这时候:迎风扔石头、顺风扔石头,垂直把石头丢向地面,哪个先到地面? (开始时垂直方向上石头都没有速度)

444. 量身高

有个小孩,在一棵高20米的树上,从树根起刻了两米高的刻度,来测量自己的身高,当时标出来,自己有1.4米,后来这棵树长到了25米,他自己也长到了1.6米,这时候,他再用这把刻在树上的尺子量自己,会是多高呢?

445. 刁钻的顾客

高尔基从小就是一个十分聪明的孩子。在童年时，他曾在一家食品店干过活。

有一次，一个刁钻古怪的顾客送来了一张奇怪的订货单，上面写着："定做9个蛋糕，但要装在4个盒子里，而且每个盒子里至少要装3块蛋糕。"

老板和大伙计伤透了脑筋，碰坏了好几块蛋糕，也没有办法照订单上的要求装好盒子，眼看取货时间就要到了，可他们依然一筹莫展。

在一旁干杂活的高尔基拿起那张订货单，认真读了一遍，笑着对老板和大伙计说："这有什么难的？让我来装吧！"说完，他挑选了4个盒子装起来，刚把蛋糕装好，订货的顾客就来到了柜台前。这个顾客以挑剔的眼光仔细检查了一遍，什么问题也没有，就提着蛋糕走了。老板和大伙计终于松了一口气，并且开始对聪明的高尔基刮目相看了。

你知道高尔基是怎样分装这9块蛋糕的吗？

446. 聪明的阿凡提

阿凡提小时候非常聪明。他的爸爸养了10只羊。一天，爸爸对小阿凡提说："如果你能让4个栅栏里都有10只羊，我就把这些羊全部送给你。"阿凡提并没有去别的地方买羊，却很快就使4个栅栏里都有了10只羊。你知道他是怎么做到的吗？

447. 于谦的智慧

明朝时有个大臣叫于谦，他领导了著名的"北京保卫战"。可是谁也不知道他还曾经凭借自己的聪明才智保护了一个大臣的性命。

当时有个叫李佳宁的大臣因为冲撞皇帝，被判了秋后处决。由于这个大臣名满天下，当时的才子都争相为其求情，但皇帝自己在气头上，死活不肯从轻发落。众大臣便跪在大殿门口，不肯离去，皇帝迫于无奈，只好说："我这里有5文钱，谁能用这5文钱去集市上买来足够的东西把乾清宫大殿充满，我就放了他。"

一时间，大臣们议论纷纷，有人说："我们买稻草吧，稻草便宜，5文钱应该能买足够的稻草。"

有人说："不如买水，五文钱能买好几车，说不定能把大殿填满。"

有人说："5文钱请个工人去野外伐棵大树，它的枝叶一定能把大殿填满。"

但是不管什么提案，都被大家否定了：稻草和水没法在大殿里堆起来，大树运到皇宫根本不是个事。

在大家一筹莫展的时候，于谦想到了个办法。他到集市上花不到1文钱买了个东西，确实充满了整个大殿。

你知道于谦买的是什么吗？

448. 贪财的地主

有个地主非常喜欢金子，总觉得自己的金子不够，有一天他把金子放到镜子前面，好像自己的财富一下子增加了一倍，让他非常的兴奋。他又把金子放在两块相对放着的立镜中间，照出了一连串很多的金子。

为了看到更多的金子，他把一个屋子的上下、左右、前后都铺满了无缝隙的镜子，请问：当这个地主进入这间小屋的时候，他能看到无数多的金子吗？

449. 探望奶奶

小春一家人住在山底，奶奶住在山顶。每周六早上9点，奶奶会从山顶下来到山底小春家待一天，周日的早上9点，小春出门从山脚去山顶探望奶奶。有一个周六，奶奶见到小春后说："我把自己几点几分走到了哪个地方都写在纸上挂到沿路的树上，等你明天上山的时候，也把你每分钟都到了哪里写出来挂在树枝上。我相信我们总能在同一时间到达山上的某个地方的。"

小春不信，结果第二天试验后，发现确实如此，在9点30的时候，他们都到了山路靠山脚的3/4的地方。接连几周，他们俩做这个游戏，都符合奶奶说的，不管小春故意放慢速度还是故意增加速度。

你知道这是为什么吗？

450. 小狗跑了多远

聪聪的学校离家有5公里，她走路的速度是每10分钟1公里。她养了一条狗，每天放学的时候，狗会从家里往学校的方向跑去迎接她，等看到她的时候，小狗会掉头往家跑，回到家再掉头回来……如此往复，我们知道小狗的速度正好是聪聪的2倍且速度恒定，就是每10分钟2公里。问：聪聪从学校到家，小狗跑了多远？

451. 聚餐

周末，爷爷家举行聚餐，一共来了10个人，他们想炸东西吃，但每个人想要的老嫩程度不同，奶奶问了一遍之后，每个人的需求如下：爷爷想要吃炸7分钟的小黄鱼；爸爸想要吃炸3分钟的春卷；妈妈想吃炸9分钟的花生米；姑姑想要吃炸16分钟的土豆丝；叔叔想要吃炸8分钟的油条；大伯想要吃炸3分钟的豆腐；姑父想要吃炸2分钟的小黄鱼；婶婶想要吃炸5分钟的土豆丝；伯母想要吃炸6分钟的春卷；而奶奶想要吃炸10分钟的土豆丝。

如果这家人只有一个炸锅，那么做这顿饭至少需要多长时间？

452. 公交车相遇

每天A地、B地会向对方发出公交车，早上6点开始到晚上8点结束，每十分钟便有一辆车从A地出发，同一时刻会有一辆从B地开出的公交。已知，单程的公交车运行时间是1小时，并且假设公交车运行匀速，在同一条线路上，近距离可见。请问今天中午十二点从A地发出的公交车，可以遇到几辆从B地开来的公交车呢？

453. 需要买多少

27名同学去郊游，在途中休息的时候，口渴难耐，去小店买饮料。饮料店搞促销，凭3个空瓶可以再换一瓶。他们最少买多少瓶饮料才能保证一人喝一瓶？

454. 铺轮胎

有一个场地是边长10米的正方形，现在给你很多外直径1米、内直径50厘米的轮胎，请问你至少要铺几层才能使轮胎完全盖住场地？

455. 火柴棒问题

这是一道用火柴棒摆成的式子：$I + X = IX$（1＋10＝9），这显然是错的，请问最少移动多少根火柴棒能使它正确？

456. 盲人分袜

有两位盲人，他们都各自买了两双黑袜子和两双白袜子，八双袜子的布质、大小完全相同，而每双袜子都有一张商标纸连着。两位盲人不小心将八双袜子混在了一起。他们每人怎样才能取回黑袜子和白袜子各两双呢？

457. 时钟的问题

一个人遇到车祸死了。到了阎王那里，阎王对他说："你的寿命貌似还没尽，我给你出个题，你要是能回答出来，我就再让你多活10年。"这个人同意了。

问题是这样的，时钟12点整的时候，钟表的时针和分针重合在一起。但想必你一定已经注意到了，两枚指针不只在12点整的时候才重合，在12小时之内两者要重合好几次，你能说出在什么时候两枚指针会互相重合吗？

458. 三针重合

现在许多时钟在钟面上还有秒针。那么你留心过没有，在一天24小时内，时针、分针和秒针三针完全重合的时候有几次？

459. 如何通过

（1）一艘船顺水而下，在要通过一个桥洞时，发现货物比桥洞高出约1厘米，需要卸掉一些货物才能通过。无奈货物是整装的，一时无法卸下。有什么办法能够不卸货物使船通过呢？

（2）有辆卡车，堆装着很高的货物，当要通过一处铁路桥时，发现货物高出桥洞1厘米，卡车无法通过。卸货卸下重装很费事，你给想想办法，应该怎样才能顺利通过呢？

460. 装油的桶

有一个不透明但规则的立方体桶里面装了一些油。小明想知道这个桶里的油有没有一半，那在不把油倒出来的情况下，你能知道油有没有一半吗？

461. 指认罪犯

警察叫4个男人排成一行，然后让一位目击者从这4个人中辨认出1个罪犯。目击者寻找的男人，长得不高、不白、不瘦，也不漂亮，这些特征中的任何一个都可能让人拿不准。在这一排人之中：

（1）4个男人每人身旁都至少站着一个高个子；

（2）恰有3个男人每人身旁至少站着一个皮肤白皙的人；

（3）恰有两个男人每人身旁至少站着一个骨瘦如柴的人；

（4）恰有一个男人身旁至少站着一个长相漂亮的人。

在这四个男人中：

（5）第一个皮肤白皙，第二个骨瘦如柴，第三个身高过人，第四个长相漂亮；

（6）没有两个男人具有一个以上的共同特征（即高个、白皙、消瘦、漂亮）；

（7）只有一个男人具有两个以上的寻找特征（即不高、不白、不瘦、不漂亮）。此人便是目击者指认的罪犯。

目击者指认的罪犯是哪一个人？

提示：首先，判定在四个人排成的一行中，高个、白皙、消瘦、漂亮者的可能位置。然后，判定每个男人的全部可能特征。最后，挑出只具备高个、白皙、消瘦、漂亮这四个特征中的一个的男人。

462. 哪一天一起营业

某个地区有一家超市，一家银行，一家百货，其中有一天是一起营业的。

已知：

（1）这三家单位一周都工作四天；

（2）星期天都休息；

（3）不会连续三天营业；

（4）有人连续做了六天的观察：

第一天，百货关门；

第二天，超市关门；

第三天，银行关门；

第四天，超市关门；

第五天，百货关门；

第六天，银行关门。

问：哪一天三家单位一起营业？

463. 养金鱼

陈先生非常喜欢养金鱼，他有五个儿子，一年的春节，五个儿子回家来，分别送给陈先生一缸金鱼。巧的是每缸中都有8条，而且颜色分别为黄、粉、白、红。这四种颜色的金鱼的总数一样多。但是这五缸金鱼看起来却各有特色，每一缸金鱼中不同颜色的金鱼数量不都相同，而且每种颜色的金鱼至少有一条。

五个儿子送的金鱼的情况如下：

大儿子送的金鱼中，黄色的金鱼比其余三种颜色的金鱼加起来还要多；

二儿子送的金鱼中，粉色的金鱼比其余任何一种颜色的金鱼都少；

三儿子送的金鱼中，黄金鱼和白金鱼之和与粉色金鱼和红色金鱼之和相等；

四儿子送的金鱼中，白色金鱼是红色金鱼的两倍；

小儿子送的金鱼中，红色金鱼和粉色金鱼一样多。

请问：每个儿子送的金鱼中，四种颜色的金鱼各有几条？

464. 谁是预言家

瑞西阿斯是古希腊最著名的预言家之一，他有四个徒弟A、B、C、D。但是，这四个徒弟中只有1个人后来真正成为了预言家。其余3个人，一个当了武士，一个当了医生，另一个当了建筑师。一天，他们四个在练习讲预言。

A预言：B无论如何也成不了武士。

B预言：C将会成为预言家。

C预言：D不会成为建筑师。

而D预言他会娶到公主。

可是，事实上他们4个人当中，只有1个人的预言是正确的，而正是这个人后来当上了真正的预言家。

请问，后来这4个徒弟各当了什么？

465. 没有坐在一起

A与a是一对男女朋友，一天，他们邀请了另外三对男女朋友去餐馆吃饭，他们分别是B、b男女朋友、C、c男女朋友和D、d男女朋友。每对男女朋友分别用同一个字母来表示。其中大写字母代表男生，小写字母代表女生。例如：Aa男女朋友，A代表男生，a代表女生，其他类推。

用餐时，他们八人均匀地坐在一张圆桌旁，其中只有一对男女朋友因为正在闹别扭，所以没有挨着坐，其余的几对都坐在了一起。现已知：

（1）a对面的人是坐在B左边的男生；

（2）c左边的人是坐在D对面的一位女生；

（3）D右边的人是位女生，她坐在A左边第二位置上的女生的对面；

问哪对男女朋友没有坐在一起？

466. 大学里的孩子

一所大学的新生宿舍中住进了三名大一学生，他们分别来自不同的省份，而且他们家长的职业也各不相同。现在知道：

（1）这三个学生分别是毛毛、医生的儿子和从四川考来的孩子；

（2）牛牛不是公务员的儿子，壮壮也不是教师的儿子；

（3）从山东考来的不是公务员的儿子；

（4）从广州考来的不是牛牛；

（5）从山东考来的不是壮壮。

根据上面的条件，说说这三个孩子分别来自哪儿，他们的家长又分别是什么职业。

467. 再次相遇

在一个赛马场里，A马1分钟可以跑两圈，B马1分钟可以跑三圈，C马1分钟可以跑四圈。

请问：如果这三匹马同时从起跑线上出发，几分钟后，它们又会相遇在起跑线上？

468. 谁是金奖

在金马奖的评奖会上，A、B、C、D、E、F、G和H八个人竞争一项金奖。由一个专家小组投票，票数最多的将获金奖。

如果A的票数多于B，并且C的票数多于D，那么E将获得金奖；

如果B的票数多于A，或者F的票数多于G，那么H将获得金奖；

如果D的票数多于C，那么F将获得金奖。

如果上述断定都是真的，并且事实上C的票数多于D，并且E并没有获得金奖，以下哪项一定是真的？（　　）

A.H获金奖

B.F的票数多于G

C.A的票数不比B多

D.B的票数不比F多

469. 哪种方式更快

有个母亲想要进城看正在读书的儿子，她知道每天有一辆公共汽车会经过自己在的村子进城。她发现自己有下面几种选择：早上起来迎着公共汽车来的方向走，遇到公共汽车坐上去；在村口一直等公共汽车到来；往城里的方向走，公共汽车追上她的时候她就坐上。三种方法中的哪一种可以更快到城里呢？

470. 怎么算账

一天，杂货店里来了一位顾客，挑了65元的东西，顾客拿出100元，店主找不开，就到隔壁的店换了一张50元的和一些零钱，回来给顾客找了35元。过了一会儿，店主发现隔壁店给的50元是假钱，就想去找。谁知道还没出门，隔壁店的老板就过来了，说刚才的100元是假钱。

那么这个店主还应该给隔壁老板多少钱？他一共赔了多少？

471. 收废品

小周把几扇废旧的窗户拉到废品收购站，他自己在家里称过这些窗户，一共50斤，包括木头和玻璃。到了废品收购站，这里的老板说："我这里收窗户一块钱一斤，不过现在地方有限，你能不能帮我把玻璃砸下来，我只想要木头。但是你放心，玻璃我也要了。木头我算你7毛钱一斤，玻璃3毛钱一斤，这样加起来还是1块钱，对不对？另外，你帮我这个忙，我再多给你10块钱。"

小周觉得老板说得没错，还能多收10元，就答应了。

结账时，木头一共是30斤，玻璃20斤，这样，小周卖木头得到21元，卖玻璃得到6元，再加上10块钱好处费，共计37元。

事后，小周越想越不对，按整体来算的话，可以得到50元，这样分开来，自己辛苦了一番不说，怎么还少卖了13元呢？

472. 灯泡的容积

发明家爱迪生曾经有个名叫阿普顿的助手，他毕业于普林斯顿大学数学系，又在德国深造了一年，自以为天资聪明，头脑灵活，甚至觉得比爱迪生还强很多，处处卖弄自己的学问。

有一次，爱迪生把一只梨形的玻璃灯泡交给了阿普顿，请他算算容积是多少。阿普顿拿着那个玻璃灯泡，轻蔑地一笑，心想："想用这个难住我，也太小看我了！"

他拿出尺子上上下下量了又量，还依照灯泡的式样画了一张草图，列出一道道算式，数字、符号写了一大堆。他算得非常认真，脸上都渗出了细细的汗珠。

过了一个多钟头，爱迪生问他算好了没有。他边擦汗边说："办法有了，已经算了一半多了。"

爱迪生走过来一看，在阿普顿面前放着许多草稿纸，上面写满了密密麻麻的等式。爱迪生微笑着说："何必这么复杂呢？还是换个别的方法吧。"

阿普顿仍然固执地说："不用换，我这个方法是最好、最简便的。"

又过了一个多钟头，阿普顿还低着头列算式。爱迪生有些不耐烦了，马上用一个非常简单的办法就做到了。你知道他是怎么做的吗？

473. 最简单的方法往往最有效

传说在古罗马时代，一位预言家在一座城市内设下了一个奇特难解的结，并且预言："将来解开这个结的人必定是亚细亚的统治者。"这个结引来了许多人，大家都想打开这个结，以表明自己的实力可以统治亚细亚。但是，这个被称为Gordian的结长久以来却无人能解开。

当时身为马其顿将军的亚历山大也听说了有关这个结的预言，于是专门跑到这个城市，想去打开这个结。

但是，亚历山大用尽了各种方法都无法打开这个结。最后，他用了一个最简单的办法就把结打开了。你知道他是如何做的吗？

474. 赚了多少钱

一个商人以50元卖出了一辆自行车，然后又花了40元买了回来，这样显然他赚了10元钱，因为原来的自行车又回到他的手里，又多了10元钱。现在他把他花40元买来的自行车以45元钱又卖了出去，这样他又赚了5元，前后加起来一共赚了15元。

但是，有一个人却认为：这个人以一辆价值50元的自行车开始，第二次卖出以后他有了55元，也就是说他只赚了5元钱。而50元卖一辆车是一次纯粹的交换，表明不赚也不赔；只有当他以40元买进而以45元卖出的时候，才赚了5元钱。

而另外一个人却认为：当他以50元卖出并以40元买进时，他显然是赚了10元钱；而当他以45元卖出时，则是纯粹的交换，不赚也不赔。所以他赚了10元钱。

似乎每个人说的都有道理，那么你认为谁才是正确的呢？

475. 分苹果

总公司分给某营业点一箱苹果共48个，并给出了分配方法：把苹果分成4份，并且使第一份加2，第二份减2，第三份乘2，第四份除2与苹果的总数一致。如果你是该营业点的负责人，应该怎么分呢？

476. 分羊

有一个牧民，死的时候留下来一群羊，同时立了个奇怪的遗嘱："把羊的三分之二分给儿子，剩下的羊的三分之二分给妻子，再剩下的羊的三分之二分给女儿，就没有了。"三个人数了数羊，一共有26只，却不知道该怎么按牧民的遗嘱来分，你能帮助他们吗？

477. 巧断讹诈案

有一次，平原县县令外出，看到一群人围着两个人议论纷纷，便命停轿下去查问。

一个中年胖子立刻跪倒在地对县令说："我装着十五两银子的钱袋被这个年轻人拾到了。可是，他说钱袋里只有十两银子。"

那个年轻人急忙跪下说："老爷，我早晨给我母亲买药，拾到一个装着十两银子的钱袋。因为着急就先回家送药，母亲催我回来等失主。这位先生来了硬说里面是十五两银子！"

众人都说胖子讹人，替年轻人喊冤。县令见状便问胖子："你丢的银子真的是十五两吗？"

"确确实实是十五两银子。"胖子肯定地回答道。

县令当即对胖子说了句话，众人都拍手称快。

请问：县令说了句什么话？

478. 惨案发生在什么时间

一天夜里，邻居听到一声惨烈的尖叫。早上醒来发现昨晚的尖叫是受害者的最后一声。负责调查的警察向邻居们了解案件发生的确切时间。一位邻居说是12：08分，另一位老太太说是11：40分，对面杂货店的老板说他清楚地记得是12：15分，还有一位绅士说是11：53分。但这四个人的表都不准确，在这些手表里，一个慢25分钟，一个快10分钟，还有一个快3分钟，最后一个慢12分钟。你能帮警察确定作案时间吗？

479. 酒精和水

桌子上放着同样大小的两个瓶子，一瓶装着酒精，另一瓶装着水，两个瓶子里的液体一样多。如果用小勺从第一个瓶子中取出一勺白酒，倒入第二个瓶子中，搅匀后，再从第二个瓶子中取一勺混合液，倒回第一个瓶子中。那么这时是酒精中的水多呢，还是水中的酒精多？

480. 罗浮宫失火

法国一家报纸曾经刊登过这样一个问题：“如果法国最大的博物馆罗浮宫失火了，情况非常紧急，你只能抢救出一幅画，你会抢救哪一幅？”

如果是你，你会怎么回答这一问题呢？

481. 扑克占卜

富美子小姐用25张扑克占卜。她把25张扑克背面朝上排成一个5×5的方阵，然后由左上角的扑克开始翻开。如果是黑桃，就接着翻开它下面的那张牌。如果是红桃，就翻它上面的牌。如果是方块，就翻开左边的牌，如果是梅花，就翻开右边的牌。然后重复同样的操作。最后翻过来的扑克越多，就表明越吉利。富美子小姐把所有的扑克都顺利地翻了过来，直到右下角的终点。

请问，除了右下角的那一张，其余的24张中红色的和黑色的扑克哪种更多，多了多少？

482. 什么花色最多

某人手中有13张扑克牌，这些牌有如下情况：

（1）没有大王、小王，但红桃、黑桃、方块、梅花四种花色都有；

（2）各种花色牌的张数不同；

（3）红桃和黑桃合起来共有6张；

（4）红桃和方块合起来共有5张；

（5）有一种花色只有两张牌。

问：这人手中的牌什么花色的最多，有几张？

483. 男男女女

某日，某饭店里来了三对客人：两个男人，两个女人，还有一对夫妇。他（她）们开了3个房间，门口分别挂上了带有标记"男男""女女""男女"的牌子，以免互相进错房间。但是爱开玩笑的饭店服务员却把牌子巧妙地调换了位置，弄得房间里的人和牌子全对不上号。

在这种混乱的情况下，据说只要敲一个房间的门，听到里边的一声回答，就能全部搞清楚3个房间里的人员情况。你说，要敲的该是挂有什么牌子的房间？

484. 隐含的规律

1、3、7、8

2、4、6

5、9

你能猜出这三组数字间有何种关系吗？

提示：每一组数字都有一个相同的规律。

485. 最聪明的人

兄弟三人在互相吹捧自己，老大对别人说："我是中国最聪明的人。"老二说："我是世界上最聪明的人。"如果你是老三，你应该怎么说才能胜过二人呢？

486. 五十两银子

从前有位孝子田春生，忠诚老实，对母亲十分孝敬。一天，春生进城卖柴，在一处茅厕里拾到个白包袱，打开一看，里面有30两白银。他想失者一定焦急万分，于是站在门外等待，时已过午，春生怕饿坏了老娘，便先赶回家伺候母亲，并把拾到银子的事向母亲禀告。老人听了连说："孩子，莫记挂我的肚子，你先去等那失主吧，早点把银子归还人家，免得人家着急。"春生听了老母的话，赶紧赶回茅厕。只见一财主模样的瘦老头正领了一帮人在打捞东西，便问："相公可否丢了银子？"财主看了春生一眼，冷冷地回答道："你怎么知道？"春生笑道："我在此拾到了个白包袱，可是相公的？"说完将白色袱递了过去。那财主打开一看，先是心里一热，然后马上反咬一口说："我50两银子，怎少了一小半？"不由分说，将春生拉去县衙门。县令是位清官，他听罢他们各自的诉说后就想：田春生如是贪财之人，何不全部独得？肯定财主之言有诈。于是惊堂木一拍，断了此疑案。全城百姓闻之，无不拍手称快。你能猜出清官是如何断案吗？

487. 三个嫌疑人

老约翰被发现死在别墅厨房的地上，后脑勺受到重击。警长小木找到老约翰的三个儿子，问道："你们的父亲被手枪打死了，死亡时间是下午3至5点，请告诉我事发时你们都在做什么，或者你们有没有怀疑的人。"

老大说："我一下午都在楼上的房间里睡觉，什么都没有听到啊！怀疑谁嘛，我认为是老二，他最近和父亲一直不和，还扬言要杀死父亲！"

老二说："我下午在回来的路上，交通很糟糕，我被堵在车流里面，我想是入室抢劫吧！不和嘛，是有些争吵，但我只是说说而已，哪里会真的动手呢？而且我有那么大的力气吗？"

老三说："我下午出去跑步了，就在这附近的街道，跑了一个多小时，回来后就直接去浴室洗澡了。我想是大哥吧？父亲把公司交给二哥打理，大哥好像一直都不怎么开心。"

你您知道凶手是谁了吗？

488. 庞统断案

三国时，刘备派庞统当某地县令。一天，有个大户人家的弟兄俩，不知为何事，打了起来。他俩告到庞统那儿，都把自己的理由说了一遍。庞统听了，一言不发，并叫他们先回去，听候处理。老二站起来，气呼呼地走了。

夜里，老大派人给庞统送来二十两银子作礼物。庞统收下了。第二天一升堂，庞统传令："来人，把老大重打三十，押下去！"别人问他："你为什么不审就断案？"庞统说："我是以礼断理。"

请你说说这是为什么。

489. 杀母奇案

北宋时，程戡任处州知州，一日清晨，忽有衙役飞报：东街李家兄弟几人披麻戴孝跪于州府门外，要告西街陈家，说陈家杀了母亲。程戡向李家兄弟询问了一下即奔赴现场，来到西街陈家门口，果见李母尸体横于台阶旁。查看一番后，程戡命将陈家所有的人带往州府，立即升堂审案。

程戡问陈家人："你们家和李家是否有仇？"陈家人答："祖上便和他家有仇，至今未了。"程戡问："近日可有争端？"陈家人支支吾吾答不出所以然，过了一会儿陈家大儿子方吞吞吐吐道："前几日，为了乡下的几亩地划界，我家弟兄几人和李家发生争执，将李家小儿子打伤了。"程戡大怒道："打伤了他家小儿子，为何又要杀他老母？"陈家因李母尸首在他家门口，有口难辩，众人皆痛哭不止。程戡命衙役先将陈家人全部收容，另择时再审。

陈家人离去后，程戡思忖了一下，问僚属们："你们对此案有何看法？"众僚属答："证据确凿，陈家杀人事实明显，此案可断。"程戡微微一笑，摇摇头说："不，我看并非如此。"说完又命将原告李家兄弟喊上。程戡道："你们是何时发现母亲被杀的？"李家人答："今天早晨。"程戡又问："你们身上的孝服是何时所做？"李家兄弟一时语塞，脸露惊慌之色。程戡喝道："此案可断，你们诬告！你家老母昨夜未归，做儿子的不思寻找。今晨报老母已被害，然后立即来衙门，身上已着孝服，这不是早有准备的吗？"

李家兄弟顿时失色，严讯之下终于吐出实情：前几天，他家被陈家兄弟所欺，新仇旧恨交织起来，便想找个办法报仇。母亲道："我年老多病活不长久，你们把我杀死之后将尸体放于陈家门口，就说他家杀人，便可报仇。"李家兄弟果真实施此计，没料到被程戡识破。

你知道程戡首先从哪里看出的破绽吗？

490. 偶遇凶手

一个晚上，住在十三楼的马克被发现倒毙在家中客厅，当晚首先发现尸体及报警的是莱茵，露丝的朋友。莱茵诉说她发现尸体的经过："我在晚上9时来找马克，按了门铃也没有反应，尝试打开大门，发现没有上锁，一入内便见马克躺在地上了，手指指着大门。"

警长对此宗案件毫无头绪，打算返回警局再做打算。因为一路思索的关系，他不小心与一个开锁匠撞了个正着，开锁匠喃喃有词："今天真是倒霉，约我上来开锁又没有人在，现在又给人撞倒，真是倒霉！"

突然，警长醒悟，知道凶手并非别人，就是开锁匠。他怎么知道锁匠就是凶手呢？

491. "铁判官"断案

明朝时，一位商人到"铁判官"宋清的堂上告状："小人孙贵，在城南关开布店。去年，邻居开木匠铺的张乾因手头拮据，曾到本店借钱，说好半年还清。可我今天找他讨取，不想那张乾拒不承认此事，还用污言秽语骂我。望大爷明断，替小人追回银两。""你借给他多少银两？""300两银子。""借据可带来？""在这儿。"孙贵从怀中掏出一纸呈上。宋清接过一看，见借据写得明明白白，借贷双方落款清楚，而且还有两个中间人的签名。宋清抬起头问："这中间人金子羊和尤六成可在？""我把他们请来了，现在门外。""唤他们进来。"宋清用犀利的目光逼视着这两个人，问："你们靠什么为生？"金子羊声音沙哑："小人靠给别人抄抄写写为生。""小人开猪肉铺。"尤六成瓮声瓮气地说。宋清唤过差人："传木匠铺张乾到案。"

不一会儿，张乾带到。宋清问："张乾，你向孙贵借钱，可有此事？"张乾说："没有此事！""这张借据上的签名可是你所写？"宋清朝他举起那张借据。张乾道："根本就无此借贷之事，我哪会签名。""来人，纸笔侍候。命你写上自己的姓名。"宋清说。张乾写好自己的名字，呈上。宋清将借据拿起对比了一下，两个签名分毫不差。宋清很诧异，心想：莫非借据是真的？他这么痛快写字签名，岂不等于在证实自己的罪行吗？猛然偷眼一看原告和证人，见三人沾沾自喜。心里一愣，忽然想出一个办法。

宋清吩咐差役将纸笔分给原告孙贵、证人金子羊和尤六成，让三人分开站好，问了他们一个问题，让他们把答案写在纸上，但不得交头接耳。这一下，孙、金、尤愕然失色，拿着纸不知如何下笔。宋清剑一样的目光冷冷地注视着他们。片刻之后，孙、金、尤沉不住气了，纷纷跪下，捣米般地磕头。原来，孙、金、尤三人妒恨张乾买卖兴隆，于是合计坑害他。由金子羊仿照张乾的手笔，在一张假借据上署了名。不想"铁判官"智胜一筹，在公堂上揪住了狐狸尾巴。

宋清问这三人的问题是什么呢？

492. 聪明的债主

债主致电李先生，要求他9月底以前立即还清债款，李先生请债主第二天下午到他家里取回借款。翌日下午，当债主到达李先生家时，赫然发现李先生被绑在床上。债主连忙上前替他松绑，在松绑期间，李先生不断地表示他昨晚被贼人入屋抢劫，将他捆绑在床上，把他的财物洗劫一空，就连预备还款的金钱也被抢去，所以欠款恐怕要迟一些才能偿还了。但当债主迅速地为李先生松绑后，竟然还要求李先生立即还款。你认为这是为什么呢？

493. 绑票者的真面目

一个深秋的夜晚，董事长的儿子被绑票了，凶犯开口要5万元赎金。他在电话里说："旧百元纸币500张，普通包装，在明天上午邮寄，地址是本市和平区解放大街200号，许静。"凶犯说完后，威胁说："假使你事前调查地址或报警，就当心孩子的性命！"

董事长非常惊慌，考虑再三，他还是报案了。因为事关小孩的生命，警长也不能轻举妄动。于是，他乔装百科辞典的推销员，到凶犯所说的地址调查，发现地址和人名却是虚构的。难道凶犯不要赎金吗？绝对不可能。忽然他灵机一动，终于发现了这宗绑票凶犯的真面目。第二天，他捉到了那凶犯，安然救出被挟持的小孩。

他是怎么知道凶犯的？

494. 黑松林埋赃

京城里发生了一起盗窃案。奇怪的是，这家富户半夜被洗劫一空，地上却多了一本名册。第二天清晨，那家富户捡起来翻阅，发现上面开列着一大串富家子弟名字，附有关于他们的二十条隐私：饮酒聚会议事、聚众赌博、狎妓宿娼等。这家人如获至宝，忙急急匆匆将它送到官府。官府按名册一一拘拿这批浪荡青年。青年家长都知道自家孩子的劣迹，也怀疑是他们作的案。众青年也承认干了册中所记的事儿。一阵严刑拷打，这批平素娇生惯养的青年哪受得了，一个个乖乖认罪。官员追问："赃物在哪里？”众青年信口胡说：“黑松林。”第二天早晨，当衙役赶到坐落在郊外的黑松林时，果然挖掘到一批赃物。这批浪荡青年听说这消息，一个个吓得面如土色，仰天痛哭：“命！命啊！看样子，是老天爷安排的命啊！”

参加审讯的一位官员心里一沉：“这批浪荡青年如此真心痛哭，案件肯定有错。可线索呢？”左思右想，忽然想起一个可疑之处：自己手下有个长着大胡子的马夫，每当审这个案件时老在场旁听，这为了什么？要试一试真假！于是他又反复审了几次，发现马夫仍是每回都在场旁听。官员突然问马夫：“你为啥特别关心这起案件？”马夫忙解释：“没别的，我好奇。”官员突然沉下脸：“左右役吏，给我用刑，让他讲讲真话！”马夫忙叩头，连连求饶：“大人，您打发掉身边的役吏，我从实讲来！”众役吏退下后，马夫颤抖着陈述：“起先，我压根儿不知道这回事，后来有人找上门。让我旁听审讯这个案子时，记牢您跟犯人的话，马上转告他们，答应每回酬谢我50两银子。大人，小人罪该万死。小人愿引兵前往贼窝擒拿，立功赎罪！”700名精壮士兵悄悄走出官府，他们在马夫带领下，一举端掉贼窝，抓获了那伙强盗。

现在问题来了，既然不是那些富家子弟干的，为何还在他们说的地点找到了“赃物”呢？

495. 找出不合理之处

野外飘着鹅毛大雪，深夜回家，冷得发抖。他赶紧把门窗关紧，在屋子里生起煤炉。加足了煤后，他钻进被窝，不一会儿就睡着了。

他开始做梦，梦中，他浏览了许多名胜古迹，品尝了好多美味佳肴；他看到了百花盛开的花园、气势雄伟的庙宇、高耸入云的宝塔、晶莹清澈的湖水……他高兴极了。后来他兴致勃勃地攀登终年积雪的高山。他越爬越高，也越来越累，突然他感到胸闷气急，呼吸困难。“真要闷死我了，真要……”没等他喊完，死神便降临在他的身上了。第二天，人们发现王老伯因煤气中毒窒息而死。

请说出这个故事不合理的地方。

496. 谁割断了油管

5男4女共9名游客登上了游船。4位女客都已50开外。在5位男客中，亨利26岁，是伦敦一家药店的老板；49岁的汤姆是开杂货铺的，业余摄影爱好者，左腿微跛；迈克是一位出租车司机，50岁；约翰和克尼都已是63岁的老头，早已退休。他们此行的目的地是达摩勒岛！100年前海盗的巢穴。

下午4点30分，船靠岸了。9名游客登上了一条被人踩出来的小路，两旁是灌木丛林和长得齐人高的杂草。"看呀！亨利先生，真想不到在这荒岛上竟然还长这种植物。"女旅客海蒂拔起一捧像杂草样的植物给亨利看。"这是款冬，一种药草，可制作助阳剂。"海蒂介绍道。

不知不觉绕过一堆土丘，一座颓败的古堡赫然耸立在游客面前。"女士们，先生们，这就是海盗曾住过的土堡，现在是4点55分，海盗幽灵将接待你们15分钟，与你们合影留念，请你们准备好相机。"船长介绍完后便让游客走进古堡，自己却和4位工作人员来到离古堡50米处的一幢木屋里，坐在桌前喝酒。

5点02分，船长和伙伴们刚想离开，突然见屋外有个人影一闪，待他们跑出屋去，已不见踪影。船长明白，这绝不会是幽灵，肯定是船上的一名游客在偷听他们的谈话。他们在屋外四周搜寻了一会儿，没有发现什么，便匆匆回到了古堡。时间是5点10分。此时，9名游客已准时集合在一起等他们了。

5点23分，他们回到船上，等待着开船返航，却发现发动机进油管被人割断了。船长明白，一定有人搞鬼，而此人就在9名游客当中。

你知道这人是谁吗？

497. 白纸遗嘱

作曲家简和音乐家库尔是一对盲友。简病危时曾请库尔来做公证人立下一份遗嘱，把简一生积蓄里的一半财产捐给残疾人福利机构。随即让他的妻子拿来笔和纸以及个人签章。他在床头摸索着写好遗嘱，装进信封里亲手密封好，郑重地交给库尔。库尔接过遗嘱，立即专程送到银行保险箱里保存起来。一星期后，简死于癌症。在简的葬礼上，库尔拿出这份遗嘱交给残疾人福利机构的代表手中。但当代表从信封中拿出遗嘱时，发现里面竟然是一张白纸。

库尔根本无法相信，简亲手密封、自己亲手接过并且由银行保管的遗嘱会变成一张白纸！这时来参加葬礼的尼克警长却坚持认定遗嘱有效。众人都疑惑不解地看着尼克警长，期待着他的解释。你认为警长会怎么解释？

498. 大树做证

印度格尔城有两个人：一个叫拉登拉尔，一个叫莫蒂拉尔。两人十分要好。一年，莫蒂拉尔的亲戚要到迦西去朝圣，莫蒂拉尔和妻子想，这样的机会十年才一次，为何不同他们一起到迦西去洗洗恒河的圣水浴呢？但是又一想，途中盗贼很多，家里的钱财又没有人看守，怎么办才好呢？这时，莫蒂拉尔想到了朋友大商人拉登拉尔。于是他把妻子的金银首饰放在一个小盒子里，带到拉登拉尔家里去。碰巧，在路上遇到了拉登拉尔。七八月间，日头很毒，路旁有一棵大杨树，两人便站在杨树阴凉处谈起来。莫蒂拉尔说明了来意，然后说："这是首饰盒，这是首饰清单，盒子已经上了锁，你如果不放心，咱们一同上你家去，当面清点一下。"拉登拉尔说："你放心地去吧，不要错过了出门的好时辰。我把盒子拿回家去，仔细保存起来，你不必担心。"

拉登拉尔把沉重的首饰盒带回家后，起了贪财之心。半年后莫蒂拉尔朝圣回来，问起了自己的首饰盒，拉登拉尔竟矢口否认。莫蒂拉尔只好告到法院。法官奥恰吉听完两个人的事情后，把拉登拉尔找来，问他有无此事，拉登拉尔还是矢口否认。奥恰吉再问莫蒂拉尔："你在什么地方，当着谁的面把首饰盒交给拉登拉尔的？首饰有清单吗？"莫蒂拉尔把清单副本交给了法官，说："老爷，交给他的时候，没有第三人在场，路旁只有一棵杨树，我是站在杨树下把首饰盒交给他的。"奥恰吉对拉登拉尔产生了怀疑，只是苦于没有证据。忽然他灵机一动，命令差人道："你马上到那棵大杨树下去一趟，告诉它，法官叫它到法院来做证。"

法庭上的人们听了都大为惊讶：一棵树难道还能到法院来做证？差人去了很久还没有回来，奥恰吉不耐烦地说："这差人真会磨蹭，哎，拉登拉尔，那棵树离这儿有多远？"拉登拉尔脱口而出，回答道："没有到，老爷，那棵树离这儿有五里多路，差人现在还到不了那里。"奥恰吉听了，觉得调查已经完成了一半。他又看了看首饰清单，上面写着玛瑙、珍珠、宝石等。奥恰吉对拉登拉尔说："根据莫蒂拉尔的清单，盒子里装有玛瑙、珍珠、宝石做的首饰，还有银项链、手镯、项圈等，你说对吗？"拉登拉尔惊慌地说："老爷，不到一尺长的小盒子怎么能放下四副大的银首饰，这是谎话，完全是谎话。"

这时，奥恰吉宣判说："拉登拉尔，你才是说谎者，你现在最好把盒子还给莫蒂拉尔，只有这样做，才能保住名誉……"拉登拉尔只好承认错误，请求饶恕。

奥恰吉为什么判定拉登拉尔是说谎者？

499. 推理擒惯偷

上海客运码头，一艘由大连开来的大客轮徐徐进港，停岸后，旅客们匆匆走上码头。人群中，抢先钻出一位满头冒汗、神色不安的旅客，他站在码头上，注视着一个个从他身旁走过的人。很明显，他是在寻找什么。原来，在船快靠岸时，他内急上了趟厕所，可回到舱内，却不见了自己的旅行袋。他是来上海出差的，包里有不少钞票以及公家的发票合同等。他慌了，想报案，可船已靠岸，怕来不及，便抢先挤出人群站在岸上，他想：拎他包的人肯定会出来。可是人都走光了，仍不见有人提他的包露面，他急得脸色惨白。

忽然，他看到前面有个穿牛仔裤、花衬衫的小伙子正提着他的旅行袋往外走。

他立即上前去，挡住小伙子的去路，质问道："你为什么拿了我的旅行袋？"小伙子一怔，瞄了一下手中的包，说："怎么，这包是你的？""当然，我不会认错的。""哦，对不起，我大概拿错了。"他随即将旅行袋还给了这位旅客，并且头也不回地继续向外走去。

小伙子刚走到出口处，肩头被人拍了一下。回头一瞧，面前站着一位威武的民警。民警问小伙子："你刚才拿错了别人的包，你自己的包呢？""这……"小伙子猝不及防，一时张口结舌，不知所对。"请你跟我来一下吧。"民警把小伙子带到了派出所。经审查，此人是个惯偷。

原来刚才小伙子还包给那位旅客时的一幕正巧被这位民警看见了。民警为何判断出这个小伙子是个惯偷呢？

500. 去找金笔的凶手

妙龄女郎莎莉在宾馆房间里被水果刀捅入背部杀死，警长向摩斯介绍情况说："她上周才与船长杰尼完婚。昨天杰尼刚起航前往夏威夷，他们在第三大街有一套小巧的新居。"

"有嫌疑对象吗？""可能是约翰。莎莉曾与约翰相好，但最后选择了杰尼。""让我独自去拜访一下约翰吧。"摩斯说完故意将一支绿色金笔扔在门口。约翰独自住在他的加油站后院。摩斯进门就问："你知道莎莉被人杀了吗？""啊！不，不知道。"约翰气喘吁吁地说。

"嗯，不知道就好。"摩斯说，然后他伸手到上衣袋中欲摸笔做记录："噢，糟糕，我的金笔一定是刚才不小心掉在莎莉的房间了。我得马上去办另一件案子，顺便告诉警方你与此案无关。你不会拒绝去帮我找回金笔，送到警察局吧！"约翰看上去似乎很犹豫，但他终于耸耸肩膀，无可奈何地说："好吧。"

当约翰将金笔送到警察局时，他立即就被逮捕了。为什么？

501. 接头

一天，警方收到报告，黑老大正潜伏在码头附近，他是来与"东方神秘"号船上的某个人接头的，似乎准备商量一笔"大买卖"。于是警长命令加强对"东方神秘"号上所有人员和码头周围人员的监视。

经过数天观察，警方得到如下线索：这条船上有1名船主、5个水手和1个厨师。每天上午10点，厨师会上街采购。他总是沿着相同的路线：先去一家面包店，然后去一家调味品批发商店，再去一家肉店、一家乳品店、一家中餐馆，最后去报摊买当天的报纸。在每个地方，他都会短暂停留。5个欧洲水手上午在船上工作，下午上街游玩，傍晚喝得醉醺醺的，嘴里胡乱哼着小调回船，天天如此。

警方经过仔细分析，决定跟踪厨师，果然发现他每天都在同一家商店与黑老大接头。请问，他们是在哪家商店接的头？警方是如何判断出来的呢？

502. 歌星之死

化学博士吴勇家中举行了一次晚宴。在宾客当中，最受青睐的是歌星陈林。主人吴勇厌恶地望着陈林，用叉子叉上一个沾了调味汁的大虾走上前去。

"陈林，今晚你的领带真漂亮啊！"他一边说着，一边若无其事地晃动着手中的叉子，黑红的调味汁溅了陈林一领带，雪白的丝绸料上顿时污迹斑斑。"哎呀，真对不起，对不起。""不，没什么，这种领带一条两条的算不了什么……"陈林毫不介意，取出手帕欲将上面的污迹擦掉。这时，吴勇夫人走了过来。"要是用手帕擦会留下痕迹的呀，洗手间里有洗洁剂，我去给你洗洗。""不用了，夫人，没关系，我自己去洗，夫人还是应酬其他客人去吧！"因有吴勇在场，陈林假装客气一番，然后迅速朝洗手间走去。

洗洁剂就在洗手间的架子上放着，他将液体倒在领带上擦拭污迹，擦掉后立即回到宴会席上，边喝着威士忌，边与人谈笑风生。突然，他身子晃了一晃便倒下了，盛威士忌的杯子也从手中滑到地上摔碎了。宴会厅里举座哗然。急救车立即赶来，将陈林送往医院，但为时已晚。死因诊断为酒精中毒。

然而，只有一个人暗地里幸灾乐祸，他就是吴勇，就是他得知自己的妻子与陈林有私情，才以此进行报复的。那么，他究竟用什么手段杀了陈林呢？

503. 谁人作案

克伦为一家洗衣店开车送货。周二上午，他驾车来到乔治家，将车停在道上。他大约用了2分钟填写上午的送货单，然后拿着一套礼服和一套西装下了车。关车门时，他发现车子的前轮正好压在花园的胶皮水管上，水管的另一头通到屋后的车库，克伦就将车向前开了几米，开进麦克乔治家的车库。这时，克伦发现车库通往厨房的门正开着，只见乔治太太倒伏在炉子旁边，克伦连忙跑过去，大喊道："快来人呀！"乔治先生从车库走进来。两人一起把乔治太太送往医院。经过抢救，乔治太太脱险，但精神失常，无法分辨谁是凶手。

警探摩斯首先向送货员克伦询问情况，克伦的回答没发现什么疑点。于是，摩斯传来乔治："乔治先生，当时你在干什么？"乔治说："当时我正好在后花园里浇水，我用胶皮水管给花坛和树篱浇了半小时水，发现一辆卡车开进了车库。又听到洗衣店那人的呼叫声，我就放下水管，奔了过去。"摩斯问："浇水时没有发现任何异常情况吗？""没有，我一直浇了半小时水。"乔治回答道。摩斯笑道："乔治先生，不要撒谎啦，对你妻子不利的人正是你自己吧！"

你知道摩斯为什么认定是乔治干的吗？

504. 奇怪的两声巨响

某豪华客轮突然触礁沉没。事前，该轮曾经保有巨额航海险。失事后，承保的保险公司理应负赔偿之责，但在赔款之前，当然需要经过详细的调查。保险公司请求王科长办理此案，但王科长正在办理另一起案件，就委派助手小李办理。

小李先向一位幸存的女客调查。女客说："该轮触礁后，我便登上救生艇离开现场。遥望该轮逐渐下沉，大约隔了3刻钟后，突然听到'轰'的一声爆炸，该轮便完全沉没。"小李又问了好几位救生艇上的旅客，他们都是异口同声，同样答复。

后来又问到一位逃生的男客，他的答复与众不同。他说："该轮触礁后，我因善于游泳，便独自跃入水中，向数里外的一座小岛游去。我一会儿仰游，一会儿俯游，大概游了一里多路程，便听到一声巨响，该轮开始沉没。大约再隔数秒钟后，又听到第二次爆炸声……""第二次爆炸声，你确定听清楚了？"小李接着问。"是的，我确定先后听到两次巨响。""你能断定这不是回音吗？""不是。假如是回音，应当大家都能听到。""真怪，为什么大家只听到一声巨响，唯独他能听到两声巨响？"小李觉得事有其因，顿时觉得案情复杂，难以定案，就暂时告辞公司经理，向王科长汇报案情去了。

王科长听了小李的汇报，手摸下巴，略一思索，然后笑道："救生艇上很多旅客只听到一声巨响，这没有问题，那位游水逃生的男旅客，独自先后听到两声巨响也没有问题。此案就按我说的办就是了……"

小李听后，不解其意，他摸着脑袋急着要求王科长解释理由。请问，王科长要说的理由是什么？

505. 不攻自破的谎言

在一座大厦的第19层，亨利牙医开了间诊所。一天下午，他正为玛丽小姐治牙，他们身后的门悄悄地开了条缝，"啪，啪"两声枪响，玛丽小姐倒在椅子上，饮弹毙命。一位电梯工在案发前不久，曾送一个神色紧张的男子上19层。根据他的描述，警方断定是假释犯约翰。约翰被传唤到警署，他说从未听说过亨利医生，在案发那天都在寓所睡觉。警官追问："电梯工却说在案发前不久送过一个相貌特征与你相同的人上19层，这您又作何解释？"

"那不是我！"约翰怒吼道，"自从假释后，我根本就没去过亨利的牙医诊所，你还有什么证据呢？"

"这就足够送你回监狱了。"一直在旁听的警长突然厉声打断他。他为什么这样说？

506. 书吏之死

古时候，一个身在异地他乡的山东书吏，带着两个仆人回家探亲。

路上遇见一个少妇，书吏觉得路途寂寞，便找妇人搭话，得知妇人是同乡，此去婆家探亲。又是几回寒暄，不知不觉中便成了熟人。

天色渐晚，妇人正着急找不到投宿的地方。正巧书吏在此有一佃户，妇人也就跟着书吏到了他的佃户家。半夜，两个仆人一起密谋偷了书吏的钱财包裹，对佃户说："我们先回去了！"佃户信了，后来听到书吏房里有很大的声音，急忙起来点起蜡烛去看，发现书吏和少妇都被强盗所杀。血泊之中，佃户找到了他们家的割草刀。

几天以后，妇人的家人来找她，找不到，就报了官。在官府面前，佃户不得不如实反映情况。众人都怀疑是两个仆人杀的。

县官到现场检查的时候，忽然听到隔壁有人说："我恨那天夜里没有杀死你！"县官看了看凶器，叫人把隔壁的人抓过来。没想到说话的人却是佃户的女儿和与她私通的邻居的儿子。他们一男一女跪在县官面前，县官指着那个男子说："你如实招认吧！"男子吓得面如土色，只得招认。

请问：县官凭什么说他就是罪犯？

507. 影子法官

土耳其机智人物霍加·纳斯列丁去见州法官，自我推荐说要当一名法官。州法官为难地说："很抱歉，各地法官的位置都满了，我没法委任您当一名法官。"霍加·纳斯列丁说："那好吧，您任命我在您身边当个影子法官吧——当您有什么案件无法处理的时候，您就让我来处理好了。"州法官说："可以，这是你的办公室。"于是霍加·纳斯列丁就很严肃地在房角里坐好，并且在自己面前放一张小桌子，上头放些文具，每天都来办公。

一次，有个人来向州法官告状说："尊敬的法官先生，这个傻小子为西拉吉丁财主劈了30捆柴，每劈一斧头，我都在他面前呐喊'劈得好，劈得好'，为他鼓劲。

总之，他能够劈完那些柴，是同我的热情鼓励分不开的。可是到财主付钱时，钱全给他一个人拿走了，这公平合理吗？"州法官问被告："事情确是这样吗？"劈柴人老老实实地回答："是的，法官先生。"州法官想了好一会儿，不知道怎么判决才算恰当，就装出不屑一顾的样子说："这么小的事情只要给'影子法官'处理就行了。瞧，他就坐在对面。"

霍加·纳斯列丁听完诉讼后，对原告说："你告他告得确实有理。他劈柴，你鼓劲，他拿走了全部的工钱，你却什么也没有得到，怎么可以这样呢？"劈柴的见霍加·纳斯列丁帮原告，生气地说："'影子法官'先生，柴是我劈的，他又没有出力，只是站在我对面干喊几声，他怎么能得工钱？""住口！"霍加·纳斯列丁大发雷霆，"你还没到了解的程度呢，快把钱交出来，我要看到钱！"原告得意地望着被告，说："还不快把钱交出来，让法官分。"劈柴的很不情愿地拿出钱袋，霍加·纳斯列丁一把抢过去，握着钱袋使劲地甩来甩去，里面的钱币"哗啦""哗啦"地响起来。摇晃一会儿后，纳斯列丁对劈柴人说："你可以把钱拿走了！"接着又对原告说了一句话，让原告哑口无言，灰溜溜地走了。站在一旁冷眼观看的州法官、差役以及原告、被告都十分惊讶，心想："这真是不同寻常的判决呀！"

你知道纳斯列丁是怎么对原告说的吗？

508. 指纹破案

罪犯在作案后往往会尽可能擦干净自己留下的指纹，甚至有的罪犯还要把别人或受害者的指纹印在现场，以求制造混乱，但是也有弄巧成拙的时候。付洪和王海是生意上的合伙人，付洪后来起了谋财害命之心，将王海杀死，然后伪造王海自杀的现场。

付洪先是假冒王海的笔迹，用铅笔写了份几乎可以乱真的遗书。由于有点儿紧张，写错了一个字；又用铅笔末端的橡皮擦干净，然后补写上。干完这些之后，付洪把将自己在铅笔上的指纹全部抹掉，又印上王海的指纹。付洪又用同样方法，把王海的指纹印在毒酒杯上。付洪以为这样一来肯定是万无一失，没想到警方到现场一调查，很快就判断出王海是被人杀死的。你知道警方发现了什么疑点和证据吗？

509. 县令设密计

有一个村民状告县里的乡绅抢了他的布匹不还。乡绅说他没有抢，两人在公堂上各执一词，互不相让。县令已经大概地知道了事情的前因后果，但又找不到证据，又不能给乡绅用刑，于是反复寻思，终于得到一计。县令骂村民说："区区几匹布，能值多少钱？你还要来诬陷相公，还不快滚！再不滚，小心竹片夹臀。"

村民踌躇着出去以后，县令和乡绅叙了一会儿闲话，然后指着他胸前的银牙签说："能借给我照着打一副吗？"乡绅欣然答应。于是县令把牙签交给两个仆役，仆役便依据县令设的密计去乡绅家取来了证据。请问：县令设的密计是什么？

510. 县太爷断案

范大醉酒后常常称自己杀过人。这天，范大又多喝了酒。喝醉后对酒友说："昨天我把一个有钱的商人推到了深沟里，得了很多钱。"酒友信以为真，就把范大告到了官府。

这时正好有一妇人来告状，说有人把她丈夫杀死扔到了深沟里，丈夫外出做生意赚的钱也都被人抢了。于是县令随妇人去验尸，尸体衣衫褴褛，没有头颅。县令说："你一人孤苦伶仃地怎么生活呢？只要一找到尸体的头颅，定案之后，你就可以再嫁了。"

第二天，与妇人同村的李三来报告说他找到了尸体的头颅。这时，县令忽然指着妇人和李三说："你们两个就是罪犯，还敢诬陷范大？"两人不服，待县令把证据摆出来之后，二人不得不承认勾结在一起谋害该妇人亲夫的事实。

请问：县令的证据是什么？

511. 不打自招

李某揪张某到县衙门，说他偷猪。张某说："偷猪人偷猪时总是将猪背在肩上，可是我瘦骨伶仃，手无缚鸡之力，如何偷得动那60多斤重的猪呢？"

知县认真打量了他一会儿，说："对，确实如此。我也听说你向来清白无辜。可怜你家境贫困，今赏你10千钱，回家好好做点小本生意吧！"

此言喜得张某感激不尽。当他弯腰把那堆铜钱套在肩上，背起就要走时，知县突然大喝一声，判了他的罪。

你知道这是什么道理吗？

512. 密室奇案

罗斯男爵是个地道的英国绅士，喜欢修炼瑜伽功。为此他买下了一座旧健身房，把它改造成为练功的场所。罗斯男爵性格内向，又非常虔诚，常把自己反锁在健身房里苦练瑜伽功。他在房里备了食物，往往一两个星期才出来一次。罗斯从印度带回四个印度人，雇用他们是为了与他们一同研究瑜伽术。这一天，四个印度人急急忙忙赶到男爵家，向男爵夫人报告："不好了！罗斯爵爷饿死了！"男爵夫人赶到练功房一看，只见男爵僵卧在一张床上，他准备的食物竟原封不动地放在那儿。两个星期之前，男爵把自己锁在这里，备的食物足以可以维持半个月，但他怎么会饿死呢？

警察赶来检查了健身房。这是一座坚固的石头房子，门非常结实，又确实是从里面锁上的，并没有被人打开过门锁的任何迹象。室内地面离屋顶有15米左右，在床的上方的屋顶上有一个四方形的天窗，但窗是用粗铁条拦住的，即使卸下玻璃窗，再瘦小的人也不可能从这里钻进去。也就是说，这座健身房是一间完全与世隔绝的密室。警察传讯了四个印度人，因为"首先发现犯罪现场的人"往往最值得怀疑。但四个印度人异口同声地说："爵爷为了能独自练功，下令不许任何人去打扰他。整整两个星期，我们都没到这儿来过一次。我们不放心，才相约来看望他，敲了半天门没有动静，从窗缝里往里看，才发现爵爷直挺挺地躺在床上……"警察检查了食物，没发现有任何毒物，因为是冬天，所以食物也没变质，房里也没发现任何凶器。于是，警察就想以罗斯绝食自杀来了结此案。但是，罗斯夫人对此表示不满，并亲自拜访了福尔摩斯，请他出场重新侦查此案。

福尔摩斯对现场进行了详尽的侦查，最后从蒙着薄薄一层灰尘的地板上发现：铁床四个床脚有挪位的迹象。于是他问："夫人，您的先生是不是患有高空恐惧症？"罗斯夫人回答："他一站到高处就头晕目眩，两腿发软，动也不敢动，这个毛病从小就有……""原来如此，那案子可以迎刃而解了。"福尔摩斯立即要求警方逮捕那四个印度人。在严厉审问之下，罪犯供认了谋害罗斯、企图夺取罗斯财产后逃回印度的罪行。

福尔摩斯的助手华生问福尔摩斯："你是凭什么做出这个判断的？"你知道答案吗？

513. 羊和自杀者同谋

西姆是英国农村的普通农民，是一个基督教教徒。当他45岁时，与他共同生活了20年的妻子不幸在河里淹死了。中年丧妻，使西姆在精神上受到了很大的打击。几天后，人们在西姆家的羊圈不远处发现了他的尸体。他的脑门上中了一枪，看上去，几乎没有挣扎就立刻倒地死了。警察赶到了现场，在羊圈里发现了射击西姆的小型手枪。羊圈离西姆倒下之处约15米。西姆是自杀还是他杀？警察推断说："根据现场的情况判断，西姆之死是他杀。因为被子弹击中脑部的西姆不可能像散步那样，从羊圈旁走到他倒下的地方。自杀者也不可能在死去的一瞬间把枪扔出15米远。"

布朗神父是一位著名的侦探，他对西姆之死持完全不同的看法。"各位，这只羊就是西姆自杀的同谋者！"布朗神父说，"西姆这家伙，以为这样就能骗过我，想让我为他祈祷，允许他与妻子葬在同一个墓地，没那么容易！不过，这说明西姆非常爱他的妻子，我还是同意让西姆与他的妻子葬在一起。对一个临死时还能运用智慧的人，上帝会欢迎他进入天国的。"你知道布朗神父为何这么认为吗？

514. 故布疑阵

S市最大的珠宝店于某日凌晨发现被盗。据当夜值班的阿B说，夜间他未听到任何动静，早晨起床后，他打开大门准备擦洗橱窗时，才发现橱窗玻璃被人割了一个大洞，里面放的一只贵重的钻石戒指被偷。

警方接到报案后，立即赶到现场调查。现场没有留下指纹，也没有任何其他痕迹，只是有的警察注意到玻璃是用很高级的玻璃刀割开的，破口处很整齐。

警方对这个案子感到十分棘手，不知道该怎么办好，恰好这时有人发现阿B卖掉了那只钻戒，于是立即将阿B逮捕。但是在阿B的家里并未发现玻璃刀之类的作案工具，而阿B也确实不是用玻璃刀作的案。阿B到底是用什么把玻璃割破的呢？

515. 谜一样的绑票犯

某董事长的孙子被人绑架了，犯人要求一千万元的赎金。犯人以电话指定如下："把钱用布包起来后，放进皮箱。今晚十一点，放在M公园的铜像旁的椅子下面。"

为了保住爱孙的性命，董事长就按照犯人的指示，把一千万元的钞票放进箱子里，拿到铜像的椅子下。

到了十一点左右，一位年轻的女性来了。她从椅子下拿了皮箱后就很快地离去了。完全不顾埋伏在四周的警察。那个女的向前走了一段路后，就拦下了一辆恰好路过的计程车。而埋伏在那里的警车立刻就开始跟踪。不久后，计程车就停在S车站前，那个女的手上提着皮箱从车上下来，警车上的两名刑警马上就跟着她。那个女的把皮箱寄放在出租保管箱里，就空着手上了月台。其中的一位刑警留下来看着皮箱，另一人则继续跟踪她。但是很不凑巧，就在那个女的跳进刚驶进月台的电车后，车门就关了，于是无法继续再跟踪。然而，那个问题皮箱还被锁在保管箱里，她的共犯一定会来拿。刑警们这么想着，就更加严密地看守那个皮箱。

但是，过了好久之后，都不见有人来拿，于是警方便觉得不太对劲，便叫负责的人把保管箱打开。他们拿出箱子一看，里面的一千万元已经不翼而飞了。

你知道钱怎么不见了吗？犯人又是谁呢？

516. 露了马脚的伯克

"我很担心我舅舅汉森，"伯克的声音在电话里听起来很是着急，"今晚我们约好一同吃晚饭，但他没来。你是否介意半小时后到他的住处和我见面？"

摩斯同意了。当伯克坐出租车到达汉森的住处时，摩斯已候在门厅了。

"我舅舅认为最近这几天来他被人盯上了。"伯克说道，"他在他的密室里有一大笔现金，是藏在墙壁里的保险柜中的。不幸的是，他对此事并未完全守口如瓶。"

"你今晚有没有试着给他打电话？"摩斯问道。

"他吃晚饭时还没来，我就给他家打了个电话，但没人接。"

他们两人乘电梯到了十四层楼上，直奔汉森的房间。门没锁，只有门口厅室里的一盏灯亮着。

摩斯建议说："最好看一下密室。"

伯克点了点头并在前面领路。他在黑洞洞的密室门口停了一下，说："那一角有个落地灯。"便走进了黑幽幽的屋子。一会儿，落地灯打开了，房间里顿时明亮如昼，放在书桌后面的保险柜门打开着。伯克站在前面的墙角，一手还放在落地灯上，脸上露出惊慌恐惧的表情，只见他的舅舅卧在地板上，未被挪动过。

伯克跨过他舅舅的身体回到门口："他……他死了？"

摩斯跪到汉森身边，说道："不，他脑袋上遭了狠狠一击，但不致命。你真是幸运！你布下迷魂阵企图让我误入歧途。然而在最后一刻，你还是证明了你自己正是罪犯！"

伯克在哪儿露了马脚？

517. 失踪的新郎

杰克和安娜在海港的教会举行了结婚仪式，然后顺路去码头，准备启程去度蜜月。这是闪电般的结婚，所以仪式上只有神父一个人在场，连旅行护照也是安娜的旧姓，将就着用了。

码头上停泊着一艘国际观光客轮，马上就要起航了。两人一起上了舷梯，两名身穿制服的二等水手正等在那里，微笑着接待了安娜。丈夫杰克似乎乘过几次这艘观光船，对船内的情况相当熟。他分开混杂的乘客，领着安娜来到一间写着"B13号"的客舱，两人终于安顿下来。

安娜将随身携带的2万美元交给丈夫，请他送到事务长那里保存，可是，左等右等也不见丈夫回来。汽笛响了，船已驶出码头，安娜到甲板上寻找丈夫，可怎么也找不到。她想也许是走岔了，就又返了回来，却在船内迷了路，怎么也找不到B13号客舱。她不知所措，只好向路过的侍者打听。

"B13号室？没有那种不吉利号码的客舱呀。"侍者脸上显出诧异的神色答道。"可我丈夫的确预定的B13号客舱啊。我们刚刚把行李放在了那间客舱。"安娜说。她请侍者帮她查一下乘客登记簿，但房间预约手续是用安娜旧姓办的，是"B16号"，而且，不知什么时候，已把她一个人的行李搬到了那间客舱。登记簿上并没有杰克的名字。事务长也说没记得有人寄存过2万美金。

"我的丈夫到底跑到哪儿去了……"安娜简直莫明其妙。她找到了上船时在舷梯上笑脸迎接过她的船员，安娜想大概他们会记得自己丈夫的事，就向他们询问，但船员的回答使安娜更绝望。"您是快开船时最后上船的乘客，所以我们印象很深，当时没别的乘客。我发誓只有您一个乘客。"船员回答说，看上去不像是在说谎。

安娜一直等到晚上，也没见丈夫的踪影。一夜没合眼的安娜，第二天早晨被一个什么人用电话叫到甲板上，差一点被推到海里去。

那么，她丈夫杰克到底是怎么失踪的呢？正在这艘船上度假的警长很快查清了此事的来龙去脉。你知道是怎么回事吗？

518. 电梯里的飞剑

柯南去宾馆拜访被截去双肢的画家杰伦，杰伦的秘书出来迎接。"画家就在4楼。"秘书说着，就按了一下在专用电梯旁边的有线电话："柯南先生来了。要不要带他们到画室？""不，我这就下来。"杰伦先生坐上手摇车进了电梯。不一会儿，电梯就直接下到一楼。

电梯的自动门一开，秘书就发出了惊讶的叫声。狭窄的电梯里，画家杰伦先生坐在手摇车上浑身疼挛。原来，一根锐利的短剑直刺在杰伦的颈脖上，剑柄上还拴着一根粗粗的橡皮筋。秘书将车从电梯里推出来，摸了摸杰伦先生的脉搏，说："看来他不行了！这真是怪事，4楼画室里，除了先生自己外，一个人都没有……""这屋里另外还有楼梯吗？""有个紧急时用的螺旋楼梯，平时是不用的。""那我们分别从电梯和那个楼梯到上面去看看！"柯南乘上刚才杰伦先生遇难的那部电梯。而秘书和宾馆人员则上了螺旋楼梯。柯南很快到了4楼画室，没见到任何人。不多一会儿，秘书和宾馆人员也上来了。

"杀人犯也许是藏在电梯上下的竖坑里，我去那里看看。请您向警察局报案。"秘书摘下螺旋楼梯的天花板，进入了顶楼。宾馆人员报告了警察，随即也跟在秘书后面钻进了顶楼。可是，他一个人马上又下来了，浑身沾满了灰尘，而秘书却不知去向了。"杀人犯会逃到哪里去呢？"柯南很奇怪。画家的窗子都装有铁条，凶手不可能跳下去逃跑。杰伦先生肯定在乘电梯下降到一楼时被杀。电梯没有在中途停过，杀人犯又不可能逃脱三个人的眼睛而溜走。

柯南忽然想起刚才所乘的电梯天花板上有个通风孔，心里不由一动：杀人犯会不会是他……你认为会是谁呢？

519. 死神从背后来

富翁被杀死在他正在动工装修的别墅里。X侦探和警长正站在死亡现场。这是别墅的二楼富翁的房间里，楼下是他侄儿的房间。富翁的尸体就仰躺在床上，背部有个伤口，警察在里边找到一颗来复枪的子弹。伤口周围的皮肤有裂痕和灼伤的痕迹，看来应该是近距离的枪伤造成的。床上有一个枪洞，一直通向楼下。

X侦探来到一楼富翁侄儿的房间，天花板上也有一个洞，洞口同样有烧灼的痕迹，估计凶手是贴着天花板开的枪。洞口也正对着死者侄儿的床。但是凶手如何可以确定死者在床上的位置呢？而且死者的侄儿说他昨天晚上（估计的案发时间）喝醉了在朋友家睡的，一夜未归，有朋友可以做证。警长叫来了别墅的管家，他证明死者的侄儿确实出去了，也没看见他回来过。死者的家仆证明说别墅的所有钥匙只有管家和富翁本人有，别人没有钥匙是进不了门的。

X侦探沉思着又回到案发现场，死者的尸体已经被送去尸检。这时他突然发现死者睡的地方竟然留下一个跟尸体轮廓相同的印记！印记里的床单明显变黑了！他猛然回头看看外边，窗外就是工地，富翁正在装修的院子。X侦探的眼睛从许多大型机器上一一扫过，嘴角也露出了笑容。证据和凶手都找到了！你知道凶手是谁吗？

520. 熟悉的声音

摩斯侦探社来了个陌生客。他是个戴黑边眼镜、蓄着胡子、年约五十岁的中年绅士。他请人保护自己，说有人要暗杀他。

他已结婚20年，夫妻恩爱，但有个秘密就是他在外面和一个二十出头的年轻小姐彼此交往甚密。而该女子也有一个法国男友，最近，她的男友得知自己的女朋友与中年人的密切关系后，非常妒忌，除派人跟踪他们外，更扬言要杀死那中年人。

最近，绅士的太太正出外旅行。绅士昨晚加班回家，开启家门时，只见屋内一片凌乱，心知不妙，特来请求摩斯帮忙。摩斯无奈，只得答应，并叫他明早再来，互相研究对策。

翌晨，摩斯一来到办公室，就被桌上报纸的头条新闻所吸引——昨天一个中年绅士惨遭暗杀。摩斯细看照片，原来是昨天所见的男子，于是他急忙赶赴现场。尸体安放在床上，脸被毁容，无法辨认。警方凭死者的指纹，结合现场环境，推测疑凶可能是撬开窗户，潜入屋内，把熟睡中的户主杀害。在书桌上，还发现有一张法文报纸。

摩斯于是把昨天陌生人到访他的事向警方做了陈述。警方于是登报通缉女子情夫法国男友。

不久，被害人妻子旅游回来，她知悉丈夫遇害，非常伤心。对丈夫有外遇一事，更感奇怪，因为20年来，丈夫都是个顾家、爱护妻儿的好好先生。

此宗奇案一直没有破案的头绪。一天，当摩斯和斯达在餐厅吃饭，交谈破案资料时，突然听到邻桌有一个熟悉的声音，循声音看去，发现绅士妻子正与一陌生人谈话。这时，他恍然大悟，知道是怎么一回事了。

你知道吗？

521. 两名嫌疑犯

探长普尔曼和他的老朋友吉姆推开了Q国大使的秘书罗丝的房间，屋内一片漆黑，打开电灯，发现罗丝倒在客厅，死了。她身上穿着牛仔裤和短袖的毛衣。奇怪的是，她的毛衣却往上拉到胸口，露出了肚脐，毛衣里面什么也没有穿，只戴着一串十字架项链，而且嘴里含着十字架。

"凶手可能是从对面的旅馆开枪的。"吉姆指着客厅里敞开的窗户说道。正对面有一幢高层楼房的旅馆，大约相距一百米。"为什么她口里含着十字架，又将毛衣拉到胸部？"普尔曼疑惑地说。"可能是她正要脱毛衣的时候被枪射中的。""咦？这里有弹痕。"阳台窗户的墙上有一个弹痕。"吉姆，你和她差不多高吧？现在我要量量弹道的角度，请你站在她倒下的地方好吗？"普尔曼抓着卷尺，量了量弹道："如果是这样的角度，应该是从对面的九楼射来的子弹。""你到对面的旅馆看看，我在这里检查，这里有两张嫌疑犯的照片给你。"吉姆从包里拿出了照片。

来到这家旅馆，普尔曼拿出警察证件给公寓的前台人员看："照片上的两个人是不是住在九楼？""一个住在909房间，另一个住在509房间。"前台人员说。在侍者的带领下，普尔曼走进909房间，打开窗，正对面稍稍向下的角度可以清楚地看见罗丝的客厅。他又乘电梯到了509房间。他用望远镜从窗子看出去，罗丝的客厅同样一览无遗。普尔曼打电话给吉姆，他把自己看到的情况告诉了吉姆。

"这样看来凶手应该是九楼的人了，就像我们方才测得的，子弹是从上往下射来的。"吉姆说。"可是九楼没有任何射击的痕迹啊，让我想想……等一下，我知道谁是凶手了，我过来详细告诉你。"普尔曼挂上了电话。

你知道凶手是谁吗？

522. 泥巴断案

　　蒙古一个穷苦潦倒的人，他在深山里找到了一块绝妙的宝石。回家的路上，遇到一个喇嘛，穷人给他讲述了什么样的幸福降临到了自己身上。喇嘛说："这是佛、佛像帮助你找到宝石的，你把宝石交给我，我将它带给你的双亲。你到庙里去，念一个月的经文感谢佛像，感谢给你带来了幸福。一个月之内你不要回家。"穷人听从了喇嘛的话，到庙里去朝拜各尊神像和念经文。一个月以后，他回家了，周围一切如故，喇嘛没有将宝石转交给他的父母。

　　穷牧民找了很长时间，终于在一个寺院里找到了那个喇嘛，于是他向喇嘛请求要回自己的宝石。但是喇嘛死不承认。穷牧民就告到可汗那里，但因为他没有证人，可汗不能把案子断明。一个游牧民法官听了穷牧民的哭诉后，说："如果这样的争论也不能判断，那算什么可汗！"可汗说："如果你证实不了是喇嘛骗了这块宝石，我就命令将你拴在我的一匹烈性公马的尾巴上。"喇嘛听到这话，笑道："游牧民法官，你要与你的生命告别了！你可不能再嘲笑富人和喇嘛了吧！"游牧民法官对喇嘛说道："请你证实一下，你自己找到了宝石。""我证实！"喇嘛回答说，"我有证明人，证明人有三个。""很好！"法官说，"将你的三个证明人都带上来。"喇嘛马上带来了三个证明人。

　　游牧民法官将证明人安排在不同方向，让他们互相之间背对背，而他自己到河边去，在那里取了五块一样大小的泥巴，然后回来。法官给每个证人一块泥巴，第四块泥给喇嘛，第五块给了穷牧民。就是这些普通的泥巴，证明了宝石是喇嘛从牧民手里骗来的。那么你知道游牧民法官是怎么做到的吗？

523. 真正的行凶时间

　　一天下午小军在郊外散步，忽然看见一幢别墅燃烧起来，便不顾危险闯入火场，看见一个女人头部受伤。直挺挺地躺在地上，在死者旁边放着一根高尔夫球杆。零乱的现场加速了火势的蔓延，这时小军发现地上有一个巨大的吊钟，好像是行凶者在挥击高尔夫球杆时无意碰到而坠落下来的，吊钟上的时针因为受不了振荡的缘故停了。小军判断钟停的时间也许是凶手行凶的时间，因为火势太猛，他只能用相机拍下了现场的照片，就匆匆逃了出去。

　　后来，小军把照片洗出来交给警方作为破案的线索。大概是他在慌乱中乱按快门的关系，所时钟所示的时刻只照了一部分。

照片上的时钟，长针与短针的正确差距是两刻度，如果，这个时间正是凶手行凶的时间，那究竟是几点几分呢？

524. 假意露手枪

戚君在昆明圆满地完成了一笔业务的洽谈任务。朋友送给他两件礼品：一只密码箱和一只手枪形的打火机。飞机票和卧铺票都买不到，为了赶时间，他就只好坐硬席火车回来。那只密码箱放在货架上，和众多的旅行袋、提包放在一起，非常引人注目，确实增添了他这个苏南乡镇企业供销员的风度和气派。但也给他带来不少麻烦——几乎每上来一个旅客都要对它侧目而视。他不得不时时警惕，刻刻戒备。车过山区，上来了几个山民打扮的彪形大汉，他们向货架上扫视了一下，很快就发现了那只密码箱，就相约着挤了过来，明明前面有几个空位，他们偏偏不坐，却围站在戚君的座位四周。看来他们要来偷甚至抢这只密码箱。

戚君经常出差，知道这一段铁路治安状况很差，甚至听说最近出现了路匪。他想把这只密码箱从货架上取下来抱在胸前，以防不测。但又想，这样做反而露了形迹，会弄巧成拙的。他们乡里有个采购员"老于世故"，乘车时将1万元现款装在蛇皮袋里坐在屁股下面，但照样被盗匪劫走。此刻他又想去找乘警帮忙，但夜间行车，乘警不知到哪里去了。怎么办呢？这时，他想起了朋友送他的礼品，灵机一动，做了一个细微动作，被几个彪形大汉发现了。奇迹出现了，几个彪形大汉彼此交换了几句耳语，在火车到达一个小站时，依次下车了。

戚君究竟做了一个什么样的细微动作呢？

525. 愚蠢的徒弟

一个小伙子来到一个著名杀手的家，要拜杀手为师。杀手说："好吧，今晚就让你试试身手。你知道电视播音员段民吗？你把那个家伙干掉，还要看起来是事故死亡。"杀手把段民的照片递给他。"他的住所写在照片背后，今晚应该是在家的。""没问题。能把枪借我用用吗？""事故死亡是用不着枪的。""只是用来吓唬人的。""那好吧。"小伙子接过手枪兴致勃勃地走了。

几小时后，小伙子若无其事地回来了。"没出什么纰漏吧？""没问题，滴水不漏。"小伙子满不在乎地答道。可是，一看翌日的报纸，杀手的肺都要气炸了。段民的死亡报道是出来了，可警察已断定为他杀而开始立案侦查了。正在这时，小伙子来了。

"浑蛋！你看看这篇报道，你究竟出了什么纰漏？""没有什么漏洞呀。一到公寓，正好那个人醉醺醺地回来了，我就用手枪柄照他头部给了一下，他当场就昏过去了。然后我把他放到车上，从港口的悬崖上连车推到海里。因为那个地方被作作死亡崖，汽车翻落事故多着呢！""用的是谁的车？""是偷的车。要是喝得酩酊大醉，偷了车兜风时，从那个悬崖上翻下去，是没人会怀疑的，也没有目击者。""是让他坐在驾驶席上吗？""那是当然的喽，这点粗浅的常识我还是懂的。而且我还有一手，击头时也不会伤着他。总之，死因毫无疑问是溺死。"

要是光听小伙子的话，似乎听不出哪儿有破绽。可是，杀手大怒，赶走了小伙子。

你知道小伙子出了什么错吗？警方知道吗？

526. 霸王自刎的秘密

楚霸王项羽被刘邦打得大败，这天独自逃到了乌江边。突然，他发现岸边的一块大石碑上写着"霸王乌江自刎"六个大字。他走上前一看，原来这六个字是由无数蚂蚁组成的。项羽大惊：蚂蚁组字，这不是老天要我死吗？天意难违啊！绝望之下，真的拔剑自刎了。其实，项羽上当了。你能想到其中的秘密吗？

527. 分辨圆木根梢

唐太宗对前来求婚的使臣们出了一道试题。他叫人取来100根粗细相同的圆木，说："这些圆木的两端都一样粗，你们谁能分辨出哪一头是根，哪一头是梢吗？谁能回答出我的问题，他的国王才有机会迎娶我的女儿。"

众使臣对圆木看了又看，摸了又摸，还是分不出根梢来。来自吐蕃国的噶尔东赞想了一会儿，便找到了分辨根梢的办法。你能想到他的办法吗？

528. 包公妙点鸳鸯谱

传说，包拯在定远县当县令时，王员外的小姐自幼许配给李员外的儿子李侃。后来李员外家道中落，王员外嫌贫爱富，赖婚后，将王小姐许配给翟秀才。王小姐与李侃从小青梅竹马，情深谊厚，死活不肯。在翟秀才去娶亲当天，李侃告王员外赖婚。

包拯了解了真相后，叫李侃、王小姐和翟秀才一起上堂，包拯对翟秀才说："李侃是王小姐的前夫，有约在先。你还是成人之美为好。"翟秀才说："凭什么说我是抢人？是王小姐自愿的。"包公说："既然这样，那就让王小姐自认吧！"包公叫他们一竖排跪着：前头是翟秀才，中间是王小姐，末后是李侃。然后对王小姐说："如今本官决定，你是愿与前夫陪伴终身，还是愿与后夫白头偕老，让你自选。一旦认了，落文为凭。"

王小姐张嘴就想喊李侃，但老爷只准讲"前夫"或"后夫"。她向后面看看李侃，想说"后夫"，又怕翟秀才纠缠。一时无以作答，包公请她快说，王小姐一急，就脱口而出："老爷，小女子愿与前夫陪伴终身。"三人落了手印。翟秀才乐颠颠的，李侃愣住了，王小姐流下了眼泪。包公却哈哈大笑说："好！王小姐不嫌贫寒，既然愿与前夫伴侣终身，李侃，那你就带她回去成亲吧！退堂！"这时王小姐破涕为笑，李侃也化愁为喜，独有翟秀才无话可说。

你知道包公是怎么安排的吗？

529. 奇怪的侦探

一个冬天，一名侦探骑马赶路，途中遇上大雨，当他来到一家小客店时，浑身已经湿透，冷得直发抖。但客店里挤满了人，他无法靠近火炉。于是他对店主大声说道："老板，请拿点肉去喂喂我的马。"店主奇怪地问："马不吃肉呀？"侦探则说："你只管去喂就行了。"店主只得拿着肉出去喂马。你能猜出这个侦探为什么要这样做吗？

530. 刘伯温救工匠

朱元璋做了明朝的开国皇帝，便踌躇满志，大兴土木。一日，他巡视正在建造的金銮殿时，一时高兴，不禁自言自语："想当初，为僧我打家劫舍，没想到会有今天，哈哈……"忽然，工地传来声响，惊住了自己脱口而出的话头，他抬头一望，只见脚手架上，一个油漆工、一个雕刻匠正在做工。朱元璋自知失言，心想一旦传出去，有失帝王尊严，便命御林军将二人拿下，推出秘密处死。

御史中丞刘伯温得知此事，很想救下这两个无端招祸的工匠。但他知道，让皇帝收回成命不易，必须能为皇帝隐瞒，让皇帝放心他们。他急中生智，给两个被抓起来的工匠示意：指指耳朵又嘟嘟嘴。两个工匠把生的希望都寄托在刘伯温的身上了，眼睛直勾勾地望着他，他们对丞相的示意似乎也明白了几分。当御林军拖着他们出去砍头时，竟没喊一声冤枉，没求过一声情。当看到御林军举起的刀时，二人一面哇哇乱叫，一面胡乱比画，朱元璋见状，正在狐疑，刘伯温上前低声对他说了一番话，朱元璋便下令把两个工匠放了。

刘伯温说了什么样的话，把两位工匠救了呢？

531. 郑板桥怪法惩人

清朝时，潍县有个盐店商人捉到一个贩私盐的人，请知县郑板桥惩办。郑板桥见这人很苦，产生了同情心，就对盐商说："你让我惩办他，枷起来示众如何？"盐商很同意。于是郑板桥就叫衙役找来一张芦席，中间挖个圆洞当作枷（这样分量较轻，戴枷人不吃苦），又拿来十几张纸，用笔画了很多竹子和兰草，贴在这长一丈、宽八尺的"芦枷"上，让这人戴上坐在盐店门口。这人在盐店门口待了十多天后，盐商竟然恳求郑板桥把那人放了。你知道为什么吗？

532. 絮语诘盗

清朝时，山东莱州有个强盗，凶狠奸诈，罪行累累，被官府捉拿后常常翻供，审讯的官员拿他无法，不知如何定罪。新任太守张船三一到职，离任太守便向他移交此案。问清案情，张船三笑道："这类小事，在下三天便能结案。"

第二天早晨，张船三到衙门客厅，伸开两腿坐在炕上，茶几上放着一大盘金华火腿，台阶上放着一缸绍兴美酒。书童扇炉暖酒，书吏记录口供。张船三把强盗叫来，边喝酒边问："你是郯城人吗？"强盗回答说："是的。""你年龄多少了？""37岁了。""你住在城里还是乡下？""住在城里。""你有父母吗？""小人不幸，父母都死了。"在旁记的书吏感到好笑，不知新太守何故老是问些细碎小事，如此审讯哪能结案？

第二天，张船三依然问强盗说："你年龄多少了？"答道："39岁。""你住在乡下还是城里？""住在乡下。""有父母吗？""父亲早死了，只剩下母亲。"这时书吏更觉好笑，认为太守所问和昨天没有什么不同。看来这位新太守是个糊涂虫。

到了第三天，张船三传衙役准备刑具，听候结案。他照例来到客厅喝酒，又把强盗喊来问道："你年龄多少了？"答道："41岁。""你住城里还是乡下？""有时住城里有时住乡下。""你有父母吗？""小人全福，父母双在。"书吏在旁暗自摇头，心想太守所问就如老太婆谈家常，怎么能就此定案？

这时张船三连饮三杯，严肃地对强盗说："看案卷，你犯罪事实确凿，为何屡屡翻供？"强盗回答："小人实在冤枉，恳求大人怜悯详察。"张船三拍案斥责一番，强盗还想辩解，张船三命令衙役："狠狠用刑，打死勿论！"强盗这时吓得急忙求饶，情愿交代，发誓不敢再翻案，并在供词上签字画押，这件案子就此了结。那位书吏见状恍然大悟，对新太守张船三叹服不已。

你知道张船三是根据什么证据结案的吗？

533. 猎人临终出难题

达斡尔族有个单身的老猎人，曾这样想：在临死之前，我要把心爱的猎枪送给一个最聪明的人。有一天，老猎人病倒在床上。这时，从外面进来四个小伙子。老猎人就把心事告诉了他们，并决定考考他们。他说："有一头大牛，它的肚子能装进三个屯子。这一年，牛死了，忽然从南边飞来一只老鸹，叼起一只牛大腿，飞了一气，落到正在山坡上吃草的山羊的角上了。这时，在山羊前边坐着一个人，一睁眼睛山羊钻到眼睛里去了。你们说，到底什么大呢？"

甲说："牛大，因为它的肚子能装进三个屯子。"

乙说："老鸹大，因为它把能装三个屯子的牛大腿都叼走了。"

丙说："羊大，因为光羊角上就能落住叼牛大腿的老鸹。"

老猎人对这三个人的回答都不满意。最后一个回答问题的是位放马的青年，老猎人听完之后点了点头说："你才是最聪明的人。可惜他们三个人眼光太短啦，不配拿我的枪。"老猎人把枪送给了放马的青年。

你知道这位青年是怎么回答的吗？

534. 智答大汗

从前，维吾尔族有个人很有才学。一天，大汗把他叫去，说："现在我向你提四个问题，限你三天以内回答，假如答不出来，就要杀死你；如果回答出来了，我就封你做大臣。你注意听吧！第一，世界上什么东西变化最快？第二，世界上什么东西最辣？第三，世界上什么东西最甜？第四，世界上什么东西最硬？去吧！三天以内答复我这四个问题。"他左思右想，总想不出一个恰当的答案来。第二天，他就把他的知己朋友们叫来，商量这件事。朋友们听了他的话，有的说，世界上变化最快的要算风；有的说，最快的要算是枪膛里的子弹了，因为对最快的东西有"快得简直像子弹一样"的比喻。有的说，世界上最辣的东西是辣子；有的说，世界上最辣的东西要算是恶毒的诬蔑，因为曾经有人把坏人说的恶话比喻为"像毒药一样刺人"。有的说，最甜的东西要算是儿女；有的说，最甜的东西是冰糖，因为曾经有人比喻情人的嘴唇"像冰糖一样甜蜜"。有的说，世界上最硬的东西要算是铁；有的说，最硬的东西要算石头，因为曾经有人把狠心的人比为"心肠硬得像石头一样"……

这个人的女儿叫其满汗，她听了这些话，说："伯伯、叔叔们！我觉得，世界上变化最快的东西是人的心；最辣的东西是仇人，最甜的东西是同胞，最硬的东西是贫穷。"朋友们听了女孩的话，齐声说道："这就是最正确的答案，就这样回答大汗去吧！"

大汗听了感到非常惊奇，说："把你女儿给我叫来，叫不来我就要杀死你；她来了，进了我的房子或站在外面，我也要杀死你。"这个人感到很为难，认为自己的女儿其满汗凶多吉少了。但没想到其满汗却做到了大汗的要求，你知道她是怎么做到的吗？

535. 招侦探

某部招收一名侦探。考试的方法是：凡是参加报考的人都关在一间条件较好的房间里，每天有人按时送水送饭，门口有专人看守。谁先从房间里出去，谁就被录取。有人说头疼要去医院，守门人请来了医生；有的说母亲病重，要回去照顾，守门人用电话联系其母亲，结果她正在上班。其他人也提了不少理由，守门人就是不让他们出去。最后有个人对守门人说了一句话，守门人就放他出去了。这个人说的是什么？

536. 录音机里的证据

某著名职业棒球评论家的尸体在其秘宅的书房里被发现，他胸部中了两发手枪子弹而死亡。因其一人独居，所以尸体是早上佣人来时发现的。警长在现场了解到，邻近的人没有听到枪声。他问鉴定人员："死亡的时间知道吗？"鉴定人员回答："昨晚9点03分。"

正在鉴定人员答话时，挂在书房墙上的鸽子报时钟"咕咕咕"地响了，挂钟上的鸽子从小窗中探出头报了10点。

"没解剖尸体怎么知道得这么准确？"

"我们到这儿时，录音机正开着，录音键也按着。将磁带转到头一放，录的是昨天巨人队和神阪队决赛的比赛实况。"鉴定人员按下桌上录音机的放音键，里面传出了比赛实况的转播声。这是第八回合的下半场，巨人队进攻以3比2领先。因无出局的跑垒员一垒，下一个击球员就成了选手王。播音员和解说员都在以期待选手王倒转本打垒的兴奋语气广播着。当投球到一、二垒时，观众谴责故意投出的四次坏球的喊声四起。就是在这个时候，磁带中突然传出两声枪响，还听到有呻吟声。然而，实况转播丝毫没有受到这一不和谐的枪声的影响而仍旧在进行着。结果，选手王故意投出了四次坏球，为神阪队的投手所代替……"

警长一边看着手表一边听着。鉴定人员关上录音机说："是在选手王投四次坏球前传出的声音。刚打电话问过广播电台，得知选手王投四次坏球的时间是昨晚9点03分。电视的比赛转播是8点54分结束的，所以在那之后受害人马上换上了收音机，就是在边听边录实况转播时被枪杀的。"

"不，受害人不是在这个书房而是在别处被杀的。"警长肯定地说。"那怎么可能呢？" "凶手是在别处一边录收音机转播的实况一边枪杀受害人的，而且不光是将尸体，还将这台录音机也一块儿搬到这个书房里，伪装成是在这儿行凶的。" "可是，警长，这盘磁带我听了两遍了，你认为是这样的证据在磁带里并没有啊？" "那就请你再仔细听一遍，有一种声音录音中没有，所以书房决 不是杀人现场。"警长又打开录音机，放比赛实况播音给他听。

警长指的是哪种声音呢？

537. 暴露的罪行

从东南亚回国的龙建，从机场径直回到自己的寓所后，便躺到床上休息，这时女朋友雷春菊来了。

"怎么啦？那么没精打采的。" "去国外旅行累的。"

"是在国外又见异思迁了吧？" "别开玩笑，还是让你看看这个吧。"

龙建从口袋中拿出一盒奶糖。

"这每颗奶糖中，藏有一颗钻石。我把奶糖开了个洞，将钻石埋到里面，一共六颗。大概值6000万元。"

"在机场海关没被发现吗？"

"怎么能被发现呢， 一看是糖，连检查都不检查。" "可怎么将钻石取出来呢？" "放到嘴里，糖化了钻石不就出来了？还甜哩！"龙建得意扬扬。

雷春菊见此突然改变了主意，她在咖啡里掺了毒将他毒死，然后挟钻石逃走了。当然，没留下任何证据。

龙建的尸体翌日被发现。三天后，雷春菊也很快被逮捕。当时，她正在医院，诊断后正在等结果时，急救车赶来。将她护送到某场所后，刑警说："你因有毒杀龙建的嫌疑被批捕了。"

"有什么证据说我是凶手？" "这个，这个就是证据。"刑警将医生的病志递过去。她一看病志，吃惊得昏了过去。这是为什么？

538. 特异功能

流浪汉何林因为涉嫌杀害女童而被捕。何林有两次杀害女童的记录，这次受害人年仅八岁。

何林被捕后，矢口否认干下这丧尽天良的勾当。因为找不到证据，警方很是伤透脑筋。四十五分局的李警探却有一套让凶手不打自招的独特方法。

李警探把何林带到警署的天台上，以闲聊的方法套取口供。

"何林，这些日子，你晚上睡得好吗？有没有梦见被你杀害的女童？"

"请你别开玩笑了，我根本没做这些坏事，又怎会睡不好呢？"

两人沉默了一会儿，这时有个细微的声音说道："叔叔，你干什么呀！……不要……不要……"

何林本能地看看四周，但只有他和李警探二人。这种声音不断地围绕着他，令他莫明惊骇，但坐在对面的李警探又没有说话，怎么会是这样呢？

最后，他抵受不住良心的谴责，终于招供了。

女童的悲鸣惨号迫使何林认罪，那真是死去女童的声音吗？声音到底是怎样产生的？

539. 轮胎痕迹

警长来到侦探事务所，进门便问侦探："停车场那辆红色运动车是你的车吧？""是的。""要是这样的话，你得跟我去一趟警署。"侦探大吃一惊。原来昨晚10点左右，一个产业间谍潜入了科研所，因被警卫人员发现，于是就仓皇越墙乘上停在外面空地上的一辆红色运动车逃走了。

"你的意思是说那辆车是我的喽？""是的，空地上留有轮胎的痕迹。方才，让鉴定科的人勘查了你那辆车，结果与现场的轮胎痕迹完全一致。即使是相同产品的轮胎，磨损状况及损坏状况等也各有各的特征，所以，轮胎痕迹也同足迹一样，是决定性的证据。"听警长这么一说，侦探越发吃惊了。

"可是，警长，我有不在现场的证明。昨晚9点左右，到A公寓去拜访乔治先生，聊了两个半小时，11点20分左右才出乔治先生家的门。这段时间内我的车就停在A公寓的停车场上，锁得好好的啊。"

"这么说罪犯是用配的钥匙偷了你的车吧？从A公寓到科研所有一个小时的路程，跑一个来回有富余。"

"不可能。我有个习惯，放车时总要看一下里程表，昨晚看时，里程表的数字丝毫未动。这就是说我在乔治先生家这段时间里，我的车没离开过停车场一步。"

"嗯……真奇怪啊？那么现场怎么会留下你的车胎痕迹呢？"警长百思不得其解。然而侦探却看穿了罪犯的把戏。你知道是什么把戏吗？

540. 烧烤谋杀案

这件谋杀案发生在烧烤的旅行中，案中的凶器，深信是难以猜测的。

这年的仲夏夜，某公司举行烧烤旅行，借此联络员工之间的感情。整晚烧烤，各人疲态毕露，只有庄静仍在努力地继续烧烤，似未有疲态。此时，同事袁卫兵兴高采烈地携着一只肥兔来，对庄静说："给你一份厚礼，是我在山上捉到的，味道蛮不错的呀！"

庄静是个不折不扣的美食专家，特别对肉类最为喜爱。一看到眼前这只肥大的白兔，自然兴奋得立即用尖树枝穿着，烧熟吃了。其他同事见到，认为他太残忍，都不敢吃，只有庄静，大口大口地嚼起来。

吃毕，返家休息。途中，庄静竟然在旅游大巴上暴毙了。警方的验尸报告证实，死者是中毒而死的。

现在，请你们思考谁是凶手，庄静怎会中毒毙命呢？

541. 智斗劣绅

有个劣绅专门欺压良民，老百姓对他又恨又怕，陆本松想拿点厉害给他尝尝。一天，陆本松背着包袱，扛着书箱，作书童模样打扮来到贯洞大寨。傍晚时，他找到劣绅家请求借宿。劣绅见是一个五官端正、相貌堂堂的书生，就连忙叫他进屋，热情款待。睡觉时，陆本松说："我们读书人最爱干净，要盖新被才睡得着。钱多少照付，请你放心。"劣绅就把新被子交给他。睡到半夜，陆本松拆开被面，用火烧了棉絮一个洞，又把被面缝好。第二天，天刚亮，陆本松不告而别，连那条新被子也背走了。劣绅追上他，争执到县官那里。没想到一番理论后，县官居然把被子判给了陆本松，你知道为什么吗？

542. 消失的脚印

清晨，因病在海滨旅游别墅避暑度假的老侦探崔凯来到海边沙滩上散步。海水碧蓝，空气澄澈，崔凯感到赏心悦目。当他走到被礁石阻隔开的另一片海滨沙滩时，发现沙滩上仰面躺着一个体态婀娜的姑娘，黄白相间的游泳衣上缀着一大朵红色的花朵图案，美妙极了。这位姑娘真是雅兴极好，大清早就晒日光浴，崔凯心想。可是，当崔凯稍稍走近，注视那朵红花图案时，他发现那朵红花图案边缘似乎不规则。崔凯怀着不祥的预感近旁一看，那朵红花图案竟然是一摊血迹！

当地刑警勘查现场时，崔凯因为不方便就回避了。可是，几天后崔凯被当地警方召去，受到了非常仔细的盘问。崔凯的职业经验告诉他，自己成了嫌疑对象。经过几番盘问，当地刑警实在无法找到崔凯作案的嫌疑，无论动机、条件、时间。当崔凯好奇地问为什么怀疑自己时，对方告知因为沙滩上除了姑娘的脚印外，只有崔凯的脚印。于是，崔凯又问了姑娘死亡的实际时间，然后为当地刑警解开了行凶者脚印消失的谜团。当地刑警不由得对崔凯佩服至极，并很快侦破了此案。崔凯解出的谜底是什么呢？

543. 刀下救夫

一天，谷财主让韩老大带少爷去串亲戚。少爷骑着一匹马在前面走，韩老大在后面跟着。翻山时，突然从山路旁边的草丛里窜出一只兔子，少爷骑的马被吓惊了，连少爷一块滚下山崖摔死了。韩老大急忙跑回村，财主一听，把他拉到了县衙门，说他故意害死少爷。县官得了财主的厚礼，就给韩老大定了死罪。那时，给犯人判死刑有几刀之罪，如一刀之罪，就是把犯人的脑袋砍下来；两刀之罪，就是砍下脑袋后，在腰上再砍一刀；最多的是七刀之罪，就是把犯人大卸八块。县官判处韩老大一刀之罪，下了死牢。

韩老大的妻子找到县官，说有一事相求。县官见其妻美貌非凡，便嬉皮笑脸地说："快快讲来吧！"其妻哭道："大老爷，丈夫死后，我决不再嫁人了，可是我们家离这儿有百八十里地，家里又穷得什么也没有。难把我丈夫的尸骨取回去，这样，我死后我的尸骨就不能入韩家坟地正穴。所以求大人把我丈夫的辫子割下来给我，我死后，就可以同那条辫子一起埋入韩家祖坟正穴了。望大老爷开恩！"县官望着她那楚楚动人的脸蛋儿，心生邪念，说："好吧，我答应你，不过事后你也要答应我。"其妻说："多谢大老爷，事后，一切由大老爷做主！"

一会儿，其妻从县官手里接过韩老大的辫子，然后对县官说了一番话，县官听罢傻眼了，只好把韩老大放了。你知道其妻说了哪些话，居然发挥了这么神奇的功效？

544. 五龄童机智脱险

某官宦人家有个五龄儿童，聪颖过人，玲珑活泼，人见人爱。元宵佳节，老家人背着五龄童上街观灯。出门之前，母亲感到不放心，在五龄童的帽子上插了一枚避邪的金针。今年的灯会特别热闹，街上红男绿女，熙熙攘攘，个个兴高采烈，人人流连忘返。老家人正出神观灯，突觉肩上一轻，五龄童已不在背上，忙四处查看，哪里还有小主人的踪影！

再说那五龄童也在出神看灯，正在人群拥挤当口，忽觉身子一掀，两手脱离了老人家的肩膀，待等再抓住老人家肩膀时，眼前的灯队又变了花样，他便目不转睛地观看灯队的表演。但稍过片刻，五龄童就觉得情况有异，背他之人不往人多处挤，反而向人少处跑。再细一辨认，那人衣着、身影都不似家中老仆，他顿觉自己被骗子拐跑了。背他之人确实是个骗子，外号"雕儿手"，生得精悍，出手灵巧。他见五龄童穿着华丽，特别是一顶帽子镶嵌着一颗硕大的"猫儿眼"宝石，就使出绝技，将小儿移至自己背上，准备背到僻静处再取他的衣帽，故远离灯市，专拣小路僻巷行走。

五龄童年纪虽小，却颇有心计，他默不出声，佯装不知受骗，想着脱身之计，他先想到帽子值钱，故将帽子取下，藏在袍袖之中。"雕儿手"是个骗子行家，虽然后脑并不长眼，但已发觉了五龄童的举动，心里不免暗暗得意：毕竟是小孩子家，你人尚且在我手里，将帽子藏起又有何用，也默不作声，继续向偏僻处快跑。脚步交错，摇摇晃晃，他觉得背上的孩子竟伏在他肩上睡着了，他更觉得意。这下省事了，即使在路上遇到人也不会碍事。当他转入一条小巷，劈面过来一乘轿子，"雕儿手"便向路边稍候，让那轿子过去。正当轿子擦肩而过时，五龄童突然向轿内大声喊道："叔叔快来救我！"这一喊声，吓得"雕儿手"连忙将他扔下，折回原路，混入看灯回家的人群之中。

原来，五龄童刚才是假装睡着，以麻痹骗子，轿中之人也不是他的"叔叔"和熟人，却是一个突发急病要去求诊的老妇人，那病妇问明了情况，将五龄童交给了巡街的官员。那巡街的官员却是认识五龄童的，知道他是某高官的爱子，虽然没有被骗子拐走，毕竟受了惊吓，自己身为巡街官员，职责攸关，便想抓到骗子，将功赎罪，也好向上司作个交代。他问五龄童："那骗子长得如何相貌？"五龄童眼珠一转，回答道："我驮在他的背上，怎能看得见骗子的面容？"巡街官员自觉问得可笑，正不知如何抓贼时，五龄童又笑着说："不过我已在那骗子身上留下了记号……"巡街官员便封锁路口，按照五龄童留下的记号寻找骗子，不多久就在人群中找到了"雕手儿"。

且说，那老家人因遍找不到小主人，已回家报讯。全家一片慌乱之际，五龄童却笑嘻嘻地回家来，合家上下转忧为喜，齐夸他聪敏乖巧。你知道五龄童在"雕手儿"身上留下了什么记号吗？

545. 致命晚餐

罗梅是餐厅的老板，她深爱着付洪，但想不到付洪是一个爱情骗子，只是在玩弄她，不久便见异思迁追求另一名女子了。

罗梅决心向付洪报复，她假借谈论分手的事情，邀请付洪到她的餐厅吃晚饭。付洪不疑有诈，欣然赴约。晚饭时，由于天气太热，付洪觉得饭菜又相当咸，所以感到十分口渴，向女侍应要了一杯冰水，他喝光后，还多要一杯冰水。但当第二杯冰水送来时，付洪突然倒毙在座椅上。

经警方检验后，断定付洪是中毒而死的，但检验他所进食的饭菜却没有毒药成分。付洪是怎样被毒死的呢？

546. 警长判案

警官史特勒手持一份案件的卷宗走进了警长格奥格的办公室，将其恭恭敬敬地放在上司的桌上。

"警长，4月14日夜12时，位于塔丽雅剧院附近的一家超级商厦被窃去大量贵重物品，罪犯携赃驾车离去。现已捕获了a、b、c三名嫌疑犯在案，请指示！"

格奥格警长慈祥地看了得力助手一眼，翻开了案卷，只见史特勒在一张纸上写着：

事实1：除a、b、c三人外，已确证本案与其他任何人都没有牵连；

事实2：嫌疑犯c假如没有嫌疑犯a作帮凶，就不能到那家超级商厦作案盗窃；

事实3：b不会驾车。

请证实a是否犯了盗窃罪。

格奥格警长看后哈哈大笑，把史特勒笑得莫名其妙。然后，格奥格三言两语就把助手的疑问给解决了。

请问，警长是怎样判案的呢？

547. 杰克有罪吗

有一家大百货商店被人盗窃了一批财物。警察局经过侦查，拘捕了三个重大的嫌疑犯：杰克、汤姆与鲁森。后来，又经过审问，查明了以下的事实：

（1）罪犯带着赃物是坐车逃掉的；

（2）不伙同杰克，鲁森决不会作案；

（3）汤姆不会开汽车；

（4）罪犯就是这三个人中的一个或一伙。

请你概括分析一下，在这个案子里，杰克有罪吗？

548. 谁是抢劫犯

一天深夜，伦敦的一幢公寓连续发生3起刑事案件。一起是谋杀案，住在4楼的一名下院议员被人用手枪打死；一起是盗窃案，住在二楼的一名名画收藏家珍藏的6幅16世纪的油画被盗了；一起是抢劫案，住在底楼的一名漂亮的芭蕾舞演员的珠宝被暴徒抢劫。

报警之后，苏格兰场(即伦敦警察总部)立即派出大批刑警赶到作案现场。根据罪犯在现场留下的指纹、足迹和搏斗的痕迹，警方断定这3起案件是由3名罪犯分头单独作案的(后来证实这一判断是正确的)。

经过几个月的侦查，终于搜集到大量的确凿证据，逮捕了A、B、C3名罪犯。在审讯中，3名罪犯的口供如下：

A供称：

1.C是杀人犯，他杀掉下院议员纯粹是为了报过去的私仇。

2.我既然被捕了，我当然要编造口供，所以我并不是一个十分老实的人。

3.B是抢劫犯，因为B对漂亮女人的珠宝有占有欲。

B供称：

1.A是著名的大盗，我坚信那天晚上盗窃油画的就是他。

2.A从来不说真话。

3.C是抢劫犯。

C供称：

1.盗窃案不是B所为。

2.A是杀人犯。

3.总之我交代，那天晚上，我确实在这个公寓里作过案。

3名罪犯中，有一个的供词全部是真话，有一个最不老实，他说的全部是假话，另一个人的供词中，既有真话也有假话。

A、B、C分别作了哪一个案子？看完口供后刑警亨利已经做出了判断。

549. 谁偷了东西

甲、乙、丙三人有一人偷了东西，亨特警长问是谁干的。

甲说："乙干的。"

乙说："不是我干的。"

丙说："也不是我干的。"

如果知道三人中有两人说的是假话，有一人说真话，能判断是谁偷了东西吗？

分析：结论有三种可能，全部列出，进行判断。

550. 审讯嫌疑犯

5月12日，N市的一家银行被盗了。警察抓到了四名嫌疑犯，对他们进行了审讯。

每个人都只讲了四句话，并且都有一句是假话。现照笔录记述如下：

甲："我从来就没有到过N市。我没有犯盗窃罪。我对犯罪过程一无所知。5月12日我和瑞利一起在P市度过。"

乙："我是清白无辜的。我在5月12日那天与瑞利闹翻了。我从来也没有见过甲。甲是无罪的。"

丙："乙是罪犯。瑞利和甲从来也没有到过P市。我是清白的。是甲帮助乙盗窃了银行。"

丁："我没有盗窃银行。5月12日我和甲在P市。我以前从未见过丙。丙说甲帮助乙干的是谎言！"

请你概括、分析一下四名嫌疑犯的上述供词，指出谁是盗窃犯。

551. 谁是罪犯

有一天，意大利某城市的珠宝店被盗走了价值数百万元的钻石。报案后，经过三个月的侦查，查明作案人肯定是甲、乙、丙、丁中的一人。经审讯，这四人的口供如下：

甲：钻石被盗的那天，我在其他的城市，所以我不是罪犯；

乙：丁是罪犯；

丙：乙是盗窃犯，三天前，我看见他在黑市上卖一块钻石；

丁：乙同我有仇，有意诬陷我。

因为口供不一致，无法判定谁是罪犯。

经过测谎试验知道，这四人中只有一人说的是真话。如果概括一下上述已知条件，你知道谁是罪犯吗？

552. 谁是哥哥

有两位囚犯是兄弟，哥哥上午说实话，下午说谎话，而弟弟正好相反，上午说谎话，一到下午就说实话。有一个警察问这兄弟二人：你们谁是哥哥？

较胖的说：我是哥哥。

较瘦的也说：我是哥哥。

那个人又问：现在几点了？

较胖的说：快到中午了。

较瘦的也说：已经过中午了。

请问：现在是上午还是下午？谁是哥哥？

553. 猜牌辨兄弟

大头和小头弟兄俩站在他家院子里的一棵树下咧开嘴笑着。侦探见到他俩说："要不是你们的衣领不同，恐怕我分不清哪个是哥哥，哪个是弟弟呢。"

兄弟中的一个答道："你应当运用逻辑推理的方法。"这时他从口袋里掏出一张扑克牌向侦探扬了扬，那是一张方块皇后。他说道："你看，这是一张红牌。红牌表明持牌的人是讲真话的，而黑牌表明持牌的人是说假话的。现在我兄弟的口袋里也有一张牌，不是黑的就是红。他马上要说话了，如果他的牌是红的，他将要说真话；要是他的牌是黑的，他就要说假话。你的事儿就是判断一下他是小头弟弟还是大头哥哥？"

这时候，兄弟中的另一个开腔了："我是哥哥大头，我有一张黑牌。"

请问，他是谁？

554. 查出真相

警方发现熊本被杀害了，并很快查明了凶手是铁君、秀君、政君和龙君四人中的某一个人（无合谋者）。但是凶手究竟是谁，熊本是在什么时候被杀害的，尸体怎样被处理的……都还不清楚。于是警方对这四个嫌疑人进行了传讯。传讯结果如下：

铁君说："熊本在昨晚10点被杀害，作案人是秀君，作案地点是在河堤上，凶器是手枪，熊本的尸体被扔到了河里。"

秀君说："熊本在昨晚9点被杀害，作案人是政君，作案地点是在大桥上，凶器是刀子，尸体被扔到了河里。"

政君说："熊本在昨晚11点被杀害，作案人是龙君，作案地点是在河堤上，凶器是刀子，尸体被掩埋了。"

龙君说："熊本在昨晚12点被杀害，作案人是铁君，作案地点是在熊本的家里，凶器是手枪，尸体被装在箱子里扔掉了。"

上述四人的证词明显是互相矛盾的。后经警方的进一步调查，查明在上述供词中，每个人只有两条说的是正确的，其他三条都是错误的。

那么，关于凶手、凶器、作案的时间和地点以及尸体的处理方法的正确答案是什么呢？

555. 河水能喝吗

海洋中有一个谎话部落和真话部落共同生活的小岛。一个风和日丽的早晨，大侦探来到了这个小岛。由于饥渴难耐，大侦探决定先找水喝。他发现了一条小河，但是小河入海处却漂浮着一些死鱼。大侦探犹豫了，不知河水是否有毒。这时，来了一位岛上的居民，大侦探决定询问一下。

"天气真好啊！"大侦探说道。

"啊呜啊呜。"居民回答道。

大侦探又问："这水能喝吗？"同时捧起河水，做喝水状。

"啊呜啊呜。"

居民做出同样的回答，也不知是肯定还是否定。而且这个人也不知道是真话部落的还是谎话部落的。大侦探陷入了沉思。

如果你是大侦探，如何判断河水是否能喝。

556. 红蓝眼睛之谜

从前，有一个很古老的村子。村里的人分为两种，红眼睛和蓝眼睛。村子里有一个传说：如果一个人能知道自己眼睛的颜色并且在晚上自杀的话，他就能升入天堂。

现在村子里只剩下了三个人。这三个人既不能用语言告知对方眼睛的颜色，也不能用任何方式提示对方，更不能用镜子、水等一切能够反射的物质来查看自己眼睛的颜色。当然，这三个人不是瞎子，他们能看到其他两个人的眼睛，但就是不能明确地告诉对方。所以他们只能每天坐在村里的广场上冥思苦想。

直到有一天，村里来了一个外地人，他对村里的三个人说了一句话，改变了他们的命运："你们之中至少有一个人的眼睛是红色的。"说完，外地人就走了。这三个人听了之后，又面对面地坐着，直到晚上才回家睡觉。

第二天，他们来到广场，又坐了一天。结果当天晚上，就有两个人成功地自杀了！

第三天，当最后一个人来到广场，看到另外两个人没来，知道他们已经自杀。于是他也回家去，并在当天晚上也自杀了！

那么，这三个人的眼睛分别是什么颜色的？他们又是怎样猜出来的呢？

557. 毒酒和美酒

战国时期，秦国实行商鞅变法，法度严明。秦孝公有一幕僚，号称天下第一智者，犯下过失，按律当斩。秦孝公惜才，想救他一命，但又不能破坏秦律。于是，他设计了一个特殊的行刑方式，希望智者能运用自己的智慧来拯救自己的生命。刑场上站着两个武士，手中各拿着一瓶酒。秦孝公告诉智者：第一，这两瓶外观上看不出区别的酒，一瓶是美酒，一瓶是毒酒；第二，两个武士有问必答，但一个只回答真话，另一个只回答假话，并且从外表上无法断定谁说真话，谁说假话；第三，两个武士彼此间都互知底细，即互相之间都知道谁说真话或假话，谁拿毒酒或美酒。现在只允许智者向两个武士中的任意一个提一个问题，然后根据得到的回答，判定哪瓶是美酒并把它一饮而尽。智者略一思考，提出了一个巧妙的问题，并喝下了美酒。结果，他免于一死。

如果你是智者，你将如何设计问题，并找出美酒呢？

558. 谁是无辜者

甲、乙、丙三人涉嫌一件谋杀案被传讯。这三个人中，一人是凶手，一人是帮凶，另一人是无辜者。下面三句话摘自他们的口供记录，其中每句话都是三个人中的某个人所说：

（1）甲不是帮凶。

（2）乙不是凶手。

（3）丙不是无辜者。

上面每句话的所指都不是说话者自身，而是指另外两个人中的某一个。上面三句话中至少有一句话是无辜者说的，而且只有无辜者才说真话。那么，谁是无辜者呢？

实际上，从他们的话语中就可以概括、判定凶手，为什么？

559. 琼斯警长的奖章

琼斯警长在警官学院开设培训课程，在每次课程结束时，他总要把一枚奖章奖给最优秀的警员。然而，有一年，珍妮、凯瑟琳、汤姆三个警员并列成为最优秀的警员。琼斯警长打算用一次测验打破这个均势。

有一天，琼斯警长请这三个警员到自己的家里，对他们说："我准备在你们每个人头上戴一顶红帽子或蓝帽子。在我叫你们把眼睛睁开以前，都不许把眼睛睁开来。"琼斯警长在他们的头上各戴了一顶红帽子。琼斯说："现在请你们把眼睛都睁开来，假如看到有人戴的是红帽子就举手，谁第一个推断出自己所戴帽子的颜色，就给谁奖章。"三个人睁开眼睛后都举了手。一分钟后，珍妮喊道："琼斯警长，我知道我戴的帽子是红色的。"

珍妮是怎样推论的？

560. 不入歧途

某地有一座风光优美的山丘，山脚下有一个三岔路口，其中有一条路是旅游者的来路，它是从公路上延伸过来的，而另外两条路则沿着山脚朝相反方向延伸。这两条路中，有一条会指引你登上风光无限的山顶；而另一条路则前途叵测，因为它通向毒蛇出没的山谷，而且路上险象环生，误入歧途者九死一生。在三岔路口处没有插立任何路标，却站着一对长得一模一样的双胞胎兄弟。他们两人中，一个始终讲真话，一个永远讲假话。不过，旅行者无法分辨谁真谁假。

现在，如果你是一位侦探，希望不走错路，能够登上山顶去，那么，你如何只向双胞胎问一句话，就能判断正确的上山之路呢？

561. 嫌疑犯与真凶

一甘、二静、三心、四忆、五玛5人中，有两个是绝对不说谎话的嫌疑犯，有三个是有时会说真话，有时会说谎话的真凶。某天，他们分别对对方做出了如下描述：

一甘：二静绝对不说谎话。

二静：三心说谎。

三心：四忆说谎。

四忆：五玛说谎。

五玛：二静说谎。

一甘：五玛从没有说过一句谎话。

五玛：三心说谎。

请问，5个人当中谁是嫌疑犯？谁是真凶？

562. 划拳游戏

在印度尼西亚也有划拳游戏。不过他们是用大拇指、示指、小拇指来分别表示人、蚂蚁、大象的(相当于石头、剪刀、布的关系)。当两人伸出相同的手指就算平局，因此经常决定不了胜负。

有一天A对B说："为了一次定局，让我们只伸出'人'和'蚂蚁'吧！如果咱俩同时伸出'人'，就算我胜；如果同时伸出的是'蚂蚁'，就算你胜。我看这样很公平，而且很痛快，一次就定局了。"

如果B同意这样的赛法，那么，比赛五次的话，A能胜几次？

563. 爱因斯坦的世界性难题

爱因斯坦曾经出过一道世界性难题，据说难倒过许多科学家，许多警校也把它列为逻辑学必修课中的内容。该题目如下：

有五间房屋排成一列；所有房屋的外表颜色都不一样；所有的屋主来自不同的国家；所有的屋主都养不同的宠物；喝不同的饮料；抽不同的香烟。

（1）英国人住在红色房屋里。

（2）瑞典人养了一只狗。

（3）丹麦人喝茶。

（4）绿色的房子在白色的房子的左边。

（5）绿色房屋的屋主喝咖啡。

（6）吸Pall Mall香烟的屋主养鸟。

（7）黄色屋主吸Dunhill香烟。

（8）位于最中间的屋主喝牛奶。

（9）挪威人住在第一间房屋里。

（10）吸Blend香烟的人住在养猫人家的隔壁。

（11）养马的屋主在吸Dunhill香烟的人家的隔壁。

（12）吸Blue Master香烟的屋主喝啤酒。

（13）德国人吸Prince香烟。

（14）挪威人住在蓝色房子隔壁。

（15）只喝开水的人住在吸Blend香烟的人的隔壁。

问：谁养鱼？

564. 中箭之谜

段五郎刚回到家里，就接到一个报警电话，说晚上10点有个学生死在了宿舍楼门前。

段五郎赶到现场，只见死者倒在学生宿舍楼正门外，头朝门，脚朝大道，匍匐在地上，背部垂直射进一支羽箭。显然，死者是外出归来正要开门的时候，背后中箭倒下死去的。

段五郎轻轻地翻动了一下尸体，发现尸体下面有三枚100元的硬币，在灯光的照耀下闪闪发光。段五郎随即检查了死者的衣兜，发现死者的钱夹里整整齐齐地放有10元和100元的硬币。

段五郎站起身，问站在一旁的大楼管理员，"这栋楼有多少学生居住？"

"现在正是暑假期间，学生们都回家了，只剩下小西和川本两人。这两人都是射箭选手，听说下周要进行比赛。"管理员讲到这里，抬头看了看学生楼，指着对着正门的二楼房间介绍说："那就是川本的房间。"

"10点左右，川本从二楼下来过吗？""没有，一次也没有。"管理员摇头答道。

段五郎来到川本的房间。川本刚刚睡醒，揉着蒙眬的睡眼，吃惊地说："怎么，你们怀疑我杀害小西吗？请不要开玩笑，小西是正要开门的时候，背后中箭死的嘛！就算我想杀死他，但从我的窗口里只能看到他的头顶，是无法射到他的背部的啊！"

段五郎走到窗口，探出身子，看了一眼，便转过身，拿出三枚100元的硬币，对川本说："这是不是你的？也许上面印着你的指纹！"

川本一看，结结巴巴地说："可能是我傍晚回来不小心从兜里掉下来的。"

段五郎摇摇头，对川本冷冷一笑，说："不，不是无意中掉出来的，是你故意设下的陷阱！"说完，段五郎便以杀人罪逮捕了川本。

段五郎如何判定川本是凶手？

565. 奇怪的拨号

某日夜，犯人从监狱逃跑了，因为马上就设置了警戒线进行封锁，所以他无路可逃，他被迫闯进盲人按摩师的家。逃犯将盲人捆绑后又将其嘴捂上，然后马上拨了电话。

电话马上接通了，在天还没有亮时，同伙赶来将其接走，逃犯顺利突破警戒线越狱成功。

到了早晨，按摩师终于挣脱了捆住手脚的绳索，向110报了警。刑警马上乘警车赶到，向其了解情况。

"听说盲人听觉很敏感，只要听拨号声音，就能辨别出电话号码，您听出逃犯拨的电话号码了吗？"

"无论听觉怎么好，也是无法辨别数字的。"

那个逃犯拨了八个号后，按了一下上面的键，然后又拨了一个号。上面的键就是指放听筒处的两个突起物。

"可一按上面的键，电话不就挂断了吗？……"刑警感到不可思议。不久经过侦查，找到两个有可能是同伙的人，两个人的电话号码分别是：074—43—9819和003—353—9125。这种拨号电话机的数字"一"不拨也可以打拨号自动电话，号码是"一"时，不拨数字盘上的1，只要按一下上面的键，也可以代替1。那么，逃犯拨的号码是哪个呢？

第五篇　突破创新

566.三角形变换

在下图中，如何只移动3根火柴，得到10个三角形，3个菱形？

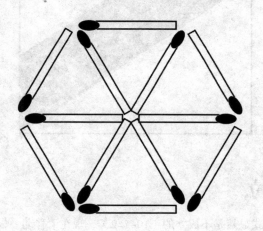

567.一头猪

下图是用火柴摆成的一头猪，想想看，如何移动2根火柴，使它变成一头死猪？

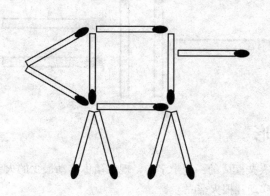

568. 阴影面积

下图中，假设长方形ABCD的面积为1，E、F分别为两边的中点，不用计算，你能确定阴影部分的面积是多少吗？

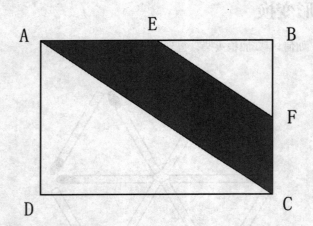

569. 等式成立

下图的罗马算式显然是不成立的（10-2=2），现在请移动一根火柴，使它成为一个成立的等式。你知道该如何移动火柴吗？

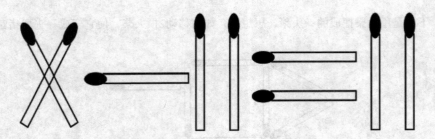

570. 摆正方形

下图是由四根火柴摆成的一个十字形，现在请你移动最少的火柴，使它变成一个正方形。最少需要移动几根火柴呢？

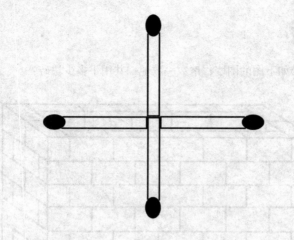

571. 六变九

下面有6根并排放置的火柴棍，现在再加上5根，你能把它变成9吗？

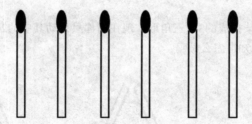

572. 三变五

下面的图案是用9根火柴摆成的3个三角形。现在只移动其中的3根火柴，请摆出5个三角形，你知道怎么摆吗？

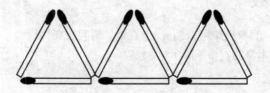

573. 砌围墙

小明砌了一个如下图的围墙，请数一数他一共用了多少块砖？

574. 消失的三角形

下面是由9根火柴拼成的3个三角形。现在请你只移动其中的2根火柴，使这3个三角形全都变没了。你知道怎么做吗？

575. 直角个数

如下图所示，用3根火柴可以构成8个直角。请问想要构成12个直角，至少需要几根火柴？（火柴棍本身的直角不算）

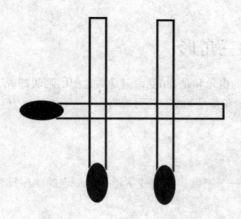

576. 颠倒椅子

如下图，这个椅子倒了，你能只移动两根火柴就把它正过来吗？

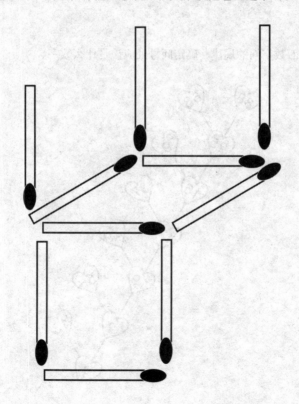

577. 不可能的三角形

我们知道三角形的内角和是180度，但是买地图的阿明却说，他见过一张纸上画着一个三角形，三个内角都是90度。这可能吗？

578. 图中填字

在下图中，填上一个字母，使这些字母按照一定的顺序排列。你知道该填什么吗？

A, B, C, D, _

579. 树枝

仔细观察下面数字间的规律，确定问号处应该是什么数字。

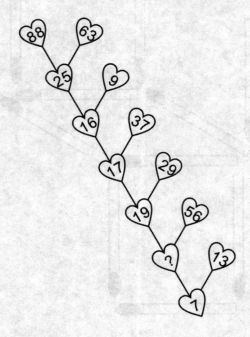

580. 切木块

如下图所示，一个正方体的木块，它有6个面，12条楞，8个顶点。现在把它切掉一部分，使其变成下面4种形状，请分别写出4种形状的小木块的面数、楞数及顶点数。

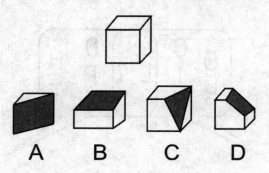

581. 方格密码

下图中的前两个方格下面都标出了它们对应的数字密码，请根据给出的规律，确定第三个方格的数字密码是多少。

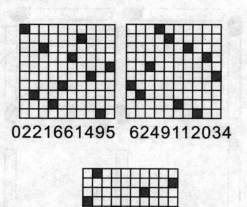

0221661495　6249112034

582. 共有元素

仔细观察下图，中间两个字母为左右两边共有，你知道它们之间如此排列的原因是什么吗？

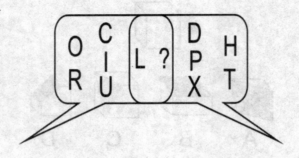

583. 变形（1）

下图是由12根火柴组成的4个小正方形，现在要求你只移动其中的3根火柴，使它变成只有3个正方形。你知道怎么移动吗？

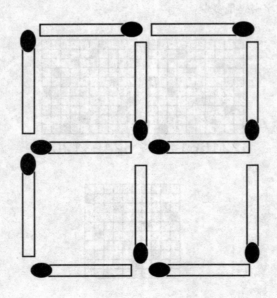

584. 变形（2）

下图中有很多个小正方形，现在要求你拿走其中的4根火柴，使它变成只有8个小正方形。你知道拿走哪些吗？

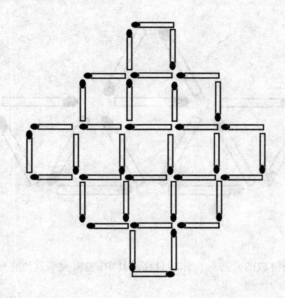

585. 变形（3）

下图是由16根火柴组成的5个小正方形，现在要求你只移动其中的3根火柴，使它变成只有4个正方形。你知道怎么移动吗？

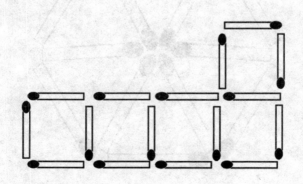

586. 梯形

下图是由火柴拼成的，你能只移动其中的4根火柴，使它变成3个大小一样的梯形吗？

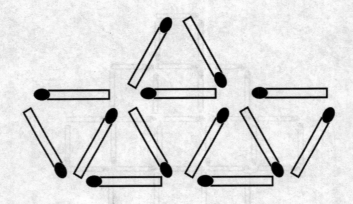

587. 三角

下图是由火柴拼成的六边形，你能只移动其中的3根火柴就使它变成4个大小相同的三角形吗？

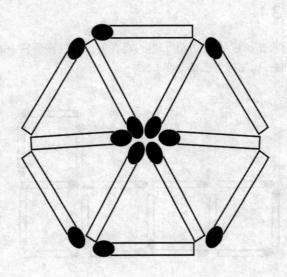

588. 三角（2）

下图是由火柴拼成的3个三角形，你能只移动其中的3根火柴就使它变成5个三角形吗？

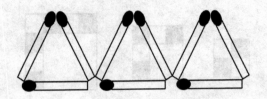

589. 最短的距离

如下图所示，在一条宽200米的河流的两岸，分别有A、B两个村庄。现在需要在河上建一座桥，使从村庄A到村庄B的距离最短。当然桥不能斜着建，那么应该建在哪里呢？怎么建AB间的距离最短？

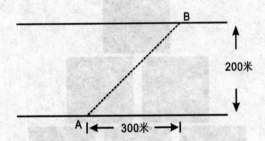

590. 变出杯子

下面这幅图中画有3个一样的杯子，现在你能添加一条直线，使杯子数从3个变成5个吗？

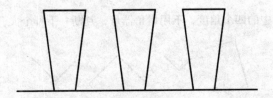

591. 增加正方形

下面的3个图形中，一共有18个小正方形（不算多个图形组合成的大正方形），现在要求你画6条直线，使下面的小正方形变为27个。你知道该怎么画吗？

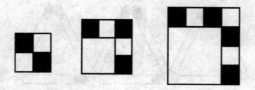

592. 堆油桶

有若干个油桶堆在一起，从前后左右看，都是如图的形状，你能知道这里一共有多少个油桶吗？

593. 角度大小

仔细观察下图中的四个角度，不用量角器量，判断一下哪个大，哪个小？

594. 羊圈

下面的13根火柴代表13块栅栏，它们围成了如下图的6个羊圈。一天，栅栏坏掉了一块。你能不能想办法让剩下的12块栅栏也同样可以围出6个大小和形状相同的羊圈呢？

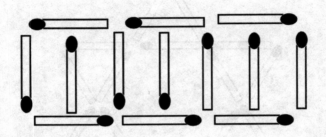

595. 六角星（1）

下面是由18根火柴组成的六角星，其中包含有8个三角形。现在请你拿走其中的2根火柴，使其变成只有6个三角形。你知道该怎么做吗？

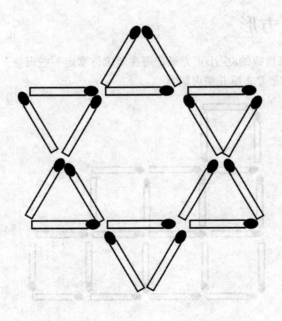

596. 六角星（2）

下面是由18根火柴组成的六角星，其中包含有8个三角形。现在请你移动其中的2根火柴，使其依然保持有8个三角形。你知道该怎么做吗？

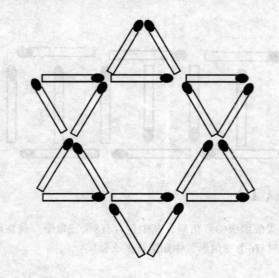

597. 没有正方形

下图是由火柴拼成的8个小正方形，现在要求你拿走一些火柴，使图中没有正方形。你知道最少需要拿走哪几根火柴吗？

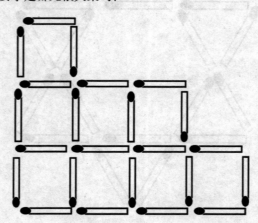

598. 十四根火柴

摆出下图所示的图形需要14根火柴，请问还是用14根火柴，不许多也不许少，还是摆出4个一样大小的正方形，还有其他的办法吗？

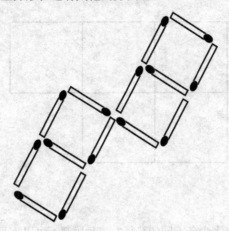

599. 六变三

下图是由12根火柴拼成的一个六边形，现在请你拿走其中的4根火柴，使它变成3个大小和形状都相同的三角形。你知道该怎么拿吗？

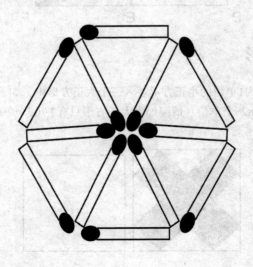

600. 拼桌面

下面是一块缺了一块的长方形木板，现在要把它做成一个正方形的桌面。需要在上面切两刀，然后拼起来，你知道该怎么切吗？

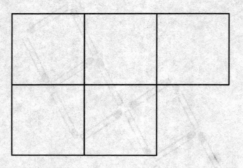

601. 路径

从A点到F点一共有多少条不同的路径？（每段都不可以重复通过）

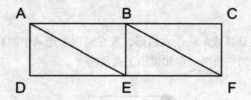

602. 装正方形

如果将5个边长为1单位的小正方形装入一个大正方形中，如下图所示，这个大正方形的边长应该是2.828个单位。请问如果大正方形只有2.707个单位，还能装下这5个小正方形吗？

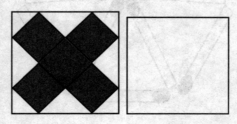

603. 平面变立体

下图有三个正三角形，很明显，它是一个平面图形，如何只移动其中的3根火柴，就使它变成一个立体图形呢？

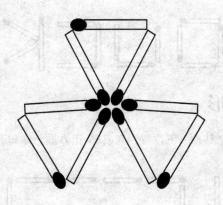

604. 箱子大小

用同一块木板可以做成下面四种不一样的箱子（全部使用，没有剩余）。如果用这四种箱子装水，请问哪个装得最多？

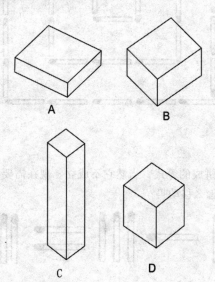

605. 小鸭变小鸡

下面是用火柴摆成的一只鸭子（英文Duck），你能只移动其中一根火柴，就让它变成小鸡吗？

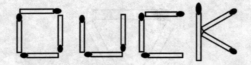

606. 三个正方形

把下图中的3根火柴移动一下位置，变成3个正方形。你知道该怎么移动吗？

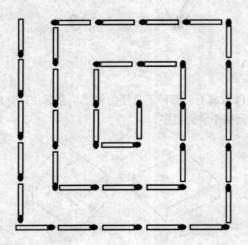

607. 1−3=2？

下面是一个用火柴拼成的等式，当然它不成立。现在需要你移动其中一根火柴，使等式成立，你知道该怎么移动吗？

608. 罗马等式（1）

下图是用火柴拼成的罗马数字组成的等式（X在罗马数字中代表10），请移动其中的一根火柴，使等式成立，你知道该怎么移动吗？

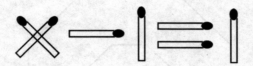

609. 罗马等式（2）

下图是用火柴拼成的罗马数字组成的等式（Ⅳ在罗马数字中代表4），请移动其中的一根火柴使等式成立，你知道该怎么移动吗？

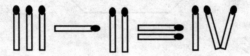

610. 罗马等式（3）

下图是用火柴拼成的罗马数字组成的等式（Ⅶ在罗马数字中代表7），请移动其中的两根火柴，使等式成立，你知道该怎么移动吗？

611. 数字不等式

下面是用火柴拼成的一个不等式，很明显，它是错误的，你能只移动其中的一根火柴就让不等式成立吗？

612. 八边形变八角星

下图是一个正八边形，你能把它分割成8个大小相同的三角形，然后用这些三角形拼成一个八角星出来吗？

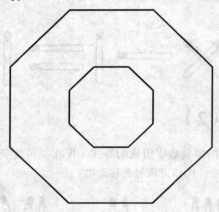

613. 增加菱形

下图是由16根火柴摆成的3个菱形，请你每次移动两根火柴，使得每次移动完，菱形数都增加1，连续5次。你知道该怎么移动吗？

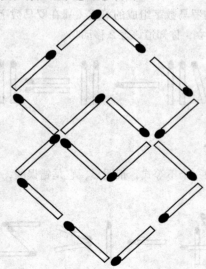

614. 平房变楼房

下图是用14根火柴拼成的一个平房，你想把它变成楼房，请问至少需要移动几根火柴？

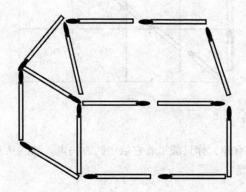

615. 月份符号

在一个奇怪的小岛上，使用下图这种符号表示月份。其实它与我们用的月份符号是有联系的，你知道这个符号与哪个月对应吗？

JOKE

616. 减少一半

下面有一个4×3的方格，用12根火柴可以把这个方格分成两部分，围起来的部分的面积正好占了整个面积的一半。现在请你移动其中的4根火柴，使火柴围成的面积再减少一半。你知道怎么移动吗？

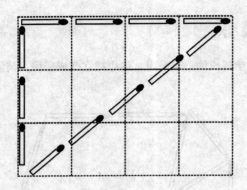

617. 穿越迷宫

下面这个迷宫很有趣，你只能沿着它给定的方向走，请问从开始到结束，一共有多少条不同的路线可走？

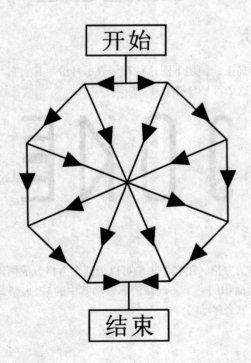

618. 三色问题

请把下面的图形用三种颜色填涂，规则是不允许任意两个相邻的区域使用同一种颜色。你知道怎么涂色吗？

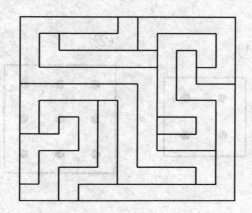

619. 正方形钉板（1）

钉板是一块规则地钉满钉子的木板，可以用来学习和理解多边形的面积关系。下面是一种我们比较常见的正方形钉板，要求用直线在这些钉子上连出一条闭合的图形，这个图形的每个顶点都必须在钉子上，每个钉子只允许使用一次，而且相邻的两条边不能在同一条直线上。如下图所示，这是一个在4×4的顶板上，连出了9个顶点的图形。请问你是否可以连出一个有16个顶点的图形？

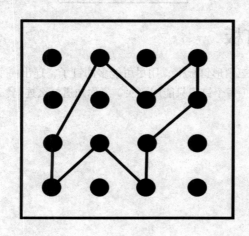

620. 正方形钉板（2）

请你在下面这些正方形钉板上，用尽可能多的钉子，连出一个闭合的、每个顶点都在钉子上的多边形（每个钉子只能用一次）。你知道怎么连吗？

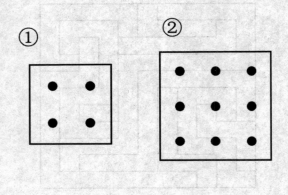

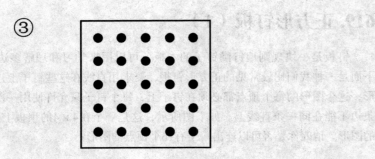

621. 三角形钉板

请你在下面这些三角形钉板上，用尽可能多的钉子，连出一个闭合的、每个顶点都在钉子上的多边形（每个钉子只能用一次）。你知道怎么连吗？

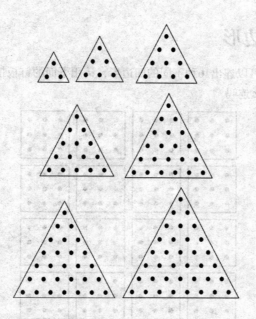

622. 正六边形钉板

　　请你在下面这些正六边形钉板上，用尽可能多的钉子，连出一个闭合的、每个顶点都在钉子上的多边形（每个钉子只能用一次）。你知道怎么连吗？

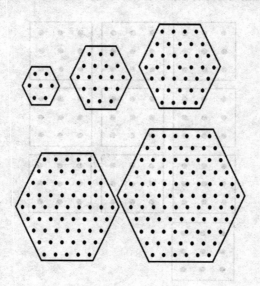

623. 连成四边形

用3×3的钉板可以连出16种不同的四边形，请用下面的钉板把这16种图形都表示出来吧。你知道怎么连吗？

624. 四等分钉板

把一个3×3的钉板四等分有很多种方法，你能找出至少10种吗？

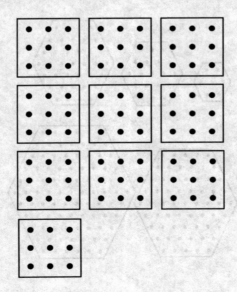

625. 放皇后

　　大家知道，国际象棋中的皇后既可以直着走，又可以沿对角线斜着走。在下面的各个棋盘中，最多可以放入几个皇后，才能保证皇后之间不能互吃？该如何放？

626. 画三角形

　　经过3点画三角形很容易，现在要求A、B、C三点必须落在所画的三角形的三边中点处，你知道这个三角形怎么画吗？

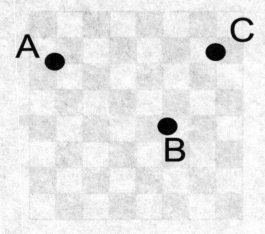

627. 国王

　　国际象棋中的国王的走法比较特殊，它只能走上下左右或者斜向一格。下图是一个国际象棋的棋盘，请在这个棋盘上摆放若干个国王，要求这些国王能够进入棋盘上的所有格子，包括有国王占据的格子。请问，这样至少要摆多少个国王？

628. 走遍天下

　　如下图，是一个标准的国际象棋棋盘。假设在右上角的格子里有一个皇后，想要让它走遍所有的格子，且每个格子只能穿过或进入一次，那么皇后至少要走几步才能走完这个棋盘？

629. 皇后巡游（1）

如果要让皇后进行一次回到起点的巡游，且每个格子可以多次进入，那么皇后至少要走多少步？（不可以进入或者穿过所有的格子）

630. 皇后巡游（2）

如果要让皇后进行一次回到起点的巡游，且每个格子只能进入或者经过一次，而且最后巡游的路线所组成的图形还要是个中心对称图形，你知道怎么走吗？

631. 象巡游（1）

大家知道，国际象棋中的象只能斜着走，而且只能在同种颜色的格子内行动。现在假设有一只象在左上角的黑色格子里，每个格子只能进入或经过一次，那么它最多可以进入多少个黑色格子？

632. 象巡游（2）

大家知道，国际象棋中的象只能斜着走，而且只能在同种颜色的格子内行动。现在假设有一只象在左上角的黑色格子里，每个格子不限进入或经过的次数，那么它最少需要几步可以走遍所有黑色格子？

633. 摆象

在一个标准的国际象棋棋盘里，最多可以摆多少个象，可以保证这些象不能互吃？
下面这种摆法摆了12个象，请问还有更多的摆法吗？

634. 车的巡游（1）

在国际象棋中，车只能横着走或者竖着走，格数不限。现在要求车要走遍所有的
格子，且每个格子只能进入或者经过一次，起点和终点都在左下角的梯形处，请问最
少要走多少步才能完成巡游？

635. 车的巡游（2）

在国际象棋中，车只能横着走或者竖着走，格数不限。现在要求车要走遍所有的格子，且每个格子只能进入或者经过一次，起点在左下角的梯形处，而终点在右上角的五星处，请问最少要走多少步才能完成巡游？

636. 车的巡游（3）

在国际象棋中，车只能横着走或者竖着走，格数不限。现在要求车要走遍所有的格子，且每个格子只能进入或者经过一次，起点在左下角的梯形处，而终点在左上角的五星处，请问最少要走多少步才能完成巡游？

637. 走马观花

　　小明去植物园看牡丹花，今年的牡丹花非常漂亮，小明不想错过任何一盆，于是他觉得要制定一条观花路线。图中黑点处为起点，白色圆圈处为终点。小明要如何设计路线，才能使观花路线不重复，且只要用21条直线就可以全部参观完呢？

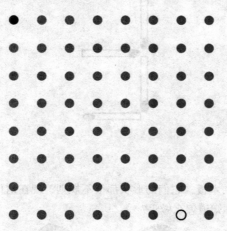

638. 巡逻

　　一个小镇上有三横四竖7条街道，一名警察需要每天巡逻这些街道，一条也不能落下。请你帮他设计最佳的路线，使他走的冤枉路最少。你知道该怎么设计吗？

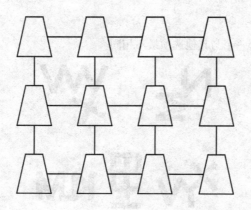

639. 字母变小

加一根火柴，使下面这个字母变小。你知道怎么做吗？

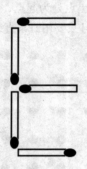

640. 比面积

下面有两块同样的木板，它们的形状都很不规则，现在请你用最简单的办法来比较一下谁的面积大。你知道怎么做吗？

641. 找不同

找出下面图中哪一个与其他选项最不相同。

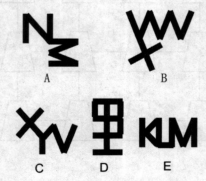

642. 找规律

仔细观察下图的规律，请问问号处应该填什么字母？

7	QRG	6
13	CIN	2
8	DO?	4

643. 不同的路径

穿越这个格子城只有一个要求，那就是不能绕远。那么从入口到出口一共有多少条不同的路径可走？

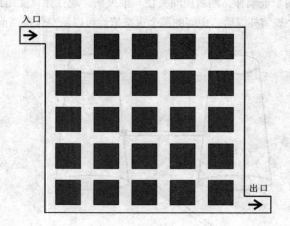

644. 放五角星

在下面的棋盘中放入16个五角星，使得无论水平方向、竖直方向还是斜向，都没有3个五角星连成一条直线。你知道怎么做吗？（有两个五角星的位置已经给出）

645. 火柴悬空

在桌子上倒扣两个玻璃杯，然后中间夹住一根火柴。现在你只能用桌上的另一根火柴，使得拿去一个玻璃杯以后，中间的那个火柴依然可以悬空保持当前的位置。

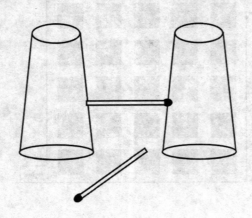

646. 倒咖啡

有一个如下图的咖啡杯，里面装满了咖啡，现在想倒出一些，使杯子里剩下的咖啡正好是一半，你知道该怎么做吗？

647. 拼正方形

用下面这些硬纸板拼出一个正方形，要求纸板不能重叠，你知道怎么拼吗？

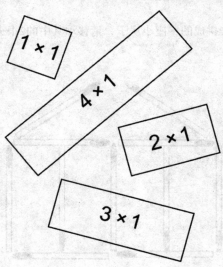

648. 砌墙

两个师傅砌墙，一个砌成如图A的直线形，一个砌成如图B的弯曲形，请问如果两个人砌的墙长度相同，谁用的砖会多一点？

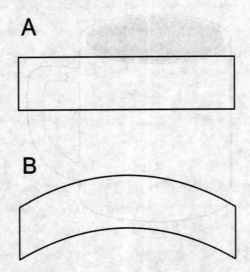

649. 小房子

下面是由11根火柴拼成的一座小房子，请移动其中的2根火柴，使它变成11个正方形。你知道怎么做吗？

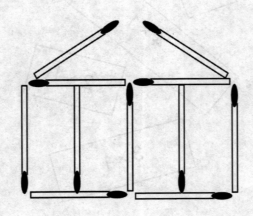

650. 奇怪的样子

请根据下面图中数字的样子，猜一猜，数字6应该是什么样子的？

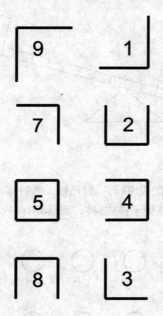

651. 读出日期

让你的朋友拿出一枚硬币，把日期那面朝上放在桌子上，然后马上用一张白纸盖住它。在不拿走白纸的情况下，如何才能读出硬币上的日期呢？

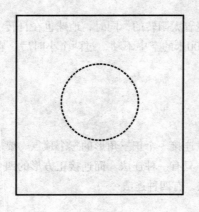

652. 保持平衡

要想让下面这个天平保持平衡，右侧问号处应该放入数字为几的物体？

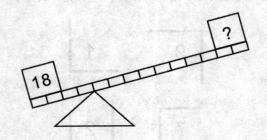

653. 摆棋子

把10枚棋子如下图样式摆成两行，每行5枚。然后移动其中一行的3枚棋子，再移动另一行的1枚棋子，使这些棋子排成5排，每排要有4枚棋子。棋子不能叠放。你知道怎么移动吗？

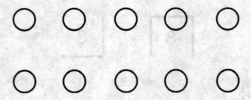

654. 在哪里

我们知道，地球是绕着太阳转的，同时，地球也在自转。假如有一架直升机，在天安门广场起飞，停在500米的空中不动，过两个小时后，它会在天安门广场的哪个方向？

655. 连顶点

如下图所示，用直线连接一个正三角形的三个顶点，要求每个点都要经过，而且必须形成一个闭合曲线，只有一种连法。而连接正方形的四个顶点，则有三种连法；连接正五边形的五个顶点，有四种连法……

请问，如果连接正六边形的六个顶点，会有多少种连法呢？

656. 切点

下面是3个相切的圆，它们有3个切点，如图中的黑点所示。现在想要得到6个切点，请问至少需要几个圆相切？如果想得到9个切点呢？

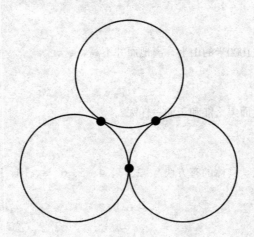

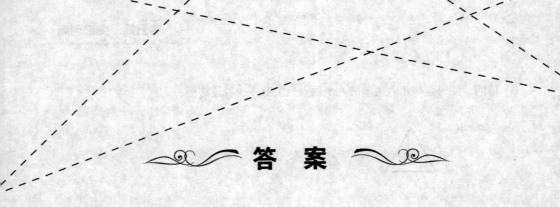

答　案

1. 住院
因为他是两周前买的赌马券，他对比看的报纸却是当天的，不是同一期。

2. 乐队
是指挥棒。

3. 买东西
是单价3元的东西，付10元的找零。

4. 感谢服务员
顾客是因为打嗝儿才进酒吧要水喝的。而服务生假装劫匪吓了他一下，他就不打嗝儿了，所以谢了谢他，然后走了。

5. 若无其事
因为飞机在海拔1000米的山上，离地面并不高。

6. 花纹一样（1）
一张都没有，反面怎么能和正面一样呢?

7. 花纹一样（2）
只有方块牌可以。具体的有方块A、2、3、4、5、6、8、10、J、Q、K。

8. 奇怪的汤姆
因为他是老师。

9. 抓阄洗碗
不公平，最后一个人最有利，因为前两个人都有1/2的抓中概率，如果别人抓中了，自己就不用抓了。

10. 休假的女警

因为那是男子的家，他忘记带钥匙了。

11. 除几次

你想除几次就除几次，每次的答案都是8。

12. 生物课

是一把带有扶手的椅子。

13. 奇怪的物种

像骡子一样的杂交动物。

14. 公平的决斗

在高个子胸前按矮个子的高度画一条直线，约定射中这条线以上的范围都不算数。

15. 奇怪的牛蹄印

因为偷牛贼骑的也是一匹马，之所以会有牛蹄印，是因为偷牛贼把马蹄上的蹄铁做成了牛蹄的形状，用来混淆视听。

16. 假鬼魂

因为传说中的鬼魂是没有脚印的，而这个鬼魂走后留下了几个血脚印，说明他是人扮的，目的是诬陷别人，并给真凶脱罪。

17. 怪盗的指纹

是管理员养的猴子。动物中有指纹的除了人以外，还有猴子和袋熊。

18. 致命的位置

因为我们普通人，也就是绝大多数人的心脏都长在左胸的位置，但是有极少数人的心脏却长在右胸的位置。这位女子就是这样，所以她才逃过了一劫。

19. 两种血型

可能。一个人确实可能有两种血型，这是一种特殊的案例，在医学上称为血型嵌合。

20. 辨别方向（1）

她把别针在身上的真丝衣服上蹭了几下，使它变成一个小磁铁，然后在鼻子和额头上沾一点油，将其放入小水坑里。由于别针上有油，所以它会浮在水面上，就形成了一个自制的小指南针。有了方向，就可以走出去了。

21. 辨别方向（2）

他观察了一下那些树桩。树木的年轮是可以指示东南西北的。

22. 消失的子弹

杀手的子弹头是特制的，用冰制成。这样就可以在人体内慢慢化掉，在杀人之后不留下任何痕迹。

23. 馆长之死

雪茄不是凶手亲自点燃的，而是凶手利用天体望远镜镜筒中的凸透镜，通过窗口射进来的阳光定时点燃了雪茄，用来为自己制造不在场的证明。

24. 奇怪的火灾

是大棚顶上积了一小洼雨水，形成了一个凸透镜，中午的阳光通过凸透镜照射到枯草上，点燃了枯草，酿成了火灾。

25. 计划失败

家用瓦斯虽然比空气轻，但是它并不会在空气中直线上升并分层，而是随着空气的运动和对流很好地与空气混合在一起。所以在楼下的丰田比楼上的广本更容易中毒身亡。

26. 爆炸声

只发生了一次爆炸。那名游泳逃生的游客之所以听到两声，是因为第一声他是在水里听到的。声音在水中传播的速度要比在空气中得快。所以第一声是由水传播过来的。而当他钻出水面后，又听到了一声由空气传播过来的爆炸声。

27. 失恋者的报复

是女孩送的礼物金鱼缸引发了火灾，圆形的金鱼缸和里面的水形成了一个凸透镜，在中午阳光的照射下，引燃了女孩特意放置的那沓信纸。另外，女孩趁男孩去拿酒的时候，把安眠药粉末放入男孩的杯子中。然后等男孩睡着后，大火烧死了男孩。

28. 杀人的真相

因为洗手间里的那瓶洗洁剂是汤姆特意准备的，主要成分是四氯化碳。四氯化碳是一种无色味香的液体，被用于衣服的干洗。洒上红酒根本没有必要用洗洁剂，但汤姆却误导吉米，在污迹上涂了很多洗洁剂。致使吉米吸入了大量挥发出来的四氯化碳有毒气体。而当一个人饮酒过度时，加上这种气体就会导致死亡，而症状和酒精中毒十分相似。

29. 开花的郁金香

因为郁金香这种花很特别，一到夜里花就会合上，灯光照射十五六分钟后会自然张开。小五郎进屋时花瓣是闭着的，说明屋子里一直是黑暗状态。也就是说怪盗是才回来不久的，根本不是他所说的一直在家待着看书。

30. 分辨凶器

因为这个汽水瓶标签上标明的成分中写着加有人工甜味剂。而真正能吸引蚂蚁的只有砂糖或者糖果的那种天然甜味剂。也就是说，只有含有天然甜味剂的汽水才能引来蚂蚁，人工甜味剂的汽水是引不来蚂蚁的。

31. 有贼闯入

因为他的闹钟是荧光的。也就是说，这个闹钟在受到光照后在一段时间内会发光。小五郎进屋后，在没有开灯的情况下发现闹钟发光了，说明屋子里的灯是有人刚关掉的。这就说明有人听到他开门的声音关掉了灯，藏了起来。

32. 兄弟俩

两个。

因为他们卖牛的单价与牛的数量相同，所以卖牛所得的钱是一个平方数。又因为两人平分绵羊后剩下一只，所以说绵羊数是奇数。而绵羊的单价是10，所以，卖牛的钱也就是这个平方数的十位数字一定是奇数。十几的平方数中，十位是奇数的只有两个$14^2=196$和$16^2=256$。不管是哪个，山羊的价格都是6个金币。也就是说山羊比绵羊便宜4个金币。这样只要哥哥给弟弟两个金币就能使两人所得均等了。

33. 猜数字

是15。你可以测试一下，只有15符合要求。

34. 这可能吗

可能。因为昨天是除夕夜，也是他18岁的生日，所以他确实能在今年到19岁。

35. 至少几个人

最少一个。因为这些人可能是同一个人。

36. 吝啬鬼的遗嘱

法官要求得到这笔钱的人每人按相同的数目给吝啬鬼寄一张汇票，把钱还给他。当然，这张汇票肯定不会有人来兑现，那么得到钱的人就可以随意处置这些钱了。

37. 区别

它们的方向不同。

38. 五元？十元？

总统解释说："如果我一开始就选10元，那以后还有谁会拿钱来给我选呢？"

39. 田忌赛马

孙膑先以田忌的下等马对齐威王的上等马，第一局毫无疑问地惨败。接着进行第二场比赛，孙膑用上等马对齐威王的中等马，胜了一局。第三局比赛，孙膑用中等马对齐威王的下等马，又胜了一局。比赛的结果是三局两胜，当然是田忌赢了齐威王。还是同样的马匹，由于调换了一下比赛的出场顺序，就转败为胜。

40. 宋清卖药

宋清说："我并不觉得自己傻，我卖药挣钱不过是为了供养家人的生活所需，我现在生活得很好就行了。卖药40多年，我总共烧掉的别人的欠据数不清了，这些人并非是为了赖账，有的人后来当了官，发了财，没有欠据，他照样不忘当初，会加倍地送钱来还我，真正不能还的毕竟是少数。如果像有些商人，对欠账的人不依不饶，怎么会有这么多的买主上门买药？人品是最好的宣传，人们对你信任，才会有事来找你，而不找别人，这是多少钱都买不来的友情。"

宋清的确就是以德取信于民，赢得了众人的敬重，他的生意也就随之越做越大，成了有名的富商。

41. 天堂与地狱

在天堂里，围着餐桌吃饭的人们都拿着长筷子喂对面的人吃菜，而对方也喂他吃，因此每个人都吃得很愉快。

42. 买佛像

方丈派弟子下山去与老板砍价。

第一天弟子下山，去店铺和老板砍价，弟子咬定4500元，未果回山。

第二天，第二个弟子下山和老板砍价，咬定4000元不放，亦未果回山。

如此下去，最后一个弟子在第九天下山时所给的价钱已经低到了200元。

眼见着一个个买主一天天来，一个比一个价给得低，老板很着急，每一天他都后悔不如以前一天的价格卖出去，他深深地怨责自己太贪。

到第十天时，他在心里说，今天若再有人来，无论给多少钱我都要立即出手。

第十天，方丈亲自下山，说要出500元买下它，老板高兴得不得了——竟然反弹到了500元！当即出手，高兴之余还赠给方丈龛台一具。

43. 逃避关税

当然，这个聪明的进口商已经预料到了这一招。他还料到，海关人员会认为这些右手套将一次整捆运来。所以，他把那些右手套分装成5000盒，每盒装两只右手套。海关人员看到一盒装两只手套，那就肯定会认为是左右手套各一只。

就这样，第二批货物通过了海关，那位进口商只缴了5000副手套的关税，再加上在第一批货拍卖时付的那一小笔钱，就把1万副手套都弄到了美国。

44. 如何选择

这里一眼看来不过三种选择。如果你想报恩，你应当捎带上这位医生；如果你心中动了恻隐之心，你可能会带上老人去医院；但如果你的"私心"最后占了上风的话，你的选择就是带上女郎，因为这是一次难得的与你喜欢的女郎"约会"的机会。当然，你选择了这三种策略中的任何一种都有损失，而不能鱼与熊掌兼顾。

这道题倒并不是想通过看受试者的选择来判断其人品，这题目有标准答案：你应当将车钥匙给医生，请他带老人去医院看病，而你陪着女郎在雨中散步。

这是一个完美的选择：老人在医生的陪同下去了医院，医生也离开了雨中的小镇，而你和女郎相伴，漫步在雨中，别有一番情调。

45. 什么关系

王局长是女的。

46. 老人与小孩

他把孩子们都叫到一起，告诉他们谁叫的声音越大，谁得到的报酬就越多，他每次都根据孩子们吵闹的情况给予不同的奖励。到孩子们已经习惯于获取奖励的时候，老人开始逐渐减少所给的奖励，最后无论孩子们怎么吵，老人一分钱也不给。

结果，孩子们认为受到的待遇越来越不公正，认为"不给钱了谁还为你叫"，于是再也不到老人所住的房子附近大声吵闹了。老人从此过上了安静的生活。

47. 两家小店

因为服务小姐问我："加一个鸡蛋，还是加两个鸡蛋？"

我笑了，说："加一个。"这时，我已经明白了两个店的差异。

果然，再进来一个顾客，服务员又问一句："加一个鸡蛋还是加两个鸡蛋？"

爱吃鸡蛋的就要求加两个，不爱吃的就要求加一个。也有要求不加的，但是这样的顾客很少。

就这样，一天下来，左边那个小店就要比右边那个卖出很多个鸡蛋。

48. 立鸡蛋

他把鸡蛋的一头在桌上轻轻一敲，敲破了一点儿壳，鸡蛋就稳稳地直立在桌子上了。

49. 吹牛

因为那条小路在两个悬崖中间的山谷里，没有任何危险，只要一步步走过去就可以了。

50. 聪明的男孩

小男孩回答得很妙："因为我的手比较小呀！而老板的手比较大，所以他拿的一定比我拿的多很多！"

这是一个聪明的孩子，他知道自己的能力有限，而更重要的，他也知道别人比自己强。凡事不只靠自己的力量，学会适时地依靠他人，是一种谦卑，更是一种聪明。

51. 走私物品

他走私的是宝马车。

52. 煎鸡蛋的时间

六分钟。

我们把煎蛋的两个面分别叫作正面和反面，这样，用6分钟煎3个鸡蛋的方法如下：

第一个2分钟，煎第一个蛋和第二个蛋的正面。

第二个2分钟，先取出第二个鸡蛋，放入第三个鸡蛋。然后煎第一个鸡蛋的反面和第三个鸡蛋的正面。这样，第一个鸡蛋煎熟。第二个鸡蛋和第三个鸡蛋都只煎了正面。

第三个2分钟，煎第二个鸡蛋和第三个鸡蛋的反面。这样，3个鸡蛋就都煎好了。

53. 打麻将
李主任是女的，两个人分别是她的丈夫和爸爸。

54. 趣味组合
排成129，把6号倒过来。

55. 吃饭
两姐妹交换了饭碗，都吃对方碗里的饭。

56. 检验毒酒
最少10个人就够了。

把10个人编号为1~10，再把1000瓶酒用二进制编号，分别为0000000000，0000000001，……，1111111111，一共有1024种组法。把每种组法对应一瓶酒，足够1000瓶酒。酒的编号中第几位为1，就把该酒喂给第几个人。最后看死了哪几个人，便可以判断出哪瓶酒有毒了。

57. 双胞胎
本题要求我们一定要突破思维定式，这对双胞胎并不一定是两兄弟，也有可能是姐弟俩。所以前面那个人是后面那个的姐姐。

58. 书虫啃书
4毫米。古书是从后向前翻的，所以只有第一卷书的封皮和第二卷书的封底被啃。

59. 长颈鹿吃树叶
第一天白天，长颈鹿吃3厘米，晚上树叶再长2厘米，所以第一天树叶最短为7厘米；第二天再吃3厘米，晚上长2厘米，所以第二天树叶最短为6厘米。以此类推，第八天白天时，长颈鹿会吃掉这片树叶，树叶吃完后就不能再长了，再长就是新的树叶了。

60. 冰球比赛

让自己的队员往自己的球门里打进一个球，把比分打平，让比赛进入加时赛。

61. 到底爷爷有几个孩子

爷爷一共有7个孩子。4个儿子，3个女儿。因为每个小孩在说自己的叔叔、姑姑、舅舅、小姨时都会把自己的父母除去不算。

62. 猜数字

这个数字是96。"九十六"去掉"九"为"十六"，去掉"六"为"九十"。

63. 赢家

普通人翻东西的时候都是把抽屉从上到下依次拉开，这样翻完上面的抽屉必须关上，才能去翻下面的抽屉。而小张是从下往上依次拉开所有的抽屉的，这样上面拉出的抽屉不会妨碍查看下面的抽屉，他节省了很多时间，就赢得了比赛。

64. 刻舟求"尺"

不能。小香忘了水涨船高的道理。因为潮水上涨了，船也随之升起，船上的刻度尺也随船身涨起来了。所以不论涨潮涨多少，水面都在10cm刻度处。

65. 木匠家的婚礼

每个桌子上装3条腿，正好够做成4张桌子。

66. 就要让你猜不到

警察苦思冥想，终于想出了一个好办法：掷骰子。他是这么定的，若掷到1—4点就去银行巡逻，若掷到5、6两点则去酒馆。这样一来，他就有2/3的机会去银行巡逻，1/3的机会去酒馆巡逻。

小偷自然也要选出一个策略来，最后居然也是选择了掷骰子的方法，只不过1—4点是去酒馆，5、6两点则是去银行。那么，小偷有1/3的机会去银行，2/3的机会去酒馆。

遇到一些难以决定的事情，不如随缘吧。

67. 超级透视

并不是黑桃4。因为普通的扑克左上角和右下角都会有额外的花色标记。因此这是张黑桃2。

68. 假话

明面上有3句"假话"。还有一句假话在哪里呢？原来，有3句"假话"却说成是4句，这就是最后一句假话。你找到了吗？

69. 最轻的体重

完全有可能。最轻的体重出现在她出生的时候。

70. 绕太阳

没有。他父亲今年50岁，地球每年绕太阳一圈。

71. 刻字先生

单价是每个字1角钱。

72. 语速

需要5秒，读一个字1秒钟。

73. 史前壁画

这位失业青年一点生物学常识都没有，那些所谓的古人类壁画一看便是伪造的，因为恐龙不可能被古人类追赶，地球上的人类是在恐龙绝迹数千万年后才出现的。

74. 毒酒

毒酒是温酒温出来的。锡壶大多是铅锡壶，含铅很高。酒保把铅锡壶直接放在炉子上温酒，酒中就带上了浓度很高的铅和铅盐。黄酒上浮的那层黑膜有种金属的暗光，多饮几杯，就会出现急性铅中毒。

75. 辨别伪古鼎

张策说："魏文帝曹丕建立了魏国，改年号为黄初。这就是黄初元年，请问哪来的二月呢？可见，古鼎上的篆文说什么'黄初元年春二月'，岂不是太荒谬了吗？"

76. 鉴字擒凶

姚明的字迹与匿名信的字相同，足见姚明是杀死朱铠的真凶。

77. 埃菲尔铁塔的谜团

埃菲尔铁塔是钢铁结构，由于热胀冷缩，它必然要随着温度的变化而变化。白天，由于光照的角度和强度是变化的，塔身各处的温度也是不一样的，热胀冷缩的程度因此也是不一样的，所以上午和下午不仅出现了倾斜现象，倾斜角度也不一样。夜间，铁塔各处的温度是相同的，所以就恢复了垂直状态。冬季气温下降，塔身收缩，所以就变矮了。

78. 土人的笛声

食人族传递信息的方法，主要是靠笛声。因为这些笛声的频率比人类耳朵所能听到的声音的最高频率还要高，只有狗才能听到。他们利用这一原理追捕汤米和乔治。

79. 没有噪音的汽车

他的身材高大，而妻子身材很小，如果真的是他的妻子开车，肯定会调整座位，那他不可能坐得舒舒服服的。

80. 吹牛侦探

在池塘中如果看到人的倒影，那么水中的影子除了自己外，就是比自己更接近水塘的人，而不会是身后的人。再者，当侦探转身想向疑犯袭击时，自己早已被推入池塘内，试问怎能制服他人呢？

81. 奇怪的狗吠

因为北京狗对陌生人向来是不吠叫的，甚至懒得连眼睛都不睁开。当它张嘴吠叫时，是因为见到了熟人的。因此当照顾狗的佣人潜入寝室时，狗才叫唤不已。

82. 锡制纽扣失踪案

锡有个特性，在零下13.2摄氏度时，锡的晶格发生变化，变成另一种结晶形态的灰锡，因此就会变成松散的灰色粉末。而当时气温已到了零下30摄氏度，怎么还能期望锡纽扣不失踪呢？

83. 智斗连环杀手

黛娜对付查理斯的方法，心理学上叫"暗示"。暗示是指用含蓄的、间接的方法，对别人的心理和行为产生影响。暗示往往使别人无意地、不自觉地接受某些信息的影响并做出相应的反应。暗示所产生的作用有时是十分玄妙、异常神奇的。黛娜运用的暗示不仅保护了自己，而且从身心上有力地打击了她那凶犯丈夫。

84. 脆弱的防盗玻璃

犯人是制造玻璃的人。这种钢化玻璃尽管很硬，但是只要上面有一个小小的裂缝，再照着那里用点巧劲儿，玻璃就会像瓷碗一样碎掉。知道这种常识的人应该不多，而且这明显是有预谋的，普通人不知道，知道也不会去砸这种玻璃。而知道这种常识、又能制造这种漏洞的人，就只有玻璃的制造者了。

85. 专机安全着陆

是因为成田机场在下雪。如果飞机高速在雪中飞行，即便是柔软的雪花，也会像坚硬的沙子一样发生摩擦的。由于雪的这种摩擦，镶嵌在机翼上的塑胶炸弹及导电涂料像是被用锉刀锉掉了似的都脱落了。008身在热带国家，所以没有考虑日本早春降雪这一情况。

86. 直升机的证言

直升机在飞行中，舱门被打开时，由于机舱内外的气压不同，所以一定会起一阵急风，将机舱内的东西吹出舱外，因此遗书不可能仍在椅子上。警长便肯定是驾驶员把他的朋友抛出直升机，然后关了机舱门，再把遗书放在椅子上。

87. 明辨假古董

战国时期还没有公历。"公元"是根据基督教纪年法制定的历法，这种历法是以基督教的创始人耶稣的诞生之日为起点的，而小伙子手里的青铜鼎上，居然采用了战国时期几百年之后才产生的历法纪年。因此，可以推断这件青铜鼎肯定是后人仿造的假古董。

88. 试验辨谎

服务员的建议是：把该客人带到美容院剃成光头，三七开式的分界线就会明显地暴露出来。因为盛夏在海滨住了半月以上，分界处的头皮和面部一样会受到日光的强烈照射，头发剃光后，光头上就会出现一条深色的分界线。

89. 秘书的花招

秘书害死了卡恩博士之后，用电热毯包住其尸体，造成博士刚刚猝死的假相。

90. 判定逃跑方向

两位侦察员是根据青蛙的叫声判定的。青蛙不叫的方向即是罪犯逃跑的方向。

91. 排除假象取情报

亚当斯说把图纸放在沙发下面，那两个陌生人一定会四处寻找，把屋里翻得很乱，但是亚当斯的屋里却并没有被翻过的迹象。亚当斯说那两个陌生人来的时候就把电视机关掉了，可那件事发生在一个小时以前，电视机应该早已散热完毕，可是杰克摸到电视机还有微热。因此，杰克断定亚当斯是在说谎。

92. 通风扇在旋转

原来小龙在通风扇上做了手脚。通风扇如果正转，就会把室内的脏空气抽到室外；如果通风扇逆转，室外的空气就会流进室内。凶手小龙事先让通风扇逆转，用氧气筒把氧气输到室内，室内的氧气达到一定浓度时，阿查的烟头就会突然引燃，在一瞬间，室内就会被火笼罩。

93. 珠宝失窃

如果玛丽真的是刚进房间就被打倒，她端着的牛奶肯定就打翻在地了，不可能还安然地放在床头柜上。

94. 厨师如何辩白

第一，如果肉上缠着头发，锋利的刀切下去，就会被切断；现在切块后，肉上面仍缠有头发（未被切断），所以切前肉上缠着头发的假设不成立。第二，退一步讲，即使切块后肉上缠有头发，在高温的烧烤下，头发也会被烤焦的；现在发现烤热的肉上仍缠有头发，说明头发不是在烧烤前缠上去的。

95. 张飞审瓜

抱着孩子，没法再抱三个大西瓜走路了。张飞据此断定少爷诬陷好人。

96. 谁偷了文件

窃犯是刘杰。因为机密文件失窃只有保密员一人知道，刘杰不但知道发生了窃案，竟还能说出文件的编号，不是太奇怪了吗？

97. 包公断鸡蛋

包公对王延龄说：刚吃过鸡蛋，一定会有蛋黄渣塞在牙缝里。用清水漱嘴，再吐出来，就根据吐出来的水里有无蛋黄末来判断。秋菊不敢喝清水漱嘴，不是她是谁呢？秋菊已是个大姑娘，懂得道理，犯不着为两个鸡蛋闯下祸，这是一；二是当我知道是她吃了鸡蛋时，她感到羞愧和委屈；第三，这一条，也是最重要的，在全府众人面前她被当众说出是偷吃，这事不向众人说清楚，秋菊就不能过安分日子，会因羞愧而寻短见的。太师虽是开玩笑，试试我的才智，我要是一步处理不慎，不是会闹出人命来吗？

98. 智辨凶器

无赖的镰刀上聚满了苍蝇。镰刀是用来割稻子的，洁净无油腻，无腥味臭味，苍蝇不会聚集在上面。别人的镰刀上都没有苍蝇，只有无赖的镰刀上有苍蝇。这就是他刚杀过人的证据。

99. 自杀疑云

法医判断得对，应该是他杀。既然是贴着肉开枪，那么持枪的手不可能在被子中。

100. 钥匙的藏处

因为钥匙的隐藏地点是外人想象不到的，谁会想到钥匙会藏在狗的项圈中呢？即使有人注意到了，可这只狗是受过训练的，主人家以外的人是很难靠近的，所以空宅也就万无一失了。如此说来，能顺利取走钥匙的只能是失主家里的人。

101. 借据丢失后

加伊回信说只欠两千金币，阿桑因此重新又得到了借款的证据。

102. 糊涂的警员

因为死者双手放在被单下面。如果是自杀的，则头部中枪后，不可能还有时间将双手放回被单下面。

103. 信箱钥匙

钥匙寄回家后被投进了信箱，女管家仍然取不到钥匙。

104. 口袋里的金币

杰克口袋里只有一枚金币，因此不可能发出叮当的声响。

105. 深井命案

这么深的水井，大家都认为井下的尸体是无法确认的，为什么唯独她就认定是自己的丈夫呢？除了说明她早就知道这件命案外，还能有什么合理的解释呢？

106. 路遇抢劫犯

民警将手表分别在两个人手上试戴，根据表带洞扣的痕迹，他判断出了谁是那只上海表的主人，谁是抢劫犯。

107. 指纹的秘密

诈骗犯卢琳的手指，指纹部分也涂上了指甲油，所以没有留下指纹。

108. 两页中间

第43和第44是同一页。

109. 奇怪的陌生人

陌生人既然要进入"自己的房间"，那为什么要敲门呢？显然不符合常理。

110. 虚假的证词

人是背对着前进方向摇船的，所以背对着前面桥的方向摇船的男子是不可能亲眼看见桥上所发生的事情的。

111. 售票员变侦探

警察给自己买了一张往返票，但没有给他的妻子买。售票员认为这很奇怪，不符合人之常情。当警方调查此事时，这名警察已经拿到了他妻子死亡的保险费。警察承认了这一切。

112. 纰漏

劳伦右手臂一个月来都打了石膏，他的常用物品不应该放在右裤袋里。

113. 跑步脱险

所有人一起从左舷跑到右舷，再从右舷跑到左舷，就这样，搁浅的潜艇很快就左右摆动起来，慢慢脱离了浅滩。

114. 毁灭证据

朱衡释放了满屋的煤气，再打电话惊动左右的邻居，目的是想制造混乱。当人在逃生时，下意识中都会呼唤左右隔壁的人一起逃生，只要一按电铃，朱衡的目的将会达到。因为电铃的火花是点燃煤气的好工具，若屋内发生爆炸，证据必然尽毁。

115. 大树做指南

一般说来，树向阳的一面都枝叶茂盛，树头大；背阴一面，树头小。树干呢，是向阳的一面长得粗糙；背阴的一面长得比较平滑。这都是受光照多少而造成的差别。也就是说，树头大、枝叶茂盛、树干粗糙的一面是南面，反之，树头小、树干平滑的那面是北面。

116. 女画家被刺之谜

穿和服的日本女子疑点大，因为只要看看地上的脚印就知道了。日本人进到屋子里都习惯于脱掉鞋子，只穿袜子，而西方人则没有这个习惯。

117. 黑人姑娘的知识

斯通没有成功。这是因为电冰箱冷藏室中的冷却是利用液体制冷剂汽化时吸收电冰箱内的热量再向外散发的。因此，如果把窗子关严，电冰箱散发的热量散不到室外去，只能全部积留在室内，再打开冰箱的门，冷气、热气混合在一起，室内温度丝毫不会降低。相反，由于电冰箱内不容易冷却，压缩机就得不到休息，就会反复进行正、负、零的恶性循环，尸体反倒得不到冷却。

118. 初春命案

在日本温带气候生栖的蛇类是靠冬眠度过漫长而寒冷的冬天的。能够采春天的山野菜的时节，蛇还没有结束冬眠，是不会出来袭击人的。

119. 毛玻璃"透视"案

毛玻璃不光滑的一面只要加点水或唾沫，使玻璃上面细微的凹凸呈水平状，就变透明了，能清楚地看到出纳在办公室中所做的一切。而在左边办公室毛玻璃的一面是光滑的，就不具备这样的条件。

120. 不吃羊的狼

有趣的是，母狼吃什么样的食物，它的奶就会有什么样的味道。母狼不吃羊羔的特性，会很快地传给它的幼仔，并且母狼不给它的幼仔吃自己已经回避的食物——羊羔，那么幼狼也决不会去尝试这些羊羔。

121. 说谎的嫌疑犯

根据物理学常识，在只有一个电灯泡的房间里，不可能在房间的两面纸门上都照有人影，所以中间的房间应该有两个人。

122. 非同一般的狗

因为所有的狗都是色盲，所以，牧羊犬梅森不可能知道信号旗或秋衣是红色的。其次，狗很难知道人类即将要做出的动作和意图。

123. 智审德国间谍

吉姆斯说的那番话用的是德语，他从"流浪汉"露出的笑容中发现了破绽。"流浪汉"的真实身份暴露了。法国军官吉姆斯利用人的潜意识心理，转移德国间谍的有意注意，通过假释放的错觉，使他在无意之中露出得意忘形之色，这是一场典型的心理战。

124. 识破假照片

梅花鹿只有雄性长角。鹿角春天脱落，而后又开始长出新茸。新茸包在皮里渐渐地长大，到深秋才从皮里裸露出来。若照片是夏天拍的话，不会拍出长角的梅花鹿。

125. 黑色春天

事件应是意外，并没有嫌疑人。在密封的小屋内烧起炭炉，一氧化碳就会不断产生，但又没法流通的话，室内的人必会中毒，而此毒气由于无色无味，故使人防不胜防。陈同学因取水而出去，总算逃过了灾难。领队是"末日教"信徒，但灾难并非他所为，而是不经意中完成了他"集体自杀"的心愿。所以说，所住的地方如果要生炉火，必须保持空气流通是必要的常识。

126. 越狱的囚犯

是鸽子运来的。囚犯赵文每天在铁窗上撒些面包渣儿。在监狱外，其妻放出信鸽，信鸽发现面包渣儿，便向赵文的牢房飞来。这样反复进行几次，等信鸽记住了牢房的位置后，其妻在信鸽腿上绑上线锯，然后放掉信鸽。鸽子可在监狱的高墙上自由飞进飞出，而且监狱的看守也是不会注意鸽子会传递线锯的。于是，囚犯赵文便顺利地搞到了线锯。

127. 监禁在何处

008被关在新西兰。在北半球的夏威夷宾馆里，拔下澡盆的塞子，水是由右向左呈逆时针方向旋转流进下水道的。而在这个禁闭室，水是由左向右顺时针流下去的。所以，008弄清了当地是位于南半球的新西兰。水的漩涡受地球自转的影响，北半球水的漩涡是由右向左逆时针旋转，南半球则相反。

128. 被惨杀的鸵鸟

犯罪团伙利用鸵鸟的胃走私钻石。鸵鸟有个与众不同的特殊的胃（能吞小圆砾石或小石子），杂食性的鸟因没有牙齿，所以用沙囊来弄碎食物帮助消化。这种小石子不会被排泄，永远留在胃中。因此，罪犯在从非洲出口鸵鸟时，让其吞了大量的昂贵钻石。这样一来，便可躲过海关的耳目，走私钻石了；而且在入境成功后，再杀掉鸵鸟，从胃中取出钻石。

129. 货车消失之谜

将三名罪犯分为Ａ、Ｂ、Ｃ，设被摘下的货车为Ｘ。Ａ和Ｂ潜入列车，Ｃ在支线道岔的转辙器处等候。列车从阿普顿一发车，Ａ和Ｂ就将一根粗绳子系在货车Ｘ前后两节车厢的连接器上。绳子绕到Ｘ外侧，同支线正相反的一侧。当列车接近支线时，就打开Ｘ前后两车厢上的连接器。即使打开，绳子也连接着，所以前后的车厢不会分离，照样往前走。在支线等待的Ｃ在Ｘ前后车厢的边轮踏上交叉点的一瞬间，迅速切换转辙器。这样，Ｘ就滑上了支线。而不等Ｘ后面的车厢的车轮踏上交接点，再把道岔转辙器回位。这样一来，后边的车厢就被粗粗的绳子拉着在干线上行驶。

不久，列车接近纽贝里车站，速度减慢，被绳子拉着的后边车厢因为惯性会赶上前边车厢。这时，罪犯Ａ和Ｂ再关上连接器，卸下松弛了的绳子，跳下列车逃走。另一方面，滑入支线的货车Ｘ走了一阵后会自动停下，罪犯就可以轻而易举地将装在上面的名画全部盗走。

130. 女驯兽师惨死

这是一宗巧妙利用狮子杀人的案件，狮子的微笑表情实际上是它想打喷嚏的表情。凶手事先暗中把一种刺激性很强的药物喷在女驯兽师的头发上，当女驯兽师在台上把头伸入狮子口中时，狮子因药物的刺激而打了个喷嚏。由于狮子的力气太大，嘴一张一合，无意间便咬碎了女驯兽师的头颅。

131. 墓石移位

这个地方冬天非常冷。由于下雨落雪，使坑里积了水，到夜晚就结成冰。白天，这坑里南面的冰因受太阳的照射，又融化成水，而北面由于没有太阳照射，仍结着冰。这样，北面的水结成冰，而南面的冰又融化成水，沉重的球面便渐渐地出现倾斜，从而非常缓慢地向南移动。其正面的十字架必然也会渐渐地被隐埋起来。这种物理现象，就是男爵的墓石以移动的原因。

132. 星座破案

C在撒谎。北斗七星的斗柄在不同的季节位置差别很大，他画的北斗七星是秋季星座的样子，而现在才是5月。

133. 琳达的马脚

琳达小姐在门窗紧闭的浴室里淋热水浴，镜子被蒸气熏得模糊，根本不可能看清盗贼在镜子里的面容。

134. 糊涂的职业杀手

如果是死者生前打的字，打印机上应该留有死者的指纹。

135. 没有双臂的特工

尼古斯有一双经过刻苦训练的脚，这两只脚能翻文件，当然也能开车。

136. 深夜报案

如果那窗户一直打开着，那么至少已有45分钟了，则室内不可能这样暖和，警官断定夫人说了谎。

137. 失窃的名画

摩斯警长说的是真话。一个用右手的人脱裤子时通常先脱左腿的。而摩斯警长进到福克的卧室时，福克的右腿在裤腿里，而左腿还在外面。说明他当时正在脱裤子，不是像他自己说的是在穿裤子。

138. 教堂牧师夜弹琴

深夜突然出现激昂的琴声，打扰了附近居民的睡眠，他们纷纷跑到教堂来抗议，结果发现了窃贼，于是将他抓住。

139. 来过的痕迹

原来，波洛在敲门前就验过了门铃键，发现了杰米的指纹，并且波洛只敲门不按门铃，这样杰米的指纹完整地保留在上面，使汤姆无法抵赖。

140. 奇怪的证言

镜子只有60厘米高，退后几步根本无法照到全身。

141. 银碗中的头像

依据凹镜成像原理，在大水果碗中看到的影像，营业员不可能认定持枪者是谁，因为碗中反射出来的影像是个倒影。

142. 宝石藏在哪儿

冰块应浮在水面。警长看到窃贼杯子里的冰块有两块沉到杯底，推测一定是藏有钻石。普通冰块一般是浮在水面上，而冰块里藏有钻石肯定要沉入杯底

143. 日式住宅之谜

在古老的日本式房子中，就算门和窗都上了锁，仍然有一个地方可以打开，那就是榻榻米下面的地板。凶手在房内将被害者杀死后，特意将门窗关起来，使房间变成密室，再从榻榻米下面逃走。

144. 驯马师之死

罪犯是金发女郎。根据细节描写，我们可以判断出案发时间是冬季。金发女郎自称血迹是"刚才在他身上蹭到的"，实际上那时彼特已死了8个小时，他的血已结成冰，不可能会蹭到她袖子上去。

145. 风姿绰约的女侦探

是利用牵引式大货车的影子。很幸运，一辆大型牵引式货车同她是同一个方向行驶。女侦探驶进了大货车的阴影里与货车并行，所以一点儿也没晒着。

146. 雪地足迹

团侦探看到院子留下的罪犯胶鞋脚印清清楚楚，就知道谁是真正的罪犯了。因为那个院子很潮湿，所以像昨天夜里那样的低气温照理会结霜。所以如果罪犯是昨天夜里潜入室内作案的话，鞋印肯定会因地面结霜而走样变得不清楚。与此相反，鞋印清楚得连花纹都清晰可见，这说明是天亮之后也就是霜融化之后作的案。这样，真正的罪犯就是今天上午11点半左右在现场徘徊的小村明彦。黑木和也因从深夜1点到中午过后有不在现场的证明，所以是清白的。

147. 大画家的遗作

因为一连几天气温都在零下几十摄氏度，而且木屋的窗上又有破洞，所以橱中的墨水早就冻成了冰块，怎么能马上用来作画呢！

148. 白罐黑罐

白罐黑罐日晒后，白罐比黑罐温度低。

149. 手电筒的光

报案人就是罪犯。因为既然是停电，漆黑一片，报案人怎么知道失窃的东西和钱数呢？另外，手电射进门缝时，报案人如果往外看，是根本看不见什么的。所谓看到脸上的伤疤，是不可能的。

150. 疑凶的破绽

疑凶说话的破绽在于看到彩虹的方向。要是他真的看见彩虹，太阳应该在彩虹对面。既然案发时间是下午4时，彩虹应该在东面的天空出现，而不是西面呀！

151. 谁报的案

报案者正是和许晶通电话的人张福。当凶手敲门时，被害者曾在电话中讲："请等一下，有人按铃，我去开门。"而对方在等电话时，听到话筒中传来"救命"的呼声，于是就立即向警方报案。

152. 姐夫遇害

因为上校在电话中并未提名，而雷利却说出了被害姐夫的名字。而在面谈中，上校又了解到雷利不止一个姐夫。所以上校断定雷利就是凶手。

153. 越狱

被他一点点从马桶冲走了。

154. 比萨斜塔

因为比萨斜塔只有在一个特定的角度看才能看出是倾斜的。如果我们在它的正对面或者背面的时候，就只能看到它是笔直的。

155. 倒硫酸

他先找一些玻璃球，放入硫酸中，使液面升至10升处，然后把硫酸倒出到5升的位置即可。

156. 谁是总统

还是总统。因为只说副总统死了，总统还没死，当然要继续当了。

157. 一艘小船

把三把锁一个套一个锁在一起形成一个长链，然后锁在船的铁链上，这样每个人都可以自由地打开和锁上这艘船了。

158. 孙膑与庞涓吃饼

孙膑从容地拿了1个饼吃了起来。当庞涓还在吃第二个饼时，孙膑已经吃完了手中的饼，从桌上拿了两个饼，于是桌上没有饼了。最后孙膑吃了3个饼，庞涓只吃了最初拿的两个饼。

我们看到，故事中庞涓先拿了两个饼，最后他输了，所以，显然这不是他最好的策略。那么如果庞涓一开始只拿1个饼呢？这时候，如果孙膑拿两个饼的话，孙膑必然是输家。那么孙膑的策略也只能是拿1个饼。庞涓、孙膑各拿了一个饼后，剩下3个饼，此时就看谁吃得快了，谁吃得快谁再拿2个饼，就成为最终的赢家。

159. 首因效应

牌子上写着"额满，暂不雇用"。

这个大学生通过自己制作的牌子表达了自己的机智和乐观，给总编留下了美好的"第一印象"，引起其极大的兴趣，从而为自己赢得了一份满意的工作。这种"第一印象"的微妙作用，便是首因效应了。

首因效应就是说人们根据最初获得的信息所形成的印象不易改变，甚至会左右对后来获得的新信息的解释。实验证明，第一印象是难以改变的。

160. 聪明的聋哑人

他抱起老人的西瓜就跑，老人一定会去追。

161. 开玩笑

是那个玩滑板的孩子做的，他把自行车锁着的前轮放在滑板上固定好，靠后轮驱动着车子，把车子骑走了。

162. 比赛

因为两人都在一楼商场门口，基德上3楼，只要爬两层。而柯南下地下3层要下3层楼。柯南一定会输的。

163. 桥的承受能力

桥撑不住。牛顿第三运动定律指出，力的作用是相互的。杂技演员把球扔向空中时对球施加了一个力，这个力比球的重力大。这个力，加上小丑和剩下的两个球的重量一定会压垮桥的。

164. 丢失的螺丝

从其他3个轮胎上各取下1个螺丝，用3个螺丝固定刚换下来的轮胎，可以勉强开到修车厂。

165. 消失的邮票

王老先生把普通的大邮票周围涂上胶水，中间盖住自己那枚珍贵的邮票，粘在了明信片上。歹徒当然找不到了。

166. 12÷2=7？

把罗马数字12（ⅩⅡ）拦腰切成两半，就成了两个罗马数字7（ⅤⅡ）。

167. 称重的姿势

一样的，只要不动都一样。

168. 怎么摆放最省力

一样的，不管怎么摆，货物的总重不会变。

169. 仆人的难题

她只需把地毯卷起来，直到能够到皮球为止即可。

170. 判断材质

把两个球都加热到相同的温度，然后同时放入到同等质量的水里，测水的温度升高情况，温度升得高的就是比热容大的，铅的比热容大于金，所以水温度高的就是铅球。

171. 如何补救

干脆在所有的裙子上再多弄几个洞，形成一种风格。其实这是真事，"凤尾裙"就是这么来的。

172. 如何开宾馆门

每个人拿1把自己房间的钥匙，然后把12个人和12个宾馆房间编号，将另外一把1号房间的钥匙放到2号房间里，把2号房间的钥匙放在3号房间里，以此类推，11号房间的钥匙放在12号房间里，12号房间的钥匙放在1号房间里。这样，任何一个人回来，只要打开自己的房间门，就能拿到下个房间的钥匙，用下个房间的钥匙打开再下一个房间门……这样，任何一个人回来都能打开所有房间了。

173. 邮寄物品

找一个长宽高都是1米的箱子，把零件斜着放进去。因为1米见方的箱子的对角线正好超过1.7米，这样就符合了规定。

174. 八个三角形

将两根火柴棒底端的正方形对齐，然后将其中的一根转动45度角即可。

175. 拉断一根绳子

当我把下面的绳子慢而稳地拉住，上面的绳子就要承受书的重量和下面绳子的拉力。于是这根绳子上的拉力就要比下面的绳子大，它当然会先断。

如果我猛地一拉，惯性就会起作用。一开始书还没有被这一猛拉影响，所以拉力没有被传递到上面的绳子。于是下面的绳子受到了更大的力，先断了。

176. 确定十五分钟

1个小时很容易计时，关键是15分钟。如果两头一起点可以得到半个小时，而15分钟又恰好是半个小时的一半，所以要想办法得到能烧半个小时的香，这步是解题的关键。先拿两根香，一根两头一起点，一根只点一头。等第一根烧完之后，即半个小时之后，第二根剩下的部分还可以烧半个小时。此时将第二根的两头一起点，这样就可以计时15分钟了，然后等烧完之后再点一根香，加起来就是1个小时15分钟。

177. 发明

不能，即使能发明出来，那不仅没有东西去装它，而且它还会毁灭整个世界。

178. 加热还是冷冻

他说得不对。加热后孔将变大。这是因为，孔外面的金属可以看成是由一个条形的材料弯成的圈。加热的时候，金属条伸长，所以原来的孔变大了。轮子加热后套入轴，就是利用这个道理。同样，瓶盖太紧拧不开的时候，把它放在热水里加热就能拧开。

179. 动动数字

$1001 - 10^3 = 1$。

180. 坐板凳

不可能。这个小朋友把2号小朋友和17号小朋友搞混了。

181. 小气的皇帝

原来，这块土地的南北和东西方向是这个正方形的两条对角线。所以面积只有5000平方米，而不是10000平方米。

182. 四个三角形

解这道题，不能局限在一个平面上，而是要向立体方向发展。只需把6根火柴摆成一个正四面体，也就是一个棱锥体形状即可。另外有一个小技巧，可以使火柴不需要任何其他工具的帮助就可以保持这一形状。那就是把两根火柴的头部靠在一起，并成60度角，第三根火柴斜着放上去，保持与其他两根都成60度角，然后将三个火柴头点燃并马上吹灭，你就会发现，三根火柴连在一起了。这样就可以把它立起来，并在底下放三根火柴组成正四面体了。

183. 十一变六

先把纸倒过来，再加上个"S"，就变成SIX了。本题设计得很巧妙。

184. 调时钟

不是，敲第12下的时候，是12点0分55秒。虽然钟敲了12下，但时间的间隔只有11下，所以敲第12下是55秒。

185. 智救画家

拿起画家的画架就跑，他一定会追来的。

186. 盲打扑克

我们的思路和上一题基本类似。下面以一手5张牌为例，说明如何随机、隐蔽、公平地实现"两人各摸5张牌"。

不妨用数字1到54来表示54张牌。发牌前，甲在每个数字前附加一个随机字符串前缀，然后给每个字符串都加上一把锁，把54张加密的扑克牌传给乙。乙收到了扑克牌一看，傻了，这些牌他一张也不认识，每张牌上面都有甲的锁。乙从里面挑选5张牌出来。他自己不知道这5张牌是什么，但是他也不能让甲知道，于是他在这5张牌上再各加一把锁，传给甲。甲可以解开自己当初上的那把锁，但牌上还有一把锁，甲拿它们没办法，只能原封不动地传回去。乙把剩下的锁解开，得到自己的5张牌。然后呢，乙手上不是还剩了49张牌吗？乙从中随便挑5张出来给甲，由甲解开上面的锁，得到甲的5张牌。

听起来很完美，但实现起来并不简单。上锁开锁和加密解密并不完全相同：两把锁的地位是相同的，但两次加密则有先后的问题。要想把上述协议转换为密码学协议的话，我们需要采用这样一种加密方式：明文首先由甲加密，乙在这个密文的基础上再进行加密，此时甲还能够把里面那一层密码解开，而保持乙的那一层密码不动。

密码学上有一种复杂也安全的加密方法满足这种"交换律"：RSA算法。我们也可以用一种相对简单的加密方法是：甲、乙各想一个非常大的质数，加密过程就是把已有的数乘上这个质数，解密过程就是把得到的数除以这个质数。把两个很大的数相乘或相除是件很简单的事，但要分解一个很大的数则很困难。这样在时间有限的情况下就能保证对方不能破解出自己的质数来。这样下来，每个人都得到了自己的一手牌，而都不知道对方手里捏的是啥牌。以后如果还需要摸牌的话，则可以重复刚才的协议。游戏结束后，双方公开自己的质数，你可以验证看对方的质数与游戏中的数据是否吻合，以确定对方在游戏过程中是否作弊。这个协议可以轻易扩展到多个人的情况，也可以适用于更复杂的扑克牌游戏。

187. 换牌

A 2 和 3 4 互换：3 4 A 2 5
4 A 和 2 5 互换：3 2 5 4 A

32和54互换：5432A

188. 从长方形到正方形

像下图那样组合，就会出现8个正方形。

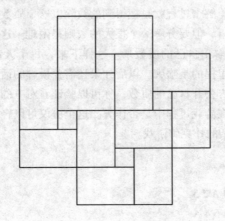

189. 最省钱的算命方法

不能。无论他有没有想出提问方式，这次都不能问了，因为他的钱只够付三问的问题，而且他已经问过三个问题了。

190. 入睡与醒来

很显然现在我们是醒着的，也就是说我们刚刚醒来过。而每次入睡都会有醒来的时候，所以这个问题就要考虑我们出生的时候是睡着的还是醒着的。如果出生时，我们是睡着的，那么我们的第一个动作就是醒来，所以醒来的次数比入睡的次数多一次；如果我们出生的时候是醒着的，那么我们的第一个动作就是入睡，所以我们入睡的次数和醒来的次数是一样多的。

191. 雷击事件

这种说法是错误的，雷击到任何地方的概率都是相同的，新的雷击的概率并不受先前雷击的影响。

192. 颠倒是非

镜子。因为"左右"是和人的朝向有关的，而"上下"和人的朝向无关。

193. 如何计算

先把2与15相乘，3与10相乘，这样原算式就变成了$30^3=27000$。

194. 失踪的弟弟

不是。因为父亲为O型血、母亲为AB型血，不可能生出AB型血的孩子。也就是说，弟弟的血型不可能是AB型。

195. 捉小鸟

往洞里慢慢地灌沙子，等它升到洞口处的时候抓住它。

196. 画线

爸爸把线画在小明的鞋子底下，当然需要很长时间才能把它磨没了。

197. 摆脱鲨鱼

不会，因为鲨鱼并不睡觉。

198. 小孩过河

因为现在是六月，过了几个月就是冬天了，河水结了冰，他就可以从上面走过去了。

199. 邮箱钥匙

因为钥匙还在邮箱里面的信封中。

200. 新建的地铁

因为在铺设铁轨的时候，每两根铁轨之间都要有一些间隙，以免因为热胀冷缩而使轨道挤压变形。而这条地铁线路中，所有的间隙加起来有800米，所以并没有任何危险。

201. 买镜子

高度至少要是小明妈妈身高的一半，这样才能照到全身。

202. 倒水

第四种方法最快。因为旋转摇动的时候，会在中间形成一个螺旋，空气可以从螺旋进入，加快水流出的速度。

203. 平分油

把它们放在水中，然后一点点倒油并调整，直至两个油壶的吃水线相同为止。

204. 飞上月球

不可能。因为月球上没有空气，鸟是无法飞的。

205. 房间的亮度

一样亮。房间的亮度只与灯泡的瓦数有关，与盏数无关。

206. 氢气球

是红色的气球，因为在晴朗的夏天，颜色深的气球吸热更多，所以红色的气球会更大一些。

207. 奇妙的数列

规律其实很简单，就是将前面两个数字的各位数字拆开并加起来。例如最左面的两个数字分别是99和72，就把它们都拆开，变成9、9、7、2，然后相加，等于9+9+7+2=27，即为下面圆圈中的数字。后面的所有数字都是这个规律。你猜出来了吗？

208. 一定不是猫叫

如果杰森确实是10分钟前才开车回家的，那么车底下的沙土地应该是湿的，然而情况恰好相反。这说明他3个小时内根本没出去。

209. 登山者遇害

他杀的原因是：如果翻落溪谷，那么死者的背包很大可能会和死者分离；如果是被落石击中头部致死，那么鼻梁就不会挺直而会被砸扁。生手的原因是：登山老手的手表一般是机械表，可以用指针来计算方向，数字表则没这功能。

210. 字据破绽

如果是10年前的字据，并且是叠起来保存的话，就应当是外面发黄，里面还是白的。而这张字据里外都呈黄色。经审问，张某终于招供：去年他和汪某立字据，有意将时间漏写，拿回家去补填了10年前的日期，并用茶汁将字据染色，使纸变黄。

211. 神秘的凶案

凶手是A——哈里希特，只有他带有可致人死命的凶器，只要把狗链绕在手上，就是一击可致人死命的硬物。

212. 溪涧旁的婴尸

要是像助手所说，是两天前被杀后抛到这里的，那么该男婴身上的血迹肯定会被水冲洗干净；而现在他们见到的尸体仍有着明显的鲜血，可证明他是刚被谋杀抛到这里的。

213. 迷幻药与色盲

亚森知道哈利是色盲，便嫁祸于他，故意将许多这种颜色的鞋子和那种颜色的鞋子混放一箱，但因太整齐划一，反而露出了马脚。

214. 拖延了的侦破

福尔怀疑送奶工是凶手，打匿名电话的是送奶工，他以为警察接电话后很快就会开始侦破，因此他不必再送奶了，因为现场有两份报纸，却连一瓶牛奶也没有。

215. 真假修女

那个修女是假扮的。柯南看到了"她"在咖啡杯子上留下的唇膏痕迹。因为真修女是不会擦唇膏的。

216. 不难找的凶手

假如佩奇是无辜的,他就不可能知道他妻子是被敲死的。他看到了凶器——手枪,本应认为其妻是被枪杀的。

217. 聪明的打更人

打更人知道安妮的习惯。安妮因为双目失明的关系,所以每晚都是走楼梯的,停电与否对她影响不大,上下楼梯是轻而易举的,不用人帮助,所以打更人一听便知那男子在说谎。

218. 浴缸里的谋杀

报案人所述时间表明,其妻应在10时15分前遇害,那么在他赶回家中的11时左右,其妻洗澡时浴水中的肥皂泡,经过45分钟以上的时间,已经消失了。因此法医认为报案人在说谎。

219. 女教师遇害

凶手是潘琪的男友。门上的猫眼表明,主人可以通过猫眼来分辨来访者。如果是学生的哥哥,那么潘琪会换上整齐的衣服来见客;但是,如果来访者是男友,潘琪则不在意穿着睡衣开门。

220. 失火还是纵火

A. 少妇是撒谎的纵火犯,因为铁锅内的油着火后,浇一桶水与浇一桶油情况恰恰相反。油比水轻,若浇水,反令火势更大,而浇一桶油,则火会因缺氧而熄灭,决不会火势更大。因此,少妇所述与实际情况不符。

B. 少妇是纵火犯。窗外有铁栅,而门外无铁栅,其公婆和丈夫可以从门口逃生,可见门被锁了。火灾后,门被烧毁,证据也被烧毁。少妇所述隐瞒真情。

221. 明信片戳破伪装

这张明信片是几天前妻子自己投到信筒里的。信是写给高中时的一位同学的,由于对方搬了家,明信片被附上"收信人地址不详"的条子退回了发信人处。妻子亲笔写的明信片被没收,伪造的遗书也就露了馅儿。

222. 名贵项链失窃

偷窃这条名贵项链的正是A夫人自己。因为从图中照片看，项链没有挂钩，如果有人将项链扯断，珍珠肯定撒得满地都是，只有A夫人自己才能将项链摘下。

223. 无赖的马脚

因为龙南点燃了壁炉里的干柴，烟囱必然冒烟，屋里没人，而烟囱却冒烟，一定会引起巡逻警察的注意，必然进屋看个究竟。

224. 气味的信息

送货员说他最后一次到老人的小屋里来是6天前，如果真是那样，那么他脚印的气味早已荡然无存了，狗也就不会嗅着脚印而来。因此，警长推断是送货员伪造了狗咬死老人的现场。因此凶手就是送货员。

225. 烛火玄机

警长看到蜡烛后产生了怀疑，再加上停电，蜡烛一直没有熄灭。如果死者是在自己的卧室里被杀的，过了24个小时，蜡烛早就燃烧殆尽了。一定是凶手把尸体搬进卧室，走的时候忘记吹掉蜡烛了。

226. 喷水池杀人事件

其实很简单的，关键就在：为什么要把尸体抛在喷水池里？解决了这个问题就真相大白了。因为尸体是被冻过的，为了掩饰尸体解冻时出现的水，所以要扔在喷水池里。还有就是要让尸体早些被发现，才能让法医准确地估计出死亡的时间。所以，很明显，凶手就是邻居张某！而且他还故意制造了个小偷的闹剧，目的就是要证明他在案发当时不在现场！

227. 照片的破绽

利用底片反洗来做不在场的证据。照片上西装胸部的口袋，纽扣都是左右颠倒，所以警长立即肯定这张照片是伪证。因为男的西装口袋是在左侧，纽扣也是位于左侧，照片上的口袋和纽扣却都在右边。犯人是把9点在海滨公园照的照片利用反洗使上午9点变成了下午3点。事实上他是在下午3点杀了他姨妈，然后以这张反洗的照片作为不在场的证明，不过百密一疏，他忽略了西装上左右颠倒的口袋和纽扣了。

228. 绸被破案

船尾上晒着一条新洗的绸被，绸被上聚集了很多苍蝇。要知道，人的血迹虽然可以洗掉，可血腥气难以洗掉，那么多的苍蝇聚在上面，很可能是上面有血腥气。再说，船家再怎么富裕，也不会用绸被，而且，绸面不是另外拆去洗，而是连同布夹里一起洗，这就证明船上的不是正派人，只有强盗才会这样大手大脚。

229. 鱼缸的证言

玻璃鱼缸里面养的是热带鱼。刑警看到热带鱼欢快游动，便识破了这个女人的谎言。因为在下大雪的夜里，若果真停了一夜的电，那么鱼缸里的自控温度调节器自然也会断电，到清晨时，鱼缸里的水就会变凉，热带鱼也就会冻死了。

230. 识破假和尚

出家七年，为什么额头上还有束裹头巾的痕迹？显然是剃发不久。

231. 珍珠被偷

西蒙探长在搜查时根据那颗散落的珍珠检查了吸尘器，发现地毯被吸尘器清扫过，并且吸尘袋不见了。于是他故意将棉絮弄了一地，以观女仆在打开吸尘器时的反应，谁知她却默不作声，这就证明她本人是罪犯。

232. 抬病妇

一个病妇有多重，这么多壮男居然要换肩抬，说明床一定很重；又见他们不时用手去盖被拉被，说明里面必有见不得人的东西。这些不都是很值得怀疑的吗？

233. 仙鹤引路

鹤是一种喜静的鸟类，那地方落着两只鹤，一定不会有敌人伏兵，可以从那儿突围出去。

234. 惊倒柯南道尔

因为旅行包上写有"柯南道尔"的名字，车夫是由此而认出他的。

235. 郁金香之谜

因为月季花和玫瑰花都是带刺的，而郁金香却没有刺。这正是玛格丽特对阿尔芒的暗示：选择这朵爱情之花吧，它不会扎你的手。

236. 邮票失窃

邮票贴在电风扇的叶片上。

237. 小空船

那天风很大，别的船都被吹得摇摇晃晃，只有那只小船不动，说明它很沉，是载了很沉的物品，可上船一看里面却空空的，因此船上肯定藏东西了。

238. 聪明的女孩

如果你把这张纸片倒着看，你就会感叹道："原来如此！"不是吗？倒着看它就是一个英文句子：Shigeo is boss, he sell soil。意思是：西格奥是头目，他是做石油买卖的。

世界上有一些事情往往很怪，有时候成年人费尽心机想解出一道题目，结果百思不得其解；而一个小孩当他用新奇的眼光看待世界的时候，倒常常可以领悟到事情的真谛。

```
      710
57735 34
      5509
51 036 145
```

239. 懒惰的人

警局负责人因为看见张三和李四无论衣服、双手还是抹布，均沾满油渍，便知道他们确实清洁过烟囱；可是陈七如果真的清洁过烟囱，身上不可能只有少许油渍，况且清洁烟囱也不会弄到面部肮脏。陈七以为弄污面部便可叫人相信他清洁过烟囱。

240. 奇诗

巴黎人把诗分成上下两节来读。此诗的真正读法为：

让我们敬爱，永恒英吉利；让我们诅咒，世上的纳粹。我们要支持，海上的儿郎；唯我们应得，胜利的荣光。元首希特勒，是不配生存，那海外民族，唯一将永生。德国的元首，将断送远征；公正的责罚，唯纳粹标记有份。

241. 智查走私犯

该女子不是真正的金发女郎，而是戴上了由黄金丝编成的假发。

242. 智识假现场

第一，小梁看到了死者脚上的新皮鞋，但没有注意到鞋底的花纹为何那般清晰可辨。这说明死者并没有穿着新皮鞋在泥地上行走，这也就不存在死者在泥地上滑倒摔伤的可能了。第二，现在死者的手指搭在电线的断头上，仿佛在告诉人们，此人是触电而亡。这是假象的制造者恰恰疏忽了一点：人的手指背触电是不会致死的，因为指背一触电，手的筋会向里收缩，即可脱离电线。所以，由此推断死者是被凶手杀害后弄到此处，而且故意弄脏了衣服，制造了这么个假现场。

243. 一副对联

上联缺"六"，下联缺"九"，谐缺肉缺酒。横联五字，组合起来为"吝啬"两字。难怪前来贺寿的绅士名流无不窃笑。

244. 证人被杀案

警长看到吃剩的苹果颜色仍未变深，即肯定它是在半小时内被丢弃的，所以知道曾有人进入过病房内。因为苹果肉长时间暴露在空气中，一定会氧化变成深咖啡色。

245. 书房里的秘密文件

原来秘密文件藏在灯罩内。当警长开启书房的台灯时，秘密文件的影子立即在灯下投射出来。

246. 刺客

这位女子是某医院的护士，凭借特殊的身份知道H公司的经理患了心脏病，并且知道他最多能活3个月，等到H公司的经理一死，这位女子理所当然得到了丰厚的酬金，而杰克却被蒙在鼓里。

247. 甲板枪声

汤姆因涉嫌而被拘捕，因为在狂风巨浪中要写出清晰的蝇头小字是不可能办到的。

248. 谁是真凶

议员是真正的凶手。他进诊所时，陌生人已经换上了干净的衣服，并且吊着臂，他不应知道陌生人是背部中弹。

249. 珠宝被劫

烛液全部淌落向门一侧，说明如果门真的如玛丽夫人所述敞开那么久，烛液就不会如此逆着风口向一边淌。

250. 富家女之死

其实线索在原文就已给出了，堂姐先进屋察看，她是帮凶，是她反锁的门。所以凶手是堂姐和她的未婚夫。当富家女和外科医生进入别墅后，医生便杀了她，在浴室里肢解了尸体，用防水布包着，放进大篮子里。因为被害者很娇小，重量轻，不易被发觉。

251. 消失的凶器

凶器是金鱼缸内的小石子。凶犯首先把小石子装在领带内，头尾打结，呈一长条棍状，藏于西装暗袋。凶手杀死查理后，立刻把小石子倒回金鱼缸中，然后结好领带，准备偷偷地离去。

252. 凶器藏在哪儿

凶器就是挂在墙上的大钟内的长针。因为长针是用铜片制造的，前端锋锐，可以刺穿喉咙。只要凶手杀人后，将针上血迹拭去，再把它放回原位便可。

253. 他还是她

使用抽水马桶不必用坐垫的当然是男人，所以，凶手要在Y女士的男性情人中去找。

254. 西餐店的谋杀

投毒的凶手是迈克。他的作案工具是那支吸了毒液的老式钢笔。

255. 遇害的寡妇

柯南说："我的根据是他的脚印太深，他的体重那么轻，而雪地上原先留下的脚印却和我这个庞然大物差不多，那么他一定带着很重的东西到被害人家去的。据我测算，这画家的体重加上个女人尸体刚好和我差不多。所以，毫无疑问，杀人的凶手就是他。"

256. 扑克占卜师被杀

凶手是宠物医院的院长。扑克牌里的方块Q仅是女王，也就是女人。3个嫌疑犯中只有宠物医院院长是女性，职业棒球投手和演员都是男性。被害人为暗示凶手是女人，临死前抓到了方块Q这张牌。

257. 教师之死

死者未穿上衣就去开门，所以凶手与他一定十分熟悉，因此凶手是他弟弟。

258. 美军医院

是假的。虽然美国在1867年购入阿拉斯加，1898年将夏威夷合并，但至1949年，这两处地方才分别被定为联邦的其中一州。1945年，美国当时只有48个州，所以旗上也应只有48颗星星。

259. 遗书露破绽

A. 侦查员看了遗书上的日期便起了疑心。假如是英国人写的，那么日期应写成"15•10•97"。因为英国人首先写日，然后写月，最后写年。而美国人的书写习惯相反，先写月，再写日，最后写年。所以那个美国人有重大嫌疑。

B. 侦查员看了遗书上的"只好见上帝了"的用语起了疑心。"死后去见上帝"，这是美国人的习惯用语。所以美国人有重大嫌疑。

260. 教堂前的尸体

尸体离墙只有30厘米，如果由10米的高空跌下，尸体不可能如此靠近墙壁。

261. 饮弹而亡

因为那柄手枪上还留有贝尔医生的指纹。

262. 林肯的亲笔信

林肯的手迹是伪造的，漏洞在于其中的"国歌"二字。1931年美国国会才正式定《星光灿烂的旗帜》为美国国歌，所以林肯执政时美国还没有国歌。

263. 日本刀杀人案

是用弓箭射的。如果留意凶器日本刀上没有护手，谜也就解开了。也就是说，凶手是将日本刀当作箭，在25米以外用力拉弓射出来的。

264. 冒牌丈夫

福尔发觉，除了对"不想更正死亡消息的误传"没讲出原因之外，他说自己在死亡消息传出的第二年把商行转卖给彼得格勒的大商行，这是个破绽。1911年彼得格勒叫圣彼得堡。

265. 真假新娘

珠光宝气的浅黑肤色女士。她的结婚戒指戴在左手，这是美国风俗。而那位金发女士的结婚戒指戴在右手，这是德国风俗，而菲克的新娘子正是德国人。福尔为了看清她们如何戴的结婚戒指，故意让她们演奏钢琴曲。

266. 白纸破案

老太太在生命垂危时，用缝衣针在白纸上用盲文刺上了杀害她的凶手的名字和原因。

267. 推理作家破案

这起投毒杀人案的同谋犯就是艾姆夫人的保健医生。他受麦吉的重金收买和色情诱惑，成了这一罪行的帮凶。在每周的定期检查时，将无色无味的毒药涂在体温计的前端。在当时，体温计是口含的。这样，每次都有微量毒素通过嘴进入了艾姆夫人的体内，日积月累，终于有一天达到了致死的剂量。奎因在了解到艾姆夫人的周密防范措施之后，认定毒药只能从口中进入，而且只能经由测试体温这一途经。

268. 被谋杀的富商

杰夫是习惯用右手的，所以他若是真的自杀，应该在临死时握着手枪，而不是一支墨水笔。

269. 书房里的抢劫案

外面有大风，而落地窗一直打开着，所以，燃烧着的蜡烛应该很快就被风吹熄，可是桌上却有一大堆烛液，显然有问题。

270. 项链被窃

窃贼是伯爵夫人。她趁停电时把项链偷去，戴在哈巴狗的脖子上，用毛盖好。由于哈巴狗的毛很长，加上又是白色的，所以就成为隐藏珍珠项链的最佳"处所"了。

271. 落叶下的秘密

秋季是树叶飘落的季节。如果车子在森林中停放两天，车上一定会堆满落叶。而案发现场的车子上落叶很少，证明车子停放在这里时间不长，罪犯只能步行离开。秋日的森林，遍地落叶，罪犯很容易留下痕迹，也不容易走远。

272. 深夜劫案

A. 易拉罐啤酒未经剧烈震荡或摇晃不会产生大量泡沫，警长正是从这点上看出了抢劫犯的破绽。

B. 既然是朋友遗忘的包，他怎么知道里面有啤酒，还随便地拿出来请别人喝。

警长是从这两点上看出破绽的。

273. 潦草的遗书

刑警看到小鸟还在笼子里便断定是他杀的，因为既然死者是爱鸟协会的会长，在自杀之前应该会将小鸟放飞，给它们自由。爱鸟家对小鸟的爱要超出常人许多，而把它们关在笼子里自杀是不可想象的。

274. 泄露天机的苹果

警长识破孙军华的诡计，就是靠那只苹果。原来在苹果表皮的细胞里含有一种叫氧化酶素的物质。平时它被细胞膜严密地包裹着，不与空气接触，但一旦细胞膜破了，那氧化酶素就与空气中的氧气发生作用，导致苹果变色。孙军华咬过的苹果还没有变色。如果真像孙军华所说30分钟前被人麻醉昏倒的话，那么苹果肉的颜色理应变了。

275. 手机短信的秘密

一串字母是：QEEBCZFFHIJDFSFDARSKWSYEWLHGEJKHQSXABHSUFTQGO

另一串字母是：CGJOTWAEJLOSVAE（应该无可能系拼音，因为有V，V拼不出任何字）

四个数字：3214。

你可以如下推理：（A B C D E F G H I J K L M N O P Q R S T U V W X Y Z）

你看这一字符串CGJOTWAEJLOSVAE是有规律的，它的排列顺序是按英文字母表顺序排列的，并且是中间有间隔循环的，中间这些字母间隔的数字也是把上面的字符串隔开的。如字母C之前有AB两个字符，C到G有DEF三个字母，如此类推那么你就可以把上面的字符串做如下间隔：QE EBC ZF FHIJ DFSF DA RSK WSYE WLHG E JKH QSX AB HSUF TQGO，而关键的是解出如下谜题，利用3214这个密钥，把密文翻译成下面一串字符串QE EBC ZF FHIJ DFSF DA RSK WSYE WLHGE JKH QSX AB HSUF TQGO，密码 SG EEE AG JJJJ GHTF GC SSNYTYH YMHJ G KKK STX DD ISYH UQJQ

是如何得出这些源码的呢？你在密码的每个字母下面用3214依次标明。

QE EBC ZF FHIJ DFSF DA RSK WSYE WLHG E JKH QSX ABHSUF TQGO
32 143 21 4321 4321 43 214 3214 3214 3 214 321 43 21432143

然后把密码的每个字母依下面的数字依次向后推，得出源码。如Q的后三位字母是S，E的后二位是G，E的后一位是它本身，B的后四位是E，就会得出如下源码：

SG EEE AG JJJJ GHTF GC SSN YTYH YMHJ G KKK STX DDISYH UQJQ

你试着用五笔字输入法输入如下字母，就会得出如下源文

本月七日下午到楚州市一品梅大酒店交易

QE EBC ZF FHIJ DFSF DA RSK WSYE WLHG E JKH QSX ABHSUF TQGO

密码32 143 21 4321 4321 43 214 3214 3214 3 214 321 432143 2143

SG EEE AG JJJJ GHTF GC SSN YTYH YMHJ G KKK STX DDISYH UQJQ

源码本月七日下午到楚州市一品梅大酒店交易3214

关键词CGJOTWAEJLOSVAE作为间隔

276. 轿车里的命案

死者的嘴里和胃里都有鲜樱桃，这说明他死前一直吃着樱桃，然而汽车的内外毫无污痕，在地面上也没找到樱桃核。

277. 吝啬财主的诡计

才哲把所有的美元当作墙纸，贴在墙上，然后在外面再贴满报纸，故很难被发现。但终于被他聪明的侄女找到了。

278. 巧取手提箱

其实，男士并没有下错车，是侦探故意这样说的。如果男士说他拿错了手提箱，照理他应该赶快回到车厢拿回自己的手提箱，但他却往出口走，显然他是偷手提箱的贼。

279. 滑雪痕迹的秘密

说梅本昨天夜里在小池美江子的别墅里过夜，这纯属谎言。他在下雪之前就一直在自己的别墅里了。星期六早晨，雪停之后，美江子滑雪来到梅本的别墅。但当时是使用了单只滑雪板。并且，在自己别墅门前的那棵松树上拴了一条绳子，是一边放开绳子一边滑下来的。当到了梅本的别墅后，为了不让绳子碰到雪面，她把绳子拴到了后门的柱子上。作案返回时，又拉着那条绳子，边往身上缠绕，边用单只滑雪板缓慢地爬上斜坡返回自己的别墅。这样，雪地的斜坡上就只留下了两条滑雪板的痕迹，伪装得好像真是梅本自己从美江子别墅滑雪回去的痕迹。梅本别墅后门戳着的两只滑雪板，是美江子听了要下大雪的天气预报后，前一天事先拿到这儿的。滑雪板痕迹之所以很不规则、不自然，是拉着绳子用一只滑雪板往返造成的。还因为拉着拴在树上的绳子往返，松树被拉得摇摇晃晃，所以枝叶上的积雪落到了地上。

280. 宿营地命案

柯南说："如果这咖啡是1小时前暴徒来时就煮好了的，那么现在早就干了，不可能溢出来。一定是你先杀了路易，然后才开始煮咖啡做假现场。"

281. 可口可乐提供的线索

从冰箱取出的可口可乐接触室内空气后，罐外会发生液化现象，产生水珠会洇湿压在下面的那张信纸上的钢笔字迹。而这半听混有氰化物的可乐铁筒外是干的，决非取自冰箱。

282. 捣鬼的秘书

海鸥是逆风起飞。海鸥起飞时足迹的方向证明风是从大海吹来的，而不是从陆地，所以那张邮票决不会被穿堂风吹进大海。

283. 狡猾的走私者

自行车。

284. 悬崖伏尸

探长发现死者还架着一副太阳镜。假使是自杀，由悬崖跳下去的时候，眼镜应该会滚掉，不可能还架在鼻子上。悬崖上的一只鞋只是行凶者掩人耳目、混淆视听而已。

285. 明断替罪案

胡县令说："你想啊，瞎子发怒打人，一般都是乱砸一气，而那三处伤口却排得清楚整齐，这显然是眼明之人所干的！我一看现场就有怀疑。随后我叫来了他的儿子，故意让他们生离死别，一看那儿子不自然的举动、不符常理的神情，我心里就有了谱，再趁他心神不宁之时一追问，实情不就水落石出了吗？"

286. 狗咬了她吗

如果是狗咬伤了西凤，她伤口附近的衣服不可能完好无损。

287. 警长看到了什么

警长看到床上很整齐，由此推断：主人是为了获取保险公司的大笔赔偿费，有意制造了这一"盗窃案"的。因为如果主人是睡下后起来与强盗进行搏斗的话，那么床上就会很乱。可是，他观察发现，床上很整齐。这就证明主人是在说谎。

288. 流放犯人

英国政府最终找到了一个更好的办法，那就是对运送犯人的制度稍加改变，流放人员仍然由往来于澳洲与英国的商船运送，只是运送犯人的费用要等犯人被送到澳洲后再支付。政府不再根据上船时的人数，而是根据到岸时活着的人数来计算费用。

这个机制的转变使犯人的死亡率从12%降低到了1%。

289. 法官的妙计

一到家，牧场主就按法官说的挑选了5只最可爱的小羊羔，送给猎户的5个儿子。看到洁白温驯的小羊，孩子们如获至宝，每天放学都要在院子里和小羊羔玩嬉戏。因为怕猎狗伤害到儿子们的小羊，猎户做了个大铁笼，把狗结结实实地锁了起来。从此，牧场主的羊群再也没有受到骚扰。

为了答谢牧场主的好意，猎户开始送各种野味给他，牧场主也不时用羊肉和奶酪回赠猎户。渐渐地两人成了好朋友。

290. 对画的评价

老人让他重新描了同样的画拿到图书馆门前展出。可是这一次，他要求每位观赏者将其最为欣赏的妙笔都标上记号。当他再取回画时，看画上的记号，一切曾被指责的败笔，如今都换上了赞美的标记。

"哦！"这个学生不无感慨地说道，"我现在发现了一个奥妙，那就是：无论我们干什么，只要使一部分人满意就够了。因为，在有些人看来是丑的东西，在另一些人眼中恰恰是美好的。"

291. 奇怪的评分

因为考试考的都是判断题，正确答案都是"错"。

292. 触礁

船可以救人4次，第一次救5人，因为需要有人划船，所以第二次、第三次和第四次，每次只能救4人，一共5+4+4+4=17人。

293. 漂浮的针

插在稻草上。

294. 聪明的阿凡提

阿凡提撅起屁股、退着进的屋子。

295. 倒可乐

可乐倒进了小明的嘴巴里，被小明喝了。

296. 放方糖

因为咖啡里还没有加水呢。

297. 校长的门

因为——这是一道玻璃门。

为什么这样脆弱的一扇门反而会使得学生们小心了？因为这是一扇用信任和爱心制造的，能够使人懂得珍惜和呵护的心灵之门。学生在玻璃门中看到了自己，新鲜的自己，玻璃门捧出了一份信任。

298. 司机的考试
结果这家公司录取了第三位。

面对危险的诱惑，应离得越远越好。

299. 成人之美
在全场有点尴尬的注目下，奥德伦很有风度地回答："各位，千万别忘了，回到地球时，我可是最先出太空舱的。"

他环顾四周然后笑着说："所以我是从另外的星球来到地球的第一个人。"

大家在笑声中，给予了他最热烈的掌声。

成功不必在我，团队的成功就是我的成功，你会不会欣赏同事的成就呢？你会不会愿意从心里为别人热烈地鼓掌呢？

"成人之美"不但是一种修养，更是一种美德。

300. 遗嘱
因为"剩下的一半加半头宰杀犒劳帮忙的乡亲"，只有剩下 1 头时，一半加半头才能正好一头不剩地分完。所以可以推出，一共15头，分别分到了8、4、2、1头。

301. 厕所和厨房哪个更重要
当然，来餐厅的顾客大部分都更希望在厨房更干净而不是洗手间更干净的地方用餐。但是，餐厅的雇主更在意的却是洗手间的清洁，麦当劳公司非常清楚地知道，顾客能看到的就只有厕所和餐厅这些地方，不可能到后厨看看是否干净。麦当劳想通过保持这些地方的干净传达给你一个信号：既然我们愿意花费这么多的精力和时间来打扫厕所，那我们肯定更愿意保持后厨的卫生，所以来我们这里吃饭是可以放心的。

302. 免费打气
免费打气服务吸引了不少骑自行车的工人，他们在打完气后往往会在老者那儿买包烟，这样，老者的生意就好起来了。

303. 聪明守门人
学校裁员必然从最不起眼的地方裁起——学校守门人的饭碗岌岌可危。他把各位教职工招到自己的地方，加强沟通，必然会有人为他说话，把他留下来。

304. 逃脱劳动

可能，因为这个箱子足够大，老师可以进到箱子的里面，所以她可以同时看到箱子相对的两面。就像我们在屋子里面可以看到相对的两面墙一样。

305. 巧放棋子

3颗棋子放在等边三角形的3个顶点；4颗棋子放到正四面体的4个顶点上。

306. 智斗强盗

第一个袋子放1块碎银子，第二个袋子放3块，第三个袋子放5块，然后将这三个袋子一并放入第4个袋中，这样就可以了。

307. 聪明的豆豆

他带了两斤的货物。

308. 猫吃老鼠

把老鼠算第一个，从老鼠开始顺时针数的第七条鱼，从它开始数起，就能最后一个吃老鼠了。

方法：在纸上画13个点并且围成一个圆形。然后从某一点开始顺时针数起，每数到13就把那个点划掉，然后继续数。直至只剩下一个点。把剩下的这个点的位置确定为老鼠的位置，而第一个点的那个位置就是我们一开始要数的那个位置了。

309. 排队的顺序

如果F排在E后面的话，那顺序就是CEBFA，这样剩下的条件（4）和条件（5）无法同时满足，所以F肯定是在E的前面；

这样BCEF四个人的顺序是CF（FC）EB，因为E不是第五个，所以A和D不能都在E前面，两人也不能都在B的后面，所以顺序是CF（FC）AEBD（DEBA），无论哪种组合，第四位都是E。

310. 猜国籍

莉莉是法国人，娜娜是日本人，拉拉是美国人。

（1）莉莉不喜欢面条，那么喜欢面条的只有拉拉和娜娜。

（2）喜欢面条的不是法国人，那么拉拉和娜娜就只能从日本人和美国人中选了。

（3）因为娜娜不是美国人，所以娜娜只能是日本人，拉拉就是美国人了。

311. 数字矩阵

每个2×2的方格中，右下角的数字都是其他三个数字之和。根据这条规则，得出未给出的数字是63。

312. 分配零食

第一个小孩是明明，喜欢吃橘子；第二个小孩是小新，喜欢吃核桃；第三个小孩是小玲，喜欢吃瓜子；第四个小孩是小丽，喜欢吃话梅。

313. 关卡征税

一共有5个关卡收过商人的税。最后剩下一斤，则遇到最后一个关卡时还有（1+1）×3=6斤苹果；遇到第4个关卡时还有（6+1）×3=21斤苹果，以此类推可以知道，最开始有606斤苹果。

314. 聪明的匪徒

应该从头目后面第4个人开始数起。

思考方法：先从任意一个人开始点名，直到剩下最后一个人，记下这个人的位置。然后数一下最后剩下的人与匪徒头目的距离，把第一个点名的人向相同方向移动这个距离开始数即可。这样最后剩下的就是这名头目了。

315. 牧童的计谋

牧童的办法是这样的：用比桥还长的绳索系在牛和车之间，这样二者的重量就不会同时压在桥上了，牛和车上的石料都能顺利通过了。

316. 心灵感应

不是的。没有心灵感应。小明每次到家时都会喊："老婆开门。"如果小红真的在家，她就会听到，如果不在家，她就不知道小明叫了她。所以小红知道的每一次都是对的，并不是两人真有心灵感应。

317. 装睡

不是的，哥哥没有特异功能。哥哥每次见到弟弟在睡觉的时候都会说："你在装睡！"弟弟真的装睡的话，就会听见；而当弟弟真的睡觉的时候，他不会知道哥哥在说话。所以他知道的每一次都是对的，并不是哥哥有特异功能。

318. 杀死跳蚤

因为这喷剂的味道太臭了，那人只好打开窗户通风，结果跳蚤都被屋外的冷风给冻死了。

319. 精明的生意人

是这位领导入住朝阳山庄时，在酒店贵宾签到册上写下了自己的名字，然后在下面写下了"某年某月某日于朝阳山庄"一行小字。结果，这位精明的生意人便把"朝阳山庄"4个小字放大成为题字，把领导的名字缩小作为落款，就这样成了这家酒店的牌匾！

320. 如何拍照

这位朋友的思路是：他先请所有拍照的人全部闭上眼睛，听他的口令，同样是喊："1……2……3！"但是要大家在喊"3"的时候一起睁开眼睛。果然，全都神采奕奕，比本人平时的眼睛更大、更精神。

生活中有很多难题，其实只要我们换一个思路，都可以迎刃而解。

321. 调整水位

把铁球取出来放到水里。因为铁的比重远大于水，当铁球放在小塑料盆里时，所排走的水的重量等于铁球的重量，体积大约为铁球体积的7.8倍。而铁球在水里所能排走的水量仅等于铁球的体积，所以水位会下降。木头、水的比重都不比水的比重大，所以把它们放到水缸里水位不会变。

322. 盖房子的故事

三家人一共用了8000块砖，其中，老李出5000块，老乔3000块。每人用其中的1/3。这么算的话，除去两人自己盖房的砖，大周用了老乔1000/3块砖，用了老李7000/3块砖。两人理应按1∶7分配大周的钱。

323. 接领导

司机比预计时间提前了20分钟到会场，也就是说他从遇到出租车到火车站这段路程来回需要20分钟。所以从相遇时到到达火车站，司机需要10分钟。也就是说，按照预计的时间，再过10分钟火车应该到站，但是此时上一趟火车已经到站30分钟了，也就是出租车走这段路的时间。所以领导坐的车比预计的早到了40分钟。

324. 不会游泳

要过河的那人笑着答道："这位船老大不会游泳，他就会万分小心地划船，所以坐他的船才是最安全的。"

325. 扔扑克

首先看字母，第二次的时候能看见a、i、u，也就是说背面是o的可能是第二次看见的A和3中的一张。但是，第一次时o和A同时出现，所以A的背面不可能是o。因此3的背面是o。

326. 忧心忡忡的母亲

可以叫她反过来想：雨天，小儿子的伞生意做得红火；晴天，大儿子染的布很快就能晒干。逆向思维就会使这位老母亲眉开眼笑，活力再现。

327. 处理国家大事的时间

他选择在周一、周三、周五的午夜处理国家大事，每次3小时，然后周日再处理3个小时。前三次每次处理国家大事都跨过了两天时间，所以满足了国王的要求。他一共花了12个小时处理国家大事。

328. 是否改变选择

开始的时候，你选中的机会始终都是1/3，选错的机会始终都是2/3。这点是确定的。

当打开一个100元的信封之后，如果你坚持选择那个信封的话：

如果10000元确实是在那个信封里，那么不管主持人打不打开那个100元的信封，你都一定会中奖。所以概率都是$1/3 \times 1=1/3$。但是如果10000元不在那个信封里，那么在主持人打开100元的信封后，剩下的那个信封100%是那个有10000元钱的。所以如果你还是坚持选择那个信封，中奖的概率是$2/3 \times 0=0$。那么加在一起，你中奖的概率是1/3。

如果你改变你的决定的话：

如果10000元确实是在你选择的那个信封里，那么改选另一个信封的话，你中奖的概率是$1/3 \times 0=0$。但是如果你原先猜错了，那么在主持人打开100元的信封之后，剩下的那个信封100%是那个有10000元的。那样中奖的概率是$2/3 \times 1=2/3$。那么加在一起，你中奖的概率是2/3。

所以说，在这种情况下只要你改变你原先的选择，中奖的可能性就会翻一番！

329. 菜市场的商贩

根据他们的对话，卖水产品的不是来自烟台就是来自海南，而他刚说完话，海南人就说话了，断定他来自烟台。这样，卖杠果的就是大连人，海南人在卖鸭梨。

330. 假币

因为这张假币与真币很接近，只是颜色和真币有区别，而且这个区别比较明显，连小明都可以轻易认出来，更别说是经常接触钱的妈妈。唯一的可能就是那个买水果的人用一张百元钞票，妈妈没有真币和它对照，才误收了假币。所以就是那个只用了一张百元钞票的小伙子给的假币。

331. 亲生子

不可能。因为父母都是A型血，是不可能生出B型血的儿子的。

332. 区分鸡蛋

把鸡蛋放在一块平地上旋转，生鸡蛋因为里面是液体，所以很难转动。而熟鸡蛋因为蛋液都凝固了，所以可以轻松旋转。

333. 北极的植物

因为北极的温度很低，植物生长需要足够的热量，而由于地面的反射，越靠近地面热量越多，所以植物只有在靠近地面的位置才会生长。

334. 体重

不变。因为一个物体的质量只与它本身有关，与地理位置无关。

335. 李白喝酒

原来有7/8斗酒，倒着推就可以了。第三次遇到花后喝光了酒，说明第三次遇到店的时候酒壶里有1/2斗的酒。第二次遇到花的时候则有3/2斗酒，遇到店之前是3/4斗。第一次遇到花的时候，有7/4斗，遇到店之前，也就是原来壶中有7/8斗酒。

336. 聪明的孩子

因为这个孩子想别人之所以笑是因为他们看到了鬼脸，而自己看到另外两个人都有鬼脸，同样地，他们两个也都会看到两个鬼脸。因为如果自己没有鬼脸的话，另外两个人在看他和看别人的时候会有所区别。这就说明自己也有鬼脸，所以他就去洗脸了。

337. 枯井

不能，它需要斜着有一定的距离才能飞起来。

338. "杀人"的酬金

其实女子是一家医院的护士，她在得知张老板患有心脏病，最多只能活3个月的时候，找到张老板的竞争对手，也就是王先生，让其相信是自己帮他"干掉"对手的。

339. 聚会的日期

当然可以。不管什么天气，去不出门的那个人的家中聚会就可以了。

340. 买书

还有168页。

因为从第3页到12页这10页撕下来后还剩下190页，说明第3页与第4页在同一张纸上。这样第88页前面的87页和107后面的108页也会被撕下，所以还剩下168页，而不是170页。

341. 盲人分衣服

他们把衣服放在太阳下面晒，过段时间去摸一下，黑色的衣服要热一些，而白色的衣服不怎么热，这样就可以分开了。

342. 神枪手钓鱼

因为水折射现象，站在岸边的人看过去，鱼会与它所在的位置偏离，所以子弹当然打不到它。

343. 抓骨头

前腿够不到就用后腿，就可以吃到了。

344. 灯的数量

还是7盏。

345. 吃罐头

因为老大、老二吃的都是果肉，而给老三留的是汤水。

346. 卖给谁

卖给买20斤米的客人。这样他只需把25斤米舀出5斤即可，而如果卖给要买8斤米的客人，则需要舀8斤米。

347. 怪盗偷邮票

他把邮票藏在电风扇的扇叶上了，风扇旋转起来，别人是看不出上面有邮票的。

348. 愚蠢的国王

因为御医回家所用的时间太长了，用了十年。十年过后，国王又没有见过王子，王子当然长大了。

349. 无法入睡

因为他无法入睡的原因是隔壁的一个人鼾声如雷，他打电话把对方吵醒，对方停止了打呼噜，他就可以睡觉了。

350. 移走巨石

在巨石附近挖一个大坑，让石头落入坑中。这比凿石头要轻松很多。

351. 最安全的名画

因为这是一幅画在美术馆墙壁上的巨大的壁画，没有人能偷得走。

352. 冰封的航行

在冰面上撒些炭粉或者黑土，由于深色可以吸收更多的太阳光，所以可以让冰加快融化。

353. 站住不动

因为他搭上了电梯。

354. "腊子桥"

温阳镇上只有解放桥，因此"腊子"可能是接头时间。子是子时，就是深夜十二点。当时是腊月，而且一半是"昔"，按解谜离合法拆解为二十一，因此可得腊月二十一日深夜十二点接头的暗号。

355. 佳画讽贪官

"僧在有道"即"生财有道",是讽刺知府老爷发帖开贺,搜刮钱财。

356. 徐文长的"心"字

徐文长要店主把缺的那一点改成红的。"心"缺一点,既引人注目,又使人有空腹的感觉,来吃点心的人就会多。加上一点,就变成了实心,而且黑漆给人有黑心的感觉。黑点改成了红点,就是说店主改正了错误,生意自然会变好了。

357. "恳"

少一点的良心。

358. 改一字救命

把"用"改成"甩"字。"用刀劈死",是故意杀人,要偿命;可"甩刀"就不一定致对方死命。只是甩得不巧,失手劈死。这样就把故意杀人罪降为误伤致死的过失罪,至多判两三年刑。

359. 车号谜团

被车撞后仰面倒在路上的男子,将逃跑车辆的号码看颠倒了,"6198"的数字如果上下倒过来看就成了"8619",也就是说,罪犯的真正车牌号是"8619"。

360. "赢"字破案

由于"赢字"与"银子"的读音相近,老板娘做贼心虚,她清清楚楚听到男人已经承认"银子"在,便再也不敢隐瞒了。

361. "好好"的故事

其实和"好"字拉关系的两个人应无问题,就是名字叫刘好人的和老友李浩东因为被称为"老好人"也是胡乱拉扯的。只有玛花有最大的可能。明白好字的含义,就明白和肯定她是疑凶,因"好"字拆开是"女""子"的称谓。全句是:"小心女子,女子是杀我的凶手。"

362. 吕安访友

"凤"字分开是"凡鸟"二字,吕安是借这个字来讽刺嵇喜庸俗无能。

363. 包公训儿

算盘。

364. 包公招贤捉罪犯

移椅倚桐同赏月。

365. 找到了6位数

如果把它译解为21时35分15秒，就变成了6位数，即213515。

366. 破谜救国

岩摩纳说："这道谜说的是：天地分东南西北4个方位，红果是太阳，白果是月亮，那亿万朵鲜花是数不清的星星。"于是勐邦加避免了一场灾难。

367. 十四字状

万砍有董卓之淫。

368. 刀笔吏妙拟奏折

第二句是：大清一统，何分江北江南。这两句点睛之笔的意思是：统一的大清难道不如纷争的列国吗？为什么要自订规约、自缚手脚呢？

369. 不求人

县令四句暗喻"蒸馒头"。农夫第二天给县令送去的就是一篮子馒头。（古时多用毛竹做的箅子做蒸屉）

370. 徐文长手对知府

徐文长答道：对第一联扬了扬手，就是说"一掌平平，五指三长两短"；对第二联拱拱手，两手平摊，往上一举，是说"锦带桥，桥洞圆，圆似镜，镜照万国九州"。

371. 问路

"要女的走开"，"要"去掉"女"，即是"西"，就向西边走。"吓得我不敢开口"，"吓"字去掉"口"，即是"下"，于是就向山下那条路走去。

372. 智惩四恶少

白食不好吃。

373. 甲乙堂

读书人说："这是极容易明白的，此人本来是从皮匠起家的，皮匠最重要的工具有两样东西：一样是钻子，一样是皮刀。'甲'字不就像个钻子吗？'乙'字不就像一把皮刀吗？我用'甲乙'两字替他题了堂名，这叫作'君子不忘其本'啊！"

374. 电梯里的故事

那位法国地下组织的成员吻了他自己的手，然后狠狠打了纳粹军官一拳。

375. 小丫头搬救兵

小丫头来到后院，即刻敲石引火，将靠近围墙的一垛稻草堆点燃。顿时，火苗呼呼地往上蹿。火借风势，风助火威，那后院小半个天空就变红，村里的人纷纷给惊醒了。一下子，人群包围了那家富户：拎着桶的，擎着扁担的……

376. 死而复生之谜

这名自杀的男子开枪击中自己脑部，临死之际身体抽搐时，手指痉挛，又扣动了扳机，导致了第二枪。

377. 智认偷鸡贼

其实只是很简单的一句话："贼也敢起来走啊！"偷鸡贼由于做贼心虚，在出其不意的威喝下，往往会表现得很惶恐，从而露出马脚。

378. 羊皮招供

羊皮经过拷打，散落出了盐屑。

379. 寻获赃银

银子在小船昨夜停靠码头的水底。那年轻船夫经常采用这种巧妙的方法逃避检查，待风波平息后再去取赃物。

380. 不翼而飞的纸币

原来，约瑟夫咖啡馆门口有一个邮筒，乔治当时把钱投进了邮筒，由邮递员给他送到家里去的。当乔治拿到邮件时，警察刚好出现在他的家里。

381. 识破惯骗

宋清说道："这银子是和蜜饯放在一块的，如果是你的，银子上肯定爬满喜爱甜味的蚂蚁。可现在上面连一只蚂蚁也没有，只有我的猫在银子上嗅来嗅去。这说明银子上有点鱼腥味，难道这银两的主人是谁还不清楚吗？"

382. 遗产纠纷案

宋清以搜查赃物为名，在王大床底下的浮土中挖出一口缸，打开一看，里面全是银元宝。宋清道："赃物在此，还有何话可说？"王大忙跪于地上分辩道："冤枉，这不是赃物，而是家父留下的遗产，请老爷明察。"宋清又喝道："大胆！事到如今，不说实话，还想蒙哄本官！"王大夫妻吓得直哭道："这些钱，真是家父留给咱哥俩的遗产哪！"宋清见王大夫妻说出实话，命人取下口供。然后，叫来王二，说："这儿有一份你哥哥的自供，说这些钱是你父亲留下的遗产，请你拿走一半吧。"

383. 来者是谁

伯年拿起一张纸，把来访者的模样迅速画了出来。他父亲一看，就认出了来访者是谁。

384. 帅哥失踪了

其实，杰卡就是管房尼克。他化名杰卡欺骗玛莎，使她和他一起私奔，目的是为了骗取玛莎的钱。

385. 小木屋藏尸案

警方经细查，断定凶手是洪海。他假装正午离开小屋，等1点30分李迟和赵山都离开后，再等马友与山庄老板通过电话，便进入小屋杀了他，凶器为登山用的攀岩锤。

洪海行凶之后离开小屋之时为2点10分，随即从东边往下跑，跑到半山腰，便偷了赵山放在那儿的滑板，一口气滑向山庄，所以4点40分就到达了目的地，因此1点30分出发的赵山5点到达半山腰时，找不到滑雪用具。

386. 珠宝抢劫案

珠宝被扔到了流沙上，迈克忘记了这回事。但汤姆费了好大劲找到了珠宝。迈克也去找过，结果陷进流沙中死了，没有留下任何痕迹。警察甚至不知道迈克已经死了。

387. 制服女流氓

摩斯意识到自己上船后还没有说过一句话，便装成哑巴，比画着诱使那女郎用笔在纸上写出了她的讹诈要求，并以此作为证据迫使女郎离开，从而摆脱了困境。

388. 狼狈为奸

同案犯——拉姆的情妇提前拨女画家寓所的电话。凶手拉姆在晚上9点之前就已杀死了自己的妻子，然后立即与情妇一起来到横滨的旅馆。11点，他通过旅馆交换台往家中打电话。在他往家中打电话之前，他的情妇用走廊上的公用电话提前拨了同一号码，并且没有挂断。这样，不管接线员怎么拨动这一号码，电话中传出来的总是对方正在通话的占线忙音。因此，接线员就会产生一种对方正在通话的错觉，认为被害者依然活着。

389. 幻影

切伦搞到被害者生前的一部分近照，利用电子计算机等最新技术把它们复制成电影片。在放映时，银幕上的领事夫人栩栩如生。在杰夫囚室的墙壁上先秘密钻了两个洞，一个放一架小型电影放映机，另一个装一个窃听器，还往囚室里灌进一些对人体无害的镁气……

390. 女间谍失踪案

在当时情况下，女间谍跑入一条没出口的横巷，她当然不能回头，让别国特务生擒。要是扮老妇，同是女性，他也一定会发觉，只好坐在理发椅上，借着没有镜子的掩护，反串男子汉，然后把外套除去，换上老伯的羊毛衫。到任务完成时，再由其他小孩交回衣服主人，便可从容逃走了。

391. 彦一夺刀

彦一对和尚说："你也不必难过，你现在不是借住了旅馆的一间客房吗？'德政布告'公布了，你也不必将客房归还给店主，一把刀换一间房子也不算吃亏。"一间房子的价值当然比一把刀贵得多了。

392. 第一流杀手

生人出入住宅小区容易引起邻居注意，在室内杀人还要清理现场，容易留下痕迹。

393. 绣鞋风波

胡聪马上让严阿大回家拿一双那妇人的绣鞋，交给捕役。捕役们遵令把那双绣鞋随便搁在路旁，潜伏在附近看哪一位来拾。胡聪交代得极明白："有人来拾鞋，你们尾随而行，准能找到妇人，和尚死因马上可弄清。"

394. 王冕对字谜

王冕说："老爷，这'马'踏'扁'了钱箱，就是马和扁合成一个'骗'字，财主总想骗人！"

395. 奇怪的算式

101×5算出来是505，但在计算机上显示的是：SOS，福尔看到后立即做出反应：乔治遇难了。所以他才拨打了110。

396. 牧童考秀才

"石"出头为"右"，解缙走了右边那条路。

397. 什么职业

解缙父亲挑水卖，母亲磨豆腐。

398. 板桥断案

七十老翁产一子，人曰"非"，是也，家产尽付与，女婿外人，不得干预。

399. 无字天书

商人之妻指着画，是这么解释的："七鸭——是在喊我'妻呀'；鹅在拉死象——是对我说'想死我啦'；勺子倒挂和十只苍蝇——是说他给我'捎到十两银'；最后一幅是告诉我：'来春杨柳一发芽就回家'。"

400. 马克•吐温的道歉

国会中有些议员不是狗婊子养的。

401. 明晨到达

原来秘书写错了一个字，把"寒"写成了"韩"字，是"寒流明晨到达"，而不是"韩流明晨到达"。

402. 智获巨款

此诗是一首"藏头诗"，每句开头一字为暗示处。8句开头的字连起来，则为"绿彩笔内账单速毁"。故而检察官在绿色的水彩笔筒内找到了赃款藏匿的清单。

403. 字迹辨凶

李西小姐的手被反绑了，浴缸上写的应该是倒字，所以不是"6"，而是"9"。

404. 木条的含义

暗示凶手姓"林"。

405. 四封电报

巴布在狮腹内。

406. 丈母娘的考问

他说："先救未来的妈妈。"这句话可以作两种理解，对菲丽母亲来说，是杰克未来的妈妈；对菲丽来说，未来结婚后有了孩子就是妈妈，当然现在就是未来的妈妈。

407. 改联气官人

父进土子进土父子皆进土，婆失夫媳失夫婆媳皆失夫。

408. 少尉破密函

"援队一时到达。"破解的方法是逢五字抽一字，标点不算。

409. 数字信

打电话怕数字听错，0读成"洞"，1读成"么"，2读成"两"。这封全是数字的信，读起来，原来是这样的：

舅舅

不要吃酒吃酒误事

吃了二两酒不是动怒就是动武

吃了酒要被酒杀死

一点儿酒也不要吃

410. 难倒唐伯虎

"重泥"隐"仲尼"（孔夫子），子路是他的学生。老农以老师自居，既讨了便宜，又难住了他。

411. 进谏

刘伯温那幅画的寓意：冠（官）多发（法）乱。

412. 画师作画骂慈禧

这种画叫谐音画，意思是骂慈禧在洋兵千军万马前临阵脱（托）逃（桃）。

413. 林肯的推理

记账员被逼到门前时，背着门站立，他此时把拿笔的右手绕到背后，在门板上写下凶手姓名的头两个字。手放在背后写的字上下左右都会反过来，NW就变成MN了。

414. 郑大济智斗县官

郑大济理直气壮地应道："请问县太爷，我是爷爷的孙子，爷爷的长衫尚且不准我穿，那全乡的人还不是我爷爷的孙子呢，有什么理由让我爷爷来负担他们的皇粮？"

415. 咖啡毒杀案

贝克将两人共用的糖壶中的糖换成了盐。布朗喝了加盐的咖啡之后不由得咳嗽起来。实际上这时候的杯子里尚无毒药，在场的人不过是事后回忆起来以为是因中毒而出现的症状，而真正掺毒的是贝克递给布朗的那杯水。他大概是佯装吃药弄了一杯水，再偷偷将毒药放入杯中溶化。至于布朗杯子里的毒毫无疑问是布朗死后贝克趁众人慌乱之际将剩下的毒药放入布朗杯中的。所以，从溅到稿纸上的咖啡沫中没有化验出毒物，而且为避免生疑，他自己肯定也喝了加盐的咖啡。

416. 无字状纸

孟温舒叫哑巴游街是一计，他派差役混在人群中，听得议论，获得了事情的真相。

417. 试胆量

原来那个年轻人的长衫下摆勾住了木柱的尖头，被打进土里去了。这样，当然想逃也逃不了啦。

418. 豆腐能打伤人吗

喝醉酒的男子说的是真话，因为这块豆腐是冻豆腐，冻成像石头一样硬的豆腐当然可以打伤人。如果是一块普通的豆腐，地毯也决不会湿一大片。

419. 匪首落网

原来，他说的是："哼，演得一点也不像！"老工人想："像不像他怎么知道的呢？"于是才怀疑到他是凶手。

420. 智斗奸商

阿格依夏一把抓住商人的手腕，举起斧头就要往下砍。商人吓得变了颜色："你这是干什么？"阿格依夏说："你不是说拿手给我吗？既然已经定了，全部柴火换你一只肮脏的手，我自认吃亏算了！"片刻间发生的事，证人俱在，商人只得忍痛愿以1000块的代价买回他的手。

421. 空罐头盒

凶器是装有东西的罐头盒子。腹部受到猛击的杨杰，由于剧烈的疼痛而呕吐，他吐出来的都是尚未消化的菠萝。杨杰正是用菠萝罐头猛击被害者的头部，使其当场毙命的。此后，他立刻打开罐头，把里面的菠萝狼吞虎咽地全部吃光，使之成为一个空罐头盒子。

422. 海瑞两度怒喝

第一次怒喝："胡大人是大清官，你是他公子，怎会如此胡作非为？你哪一点像胡大人家的人？你老实说来，你是谁家的恶少，竟敢冒充胡大人的公子，败坏胡大人的名声？"第二次怒喝："大胆！竟敢伪造胡大人的信件，再打40大板！"

423. 谁是匪首

这句话是："真狡猾，你们的头目衣服怎么穿反了？"土匪们一时没有反应过来，都朝一个人看去，那个人就是土匪头子。

424. 机智的老板

老板说："你们只有两个人，我不能给你们。你们去把那个人找回来吧！"

425. 谁的伪钞

是考纳。因为杰姆收款时，考纳给他一张100马克的钞票，没有其他钞票对比，所以杰姆没有识别出来。若是其他两位旅客付两张或三张100马克，真假混在一起，杰姆就很容易发现。

426. 开了几枪

当时被害者在锻炼身体，并且正在做弯腰动作。这样，她被射杀时，一发子弹恰好穿过她的腿部而命中她的胸部，因而看起来像凶手开了两枪，造成了这样诡异的现场。如果没有警长的正确判断，破案工作就可能误入歧途了。

427. 让凶手落网

富翁阿隆索趁杀手看酒瓶上的标签时，把杀手刚才喝过酒的杯子放进了金库。探长卡玛尼搜查的时候，很容易就发现了酒杯，并从杯上获得凶手的指纹，从而破了案。

428. 聪明的死刑犯

阿姆斯特朗对詹姆斯说："我得慢慢地品味着读，每天大约一行。"詹姆斯问："那不是需要几百年吗？"阿姆斯特朗说："国王陛下许可我读完《圣经》再被处死，并没有讲读完的期限啊！"

429. 毒品在哪儿

从曼谷有直达北京的航班，没必要绕这么大的圈，即使是旅游，也没有一天飞经这么多地方，工夫都耗在天上了，另外做长途旅行的行李却非常简单，这一点也违背常理。

430. 发黑的银簪

银簪发黑便是证据。患皮肤病的罗伊的手因涂硫黄剂进行治疗，再用涂药的手握银簪时，就使银簪的柄发黑。这是银接触硫黄后发生了化学反应。

431. 月夜命案

注意题目中交代的地点——我国东北地区的一个小镇。在北纬29度以北，我们看到的月亮是和太阳一样在天空的南部，东升西落。我国东北地区就处在这样一个纬度。嫌疑犯自称坐在东西流向的河的南岸，那他就是面朝北，是不可能看见月亮在河中的倒影的。

432. 深夜入侵者

注意荧光涂料。那个闹钟表盘上的数字及指针等涂有荧光涂料。荧光涂料如果受到灯光的照射，在光消失后的少许时间内，荧光涂料依旧发光。窃贼在卧室安装窃听器时打开了台灯，而在听到大门处有动静时又关掉了台灯。这样，闹钟表盘及表针上的荧光涂料就会在一段时间内发荧光。来到卧室的侦探在昏暗中发觉闹钟有荧光，便知道刚才屋里开过灯，肯定有坏人来此。

433. 谁偷了黑钻石

被虫咬伤右手拇指的客人偷了黑钻石。珍宝箱的封条是用糨糊贴上去的，糨糊的主要成分是淀粉。客人手指被虫咬伤后涂上了碘酒，应呈黄色，当其开启封条偷窃钻石时，右手拇指上的碘酒与淀粉发生化学反应，由黄色变成了蓝黑色。

434. 字母分类

依据是对称关系。

第一组中心对称；第二组上下对称；第三组左右对称；第四组既上下对称，又左右对称，还中心对称；第五组没有对称关系。

435. 热气球过载

谁最胖就把谁扔出去。

436. 包工队的酬劳

此题中所给的所有数字都是没用的，是用来扰乱人们思路的。因为建筑公司是把9栋楼平均分给3个包工队，所以三个包工队每队拿1亿就好了。

437. 唐朝人的计谋

这招果然奏效，没过多久，就有一个盗贼将同伙擒献于官府。

审理时，被擒的盗贼不服，说："此人和我一起为盗已经17年了，每次所得的贼赃都是两人平分，他有什么资格抓捕我获赏？"崔安潜说："既然你也知道我张贴了告示，为何不先下手将他擒来？这没什么可说的，要怪也只能怪你自己下手太迟，所以他能受赏，而你要受罚。"

崔安潜当即下令兑现诺言，将赏钱发给擒盗者，然后将被擒的盗贼严惩示众。消息传开之后，其余的盗贼都开始互相猜忌，彼此提防，整天钩心斗角，不得安宁。于是他们互斗的互斗，逃亡的逃亡，没过多久，西川境内就再也没有盗贼了。

438. 最聪明的小偷

农夫从树林里回来一看，驴子也不见了，就在路上一边走一边哭。走着走着，他看见池塘边坐着一个人，也在哭。农夫问他发生了什么事。

那人说："人家让我把一口袋金子送到城里去，可我实在是太累了，我在池塘边坐着休息，睡着了，睡梦中把那口袋推到水里去了。"农夫问他为什么不下去把口袋捞上来。那人说："我怕水，因为我不会游泳，谁要把这一口袋金子捞上来。我就送他二十锭金子。"

农夫大喜，心想："正因为别人偷走了我的山羊和驴子，上帝才赐给我幸福。"于是，他脱下衣服，潜到水里，可是他无论如何也找不到那一口袋金子。当他从水里爬上来时，发现衣服不见了。

原来是第三个小偷把他的衣服偷走了。

439. 牙膏

那张纸条上写着：将现在的牙膏开口扩大1毫米。消费者每天早晨挤出同样长度的牙膏，开口扩大了1毫米，每个消费者就多用1毫米宽的牙膏，每天的消费量将多出多少呢？

公司立即更改包装。第14年，公司的营业额增加了32%。

面对生活中的变化，我们常常习惯过去的思维方法。其实只要你把心径扩大1毫米，你就会看到生活中的变化都有它积极的一面，充满了机遇和挑战。

440. 偷换概念

这是个偷换概念的问题，每人每天9元，一共27元，老板得到25元，伙计得到2元，27=25+2。不能把客人花的钱和伙计得到的钱加起来。

441. 正面与反面

将这23枚硬币分为两堆，一堆10个，另一堆13个，然后将10个的那一堆所有的硬币都翻过来就可以了。其实就是取了个补数。

442. 苹果橘子

切下长盒子的aa端，装到另一端，遂成aaooooaa。

443. 扔石头

同时到达地面。因为石头到达地面的时间只与垂直方向上的重力有关，与风速或者其他水平速度都无关。

444. 量身高

因为树是从顶端处生长的，所以不影响下面部分，还是会量出1.6米。

445. 刁钻的顾客

他先将9块蛋糕分装在3个盒子里，每盒3块，然后把3个盒子一起放在一个大盒子里。这样就可以了。

446. 聪明的阿凡提
他把4个栅栏围成一个环形，在最里边的栅栏里放了10只羊。

447. 于谦的智慧
蜡烛。

什么东西才可以装满整间大殿？这个东西肯定是无形的，因为有形的东西很难装满房间的。于是他想到了光，光可以照到房间的各个角落！

448. 贪财的地主
不能。因为各个方向都铺满了镜片，又无缝隙，进不了光线，所以他什么都看不到。

449. 探望奶奶
我们可以想象在周六早上9点，奶奶从山上下来，小春从山脚上去，这样，不管两个人的速度如何，总会在山脚到山顶之间的某个位置相遇。当他们相遇时，他们的时间、地点肯定是相同的，也就是说他们两个在同一时间到达了山路上的同一点。

450. 小狗跑了多远
这个问题其实很简单，关键在于不计狗转弯的时间而且速度恒定。也就是说，只要计算出小狗跑这段路程一共所需要的时间就可以了，这段时间正好是50分钟，那么小狗跑了10公里。

451. 聚餐
需要16分钟。把原料一起放进锅里炸，在各人希望的时间里捞出各人要吃的东西即可。

452. 公交车相遇
13辆。

453. 需要买多少
答案为18瓶。

先买18瓶，喝完之后，用18个空瓶子可以换6瓶饮料，这样就有18+6=24个人喝到饮料了。然后，再用6个空瓶子换2瓶饮料，喝到饮料的人有24+2=26个。向小店借1个空瓶子，加上剩下的2个空瓶子，换1瓶饮料给第27个人，喝完后，再把最后1个瓶子还给小店。

454. 铺轮胎

只需一层，只要把轮胎竖起来铺就行了。注意：这种问题要学会换一种思维方式。

455. 火柴棒问题

也许你会认为是一根，变为 I + IX = X（1+9=10），但是还有更少的，就是一根也不用移，倒过来看看 XI = X + I（11=10+1）。

456. 盲人分袜

因为八双袜子的布质、大小完全相同，他们把商标纸撕开，每人取每双中的一只，然后重新组合成两双白袜子和两双黑袜子就可以了。

457. 时钟的问题

12个小时中有11次重合的机会。而这些机会是均等的，所以每隔12/11小时就会出现一次。具体时刻大家可以自己推算出来。

458. 三针重合

也许你还在进行烦琐的计算吧，而且算起来也颇费力，其实只有一种可能，那就是只有在三个指针都指向12的时候，三针才会完全重合。所以一天内只有两次。

459. 如何通过

（1）只要在船上加些石块，使船下沉几厘米，就可以从桥下安全通过了。

（2）将汽车轮胎放掉一点气即可。

460. 装油的桶

把桶倾斜，使油面刚好到达边缘，看桶子底下的边缘在油面之上还是之下。

461. 指认罪犯

用u代表不能确定的人。

根据（1），高个男人必定站成下列形式之一（t代表高个男人）：tttt或tttu或uttt或uttu；

根据（2），白皙男人必定站成下列形式之一（f代表白皙男人）：ffuu或uuff或fuff或ffuf；

根据（3），消瘦男人必定站成下列形式之一（s代表消瘦男人）：suus或susu或usus或usuu或uusu；

根据（4），漂亮男人必定站成下列形式之一（g代表漂亮男人）：guuu或uuug；

根据（5），并根据（1），上述特征中的一部分可以给这四个男人分派如下：

第一个男人	第二个男人	第三个男人	第四个男人
白皙	消瘦	高个	漂亮
	高个		

接着，根据（2），部分特征的分布必定是下列三种情况之一：

Ⅰ

白皙	消瘦	高个	漂亮
	高个		
	白皙		

Ⅱ

白皙	消瘦	高个	漂亮
	高个		白皙
	白皙		

Ⅲ

白皙	消瘦	高个	漂亮
	高个	白皙	白皙

然后，根据（3）和（6），只有在Ⅰ和Ⅲ中，第四个男人可能还是消瘦的；而且在Ⅰ、Ⅱ和Ⅲ中，不会再有其他男人是消瘦的。再根据（1）和（6），只有在Ⅰ中，第四个男人可能还是高个子，而且只有当第四个男人不是消瘦的时候这种情况才能发

生；而且在Ⅰ、Ⅱ和Ⅲ中，不会再有其他男人是高个子。此外，根据（4），不会再有其他男人是漂亮的。

因此，完整的特征分布必定是下列情况之一：

Ⅰa

白皙	消瘦	高个	漂亮
	高个		
	白皙		

Ⅰb

白皙	消瘦	高个	漂亮
	高个		消瘦
	白皙		

Ⅰc

白皙	消瘦	高个	漂亮
	高个		高个
	白皙		

Ⅱ

白皙	消瘦	高个	漂亮
	高个		白皙
	白皙		

Ⅲa

白皙	消瘦	高个	漂亮
	高个	白皙	白皙

Ⅲb

白皙	消瘦	高个	漂亮
	高个	白皙	白皙
			消瘦

根据（7），可排除Ⅰa、Ⅰb、Ⅰc和Ⅱ。

Ⅲa和Ⅲb显示：目击者指认第一个男人是罪犯。

462. 哪一天一起营业

先根据题意列出表格（×代表该天休息，√代表该天营业）：

	第1天	第2天	第3天	第4天	第5天	第6天	第7天
百货	×				×		√
超市		×		×			√
银行			×			×	√

现在来判断第七天是星期几。

根据（3），不会连续3天营业，根据（1），每周工作4天。可以推出百货在第2、3、4天中一定有一天休息；超市第6天休息；银行第1、2天一定有一天休息。其他时间都是营业的。可得下表：

	第1天	第2天	第3天	第4天	第5天	第6天	第7天
百货	×				×	√	√
超市	√	×	√	×	√	×	√
银行			×	√	√	×	√

第1天到第6天中，有一天是星期天。由上表可知，星期天只可能在第2天。所以第7天是星期五。也就是说星期五3家单位一起营业。

463. 养金鱼

儿子们所送的金鱼中，各色金鱼的数量如下：

	黄	粉	白	红
大儿子	5	1	1	1
二儿子	2	1	3	2
三儿子	1	1	3	3
四儿子	1	4	2	1
小儿子	1	3	1	3

464. 谁是预言家

这道逻辑思维题看似复杂，如果我们能够借鉴数学中解方程的方法，进行假设来解决问题，就会很轻松地得到答案。

因为预言家是4个徒弟中的1个，也就是说这个人是A、B、C、D中的一个。

设：B的预言是正确的。如果B的预言是正确的，那么C将成为预言家。这样，C的预言也是正确的。结果就将有两个预言家。这是不符合题设条件的。因此，B的预言是错的，他没有当上预言家。

因为B的预言是错的，所以C后来也没有成为预言家。C的预言也是错的。C曾经预言："D不会成为建筑师。"既然这个预言是错的，那么D日后将成为建筑师，而不

347

是预言家。

　　排除了B、C、D，就推出预言家一定是A。

　　这时，只剩下武士和医生两个职业了，因为A的预言是正确的，所以B不能成为武士，只能是医生了。

　　这样，4个人的职业分别就是：A成为预言家；B成为医生；C成为武士；D成为建筑师。

465. 没有坐在一起

　　由（1）可知：a对面可以是A、C、D，但条件（3）说：D右边的人是位女士，所以D不可能，因此由条件（1）可知，那个位置是B；

　　现在就剩下A和C了，已知只有一对被隔开，假如是A的话（自然地A男女朋友肯定被隔开了），那么B右边就是b，而b和c之间只有一个位置，不论放谁都会产生第二对被隔开的，与只有一对被隔开矛盾，所以就知道只能是C。

　　现在知道了3个位置上的人：a对面是C，C右边是B；

　　下面就用c去坐各个位置，看和提供的条件是否产生矛盾就可以了。

　　假设C与c不被隔开，则c在C的左边，由条件（2）得知：D坐在a的左边。

　　由条件（3）可知：a坐在A男生左边第二位置上的女生的对面。也就是A坐在D的左边。但是A左边第二个位置上坐的是已知的C，不是一位女生，所以与假设矛盾。

　　所以被隔开的就只有Cc男女朋友了。其他情况可以用这个方法推出。

466. 大学里的孩子

　　先针对其中一个孩子，比如牛牛，可以列出如下组合：

　　（1）牛牛，医生的儿子，山东；

　　（2）牛牛，教师的儿子，山东；

　　（3）牛牛，教师的儿子，四川。

　　同样，也可以根据条件对毛毛和壮壮进行组合。

　　然后综合一下，就可得出正确结果：

　　牛牛是医生的儿子，从山东考来；毛毛是教师的儿子，从广州考来；壮壮是公务员的儿子，从四川考来。

467. 再次相遇

　　1分钟后。

468. 谁是金奖

答案为C。

其实这道题中，只有第一个断定是有用的，另外两个断定都是干扰项。因为C的票数多于D，但是E没有得到金奖。

根据第一个条件：如果A>B，并且C>D，那么E得金奖；现在C>D成立，但是E没有得到金奖，那么显然A>B这个条件不能成立。也就是说，A的票数不比B多。所以C是正确的。

其他的情况，要注意的是，有可能会有票数相同的情况出现，所以不能断定其他3个选项是不是正确的。

469. 哪种方式更快

都一样。不论她怎么走，最终都是按那辆车到达目的地的时间来计算的。

470. 怎么算账

还应该给隔壁老板50元——这是两张假币的差额。给完这个钱后，店主与隔壁老板之间就谁也不欠谁的了。所以店主对隔壁老板没有赔钱。但是对顾客，相当于顾客给了店主一张100元的假币，也就是店主赔了100元。

471. 收废品

原本窗户不管玻璃、木头都是1元钱一斤，分开后都卖得便宜了，当然要吃大亏。

472. 灯泡的容积

他拿着玻璃灯泡，倒满了水，然后交给阿普顿说："去，把灯泡里的水倒到量筒里量量，这就是我们需要的答案。"

经验有时候确实可以帮助我们进行思维，但是，许多经验却会限制思维的广度和灵活性。当思维受阻时，就需要跳出思维的框框，从结果导向去思考问题。

473. 最简单的方法往往最有效

他抽出了身上的佩剑，一剑将"结"劈成了两半。

这个神秘的结就这样被亚历山大打开了，亚历山大终于明白："要打开结的方法其实很简单，但人们却容易被思维定式所限制住。"

果然，亚历山大最终成为了亚细亚的统治者。成为统治者的亚历山大一直以这个结来警戒自己，在思考问题的时候，千万不要被思维定式所限制。

474. 赚了多少钱

这个问题没有准确的答案，除非知道商人买这辆自行车时用了多少钱。也就是说，在不知道自行车的确切价值的时候是不能确定答案的。这3个答案分别是按照自行车的原始价格为40元、50元、45元来计算的，所以才不一样。

475. 分苹果

四份分别是6、12、9、27.

设最后都为x，则第一份为x-3，第二份为x+3，第三份为x/3，第四份为3x，总和为48，求得x=9。这样就可以知道原来每一份各是多少了。

476. 分羊

从邻居家借一头羊，这样一共有27只，把三分之二也就是18只分给儿子；剩下9只的三分之二——6只分给妻子；剩下3只的三分之二——2只给女儿。再把剩下的一只还给邻居，这样就分完了。所以分别分到：18、6、2只羊。

477. 巧断讹诈案

那这十两银子不是你的，等有人拾到送来的时候我再通知你。

478. 惨案发生在什么时间

这是一个看起来复杂其实很简单的问题。作案时间是12：05分。计算方法很容易，从最快的手表（12：15分）中减去最快的时间（10分钟）就行了。或者将最慢的手表（11：40分）加上最慢的时间（25分钟）也可以得出相同的答案。

在分析问题的时候，最重要的是找到解决思路，把看似复杂的问题分解成简单的部分处理。

479. 酒精和水

一样多。第二次取出的那勺水，因为它和第一勺体积相等，都设为a。假设这勺混合液中白酒所占体积为b，那么倒入第一杯白酒的水的体积为a-b。第一次倒入水的白酒为a，第二次舀出b体积白酒，则水里还剩a-b体积白酒。所以白酒杯里的水和水杯里的白酒一样多。

480. 卢浮宫失火

据说这家报纸收到数以万计的读者答案，人们纷纷论证自己的选择，有的甚至写出几万字的论文，阐明为什么应该选达·芬奇的"蒙娜丽莎"而不是梵·高的"向日葵"，或者为什么应该是"向日葵"而不是"岩间圣母"。众人相持不下，谁也不服谁，直到法国著名作家贝尔纳说："抢救离出口最近的那幅。"

道理很简单，在失火的情况下，到处是浓密的烟雾，你根本无法看清哪幅画挂在哪儿，如果你冒险进去找你心中认定的那幅，很可能的结果是在找到那幅画之前，那幅画甚至你自己已经葬身火海。而抢救离出口最近的那幅，虽然可能并不是最有价值的，但却是最可行的。这个时候，可行比价值更重要。再说，罗浮宫内的收藏品每一件都是举世无双的瑰宝，所以与其浪费时间选择，不如抓紧时间抢救一件算一件。

481. 扑克占卜

首先考虑上下方向。如果黑桃、红桃的数目相同，则上升和下降的次数应该是相等的，占卜会在最上面的某张牌终止。但实际上最后是在最下面终止的，向下的次数比向上的次数多4次。也就是说黑桃比红桃多4张。

左右方向同理，梅花（黑）比方块（红）多4张。

因此，黑色牌比红色牌多8张。

482. 什么花色最多

由（3）和（4）可知黑桃比方块多一张。

假设红桃是2张，那么黑桃4张，方片3张，剩下梅花4张，不符合条件（2）。

假设方片是2张，那么红桃3张，黑桃3张，不符合条件（2）。

假设梅花是2张，那么根据其他条件，得红桃2张，方片4张，黑桃5张，共11张，不符合条件（3）和（4）。

假设黑桃为2张，那么红桃4张，方片1张，剩下梅花6张，满足所有条件。

因此梅花最多，为6张。

483. 男男女女

挂有"男女"牌号的房间。因为确定每个牌子都是错的，所以挂有"男女"牌子的房间一定是只有男男，或者只有女女。很容易就能判断出来了。确定了这个，其他两个也就出来了。

484. 隐含的规律

第一组数字发音都是一声，第二组数字发音都是四声，第三组数字发音都是三声。

485. 最聪明的人

只要说："我是三兄弟里面最聪明的"就行。

486. 五十两银子

县官对财主说："你失落的乃是五十两银子，而非三十两，那这三十两银子没有失主认领，本官就奖给田春生让他奉养老母吧！"

487. 三个嫌疑人

老二的回答暴露了他知道父亲是被枪托打死的，而不是被射杀的。

488. 庞统断案

有理胆壮，无理心虚。老大送礼是因为他无理心虚。庞统以此断案。

489. 杀母奇案

杀了人把尸体放在自家门口，难道不可疑吗？

490. 偶遇凶手

开锁匠的确是凶手。马克原本是约好了开锁匠来开锁的，但锁匠见马克家里布置豪华，财迷心窍，于是杀了马克；而且马克死时手是指着大门的，正好给予很大的启示。开锁匠嘴里喃喃有词，只是自我掩饰而已。

491. "铁判官"断案

张乾借钱的时间是上午还是下午或晚上。

492. 聪明的债主

因为债主知道李先生在说谎，这一切根本是一个自编自导自演的骗局。债主在替李先生松绑时，发现捆绑方法非常简单，他轻而易举地便解开了，就连李先生自己，相信也能解开。如果真的是劫匪捆绑的话，绳子绝对没有可能这么轻易地被解开。否则，他可真是一个笨贼了！

493. 绑票者的真面目

这起绑票案的凶犯是赎金寄达地点邮局的邮差，因为除他以外，没有人能够收到，而且也不会引起怀疑。办理邮包业务的负责人也可能拿到赎金，但问题是无法确定董事长在哪一个邮局投寄赎金，所以能够收到的人只有当地的邮差。

494. 黑松林埋赃

原来，强盗们为了嫁祸别人，预先造了一份富家子弟的名册，并记下了他们的劣迹，转移官府视线。接着，又贿赂马夫，作为内线。当他们得知青年们信口说出的"埋赃"地点时，便连夜赶到那里，埋下一些赃物，让浪荡青年们有苦说不出。

495. 找出不合理之处

没人知道死人想的是什么。

496. 谁割断了油管

罪犯是亨利。根据有两条：①亨利是药店老板，竟然不知道款冬这种常用的药草具有的疗效。这说明亨利并不是真正的药店老板。②在5点02分时，吉力尔船长见屋外有人影一闪，这肯定是一名游客，因为除了游客以外，4位工作人员都在屋内。待吉力尔等人回到古堡时，9名游客全在。在短短的8分钟内，这位游客要跑过杂草丛生的小路去船上把发动机的进油管割断，然后再回古堡，一来一回奔跑约1400米，这只有26岁的亨利这样身强力壮的年轻人能做到。

497. 白纸遗嘱

简的妻子为了保住遗产，故意把没有墨水的钢笔递给简。由于库尔和简都是盲人，自然也就没有发现，没有字的白纸最终被当成遗书保存下来。可是，虽然没有字迹，但钢笔划过白纸留下的笔迹仍然存在，如果仔细鉴定是可以分辨出来的，所以遗嘱仍然有效。

498. 大树做证

从拉登拉尔刚才所说的话，完全证实他知道那棵他曾在下面接过首饰盒的大杨树；他还知道盒子的长度和宽度；并且知道盒子里只装了玛瑙、珍珠、宝石，没有装银首饰。这一切证明了他拿了莫蒂拉尔的盒子。

499. 推理擒惯偷

那小伙子在回答那位旅客的责问时说："……对不起，我大概拿错了。"这就是说小伙子自己还有一只包。既然他自己有一只包，那么在发觉自己拿错了别人的包后，就应该急着去找自己的包，但小伙子却径直往外走，这说明他根本没有自己的包，也不可能是无意拿错包。民警正是发现了这一破绽，进而查出了小伙子原来是个窃贼。

500. 去找金笔的凶手

虽然约翰声称他不知道莎莉被谋杀之事，但他却知道杀人现场。如果他是无辜的，他就应该到第三大街莎莉的新居寻找金笔。

501. 接头

厨师和黑老大是在调味品批发商店碰头的。批发商店是大批量供货的，船上仅有7人就餐，厨师没必要每天采购调味品。即使需要每天采购物资，也不必天天去批发商店。

502. 歌星之死

洗洁剂中含有一种无色味香的四氯化碳。陈林用这种洗洁剂擦拭领带上的污迹时，吸入了足量的四氯化碳有毒气体，尤其是饮酒过度时，一旦吸入，就会招致死亡，其死因不留明显的证据，所以，往往被误作酒精中毒死亡。吴勇为了让陈林吸入这种气体，故意在他领带上溅了调味汁。

503. 谁人作案

卡车前轮压在水管上大约两分钟，水管的出口一定会停水的，而乔治却说未出现任何异常，只能说明他当时没有开水管。

504. 奇怪的两声巨响

因为声音在水中的传播速度比在空中快。当时，那位游泳的旅客正在仰泳，两耳浸在水里，当然先听到从水里传来的爆炸声。然后，他很自然地抬起头来，想看个究竟。于是隔了几秒钟后，他又听到从空气中传来的爆炸声。

505. 不攻自破的谎言

虽然约翰自称从未听说过亨利医生，但他却知道他是个牙医，因此警长断定凶手就是约翰。

506. 书吏之死

首先，"我恨那天夜里没有杀死你"这句话引起了县官的怀疑；其次，凶器是佃户家的，凶手必然是经常去佃户家，杀人是一时兴起，拿起了凶器。如果是仆人所杀，则一定要预先谋划，自己准备凶器。真相是邻居家的儿子晚上去找佃户家的女儿，见到书吏和少妇，以为是心上人另有新欢，于是妒火中烧，找凶器杀了人。

507. 影子法官

纳斯列丁对原告说："你呢，得到的是钱在袋子里发出的响声！"

508. 指纹破案

警方发现遗书有擦过的痕迹，铅笔末端的橡皮也曾被使用过，但铅笔上却只在王海握笔处有指纹。按照常理，曾用铅笔写遗书，又曾用橡皮擦，指纹不应只有一处，起码在铅笔上下两处都有指纹。这证明王海的指纹是被人杀死后印上去的。

509. 县令设密计

仆役去乡绅家，对其家人说："由于这个村民态度倨傲，所以乡绅才留下布要挟他。刚才县令已重责村民，相公答应把布还给他，有银牙签为证。"家人于是交出布匹。

510. 县太爷断案

尸体在深沟里，那妇人怎么能确信是自己的丈夫呢？必定事先就知道丈夫死在这儿了。而且衣服破烂，怎么能有那么多的钱呢？头颅在哪儿，李三为何如此熟悉？又这么着急地来送头颅呢？必定是想与妇人早日成亲。

511. 不打自招

知县喝道："这10千钱还不止60斤吧？你毫不费力就能背在肩上，可见那头猪你也是背得动的。还有，刚才我并没有问你偷猪的方法，是你自己先说出来的。由此可见，你对偷猪十分在行哩！你还敢抵赖吗？"张某只得招供了偷猪的事实。

512. 密室奇案

福尔摩斯说："让我来描述一下罪犯作案的过程吧——十几天以前的一个深夜，这四个印度人悄悄爬上屋顶，趁男爵熟睡之机，从屋顶的窗格间隙，偷偷垂下四条带钩子的长绳子，把男爵连人带床吊到15米的空中。男爵醒来后，发现自己被吊在半空中，吓得半死。他四肢瘫软，根本不敢从15米的高处往下跳。他或许喊叫过，但健身房周围又无人经过……就这样一天又一天过去，吓瘫在床上的男爵终于饿死了。罪犯发现男爵死后，就把绳子松下，将床放回到原处。但是，尽管他们很小心，四只床脚还是偏离了原来的位置。我刚才仔细观察过地上的灰尘，在床脚旁又发现了四个床脚的印痕。当然，也可以这样理解，是罗斯先生自己移动过铁床，但按常理，人们移动床一般只是"拖动"，没有必要把整个床搬起来再放到需要放的地方去。再说，地上没有拖痕，罗斯先生一个人也根本搬不动这个铁床……"

513. 羊和自杀者同谋

布朗神父的推理是这样的：西姆由于爱妻的早逝，完全丧失了生活下去的勇气，这是他的自杀动机。但是，基督教是禁止人们自杀的，作为教徒的西姆如果自杀，教会将不会允许他与妻子葬在一起。于是，西姆决定把自己的死伪装成他杀。要做到这一点，必须把枪弄远一点。西姆在临死前发挥了他的聪明才智，利用了羊的嗜好。羊是关在圈里的。为了实现自己的计划，西姆自杀的前一天晚上，就不给羊喂食，使羊处于非常饥饿的状态。第二天，西姆把小手枪同一根长长的纸带连接在一起，另一端放在羊圈的栅栏口，然后朝自己的头部开枪……纸带是羊非常喜欢的食物，饥饿状态的羊跟人一样，并不十分挑剔。当羊一口一口地吞食纸带时，手枪也就一点一点地被拖了过去，直到纸带完全被羊吃完，最后落到羊圈的旁边。

514. 故布疑阵

阿B从商店橱窗里面拿走钻石戒指，然后又用那只钻石戒指去割破橱窗玻璃，故意造成有人盗窃的假象，欺骗警方。

515. 谜一样的绑票犯

转移钱其实是计程车司机和女子策划的。女子从公园把皮箱拿走，在车上把里面的钱拿出来之后把杂物放进空的皮箱，然后女子再将皮箱寄存，伺机脱身。

516. 露了马脚的伯克

在离开落地窗时，伯克是"跨过他舅舅的身体"回到门口的。那么，在他去开灯时，他肯定也要跨过他舅舅的身体才行。但是只有当他事先已经知道他舅舅已卧在地板上时，才有可能在伸手不见五指的黑暗中去开灯而不被绊倒。

517. 失踪的新郎

安娜的丈夫杰克其实是个结婚骗术师，就是该观光客轮的一等水手。为了骗取安娜的2万美元，他使用假名，隐瞒船员身份，同她闪电般结婚。在码头上，他同安娜一起上舷梯时，不用说穿的是便服，以便不暴露身份。二等水手以为上岸的一等水手回来了，怎么也不会想到他是安娜的新郎。所以在安娜向他们询问时，说了那样一番话。如果是船上的一等水手，在客舱的门上贴假号码，更换房间也是可能的。第二天早晨，打电话把安娜叫到甲板上并企图杀害她的也是他。

518. 电梯里的飞剑

凶手就是画家杰伦先生的秘书。这幢房里原来就只有杰伦先生和他的秘书。秘书预先在短剑的柄上系了一根长而粗的橡皮筋，使它穿过电梯的通风孔，将橡皮筋的头结在通风孔上，短剑悬空吊着。当杰伦先生乘电梯从4楼下降时，橡皮筋因弹力的作用，使短剑就像箭似的落下，刺中坐在手摇车上的画家。在狭窄的专用电梯上，手摇车上的人只能坐在固定的某一位置上，凶手就能使短剑落在预定的目标上。

519. 死神从背后来

凶手是管家。死亡原因不是枪杀，而是被高压电电死。由于高压电造成的伤口非常像枪弹打出来的，所以只要在事后放进弹头就可以了。管家先在床上放上外边用来启动大型机器的高压电线，把富翁电死后，用枪在床上电线接头的位置向楼下开枪，在天花板上造成枪洞。然后到楼下的房间对准天花板上的洞口开枪，留下火药烧灼的痕迹，造成是从楼下开枪的假象。只有管家有全部房间的钥匙，所以也只有他能在两个房间布置。证据就是他在楼上的床上开枪后，楼下相应的地方肯定有弹孔。

520. 熟悉的声音

原来那个陌生人就是出现在侦探社的绅士。他与绅士妻子有着不寻常的关系，恐怕被绅士知道，就假扮为绅士，往摩斯侦探社求助，并捏造年轻小姐与法籍情夫两人的奸情。当晚，绅士妻子先打开窗户才离去，制造不在场的证明，让中年人潜入，把绅士杀害。要是被害者的脸保护完整，他的计划就会失败，故把被害者的脸毁容，并放下一份法文报纸，假装自己是个法国人，以扰乱警方的侦查视线，两人企图开始"幸福"的生活。谁知，因为他的声音，终被识破。

521. 两名嫌疑犯

凶手是五楼的那个人。他用来复枪朝上射击七楼的罗丝，也就是说，子弹是从下往上发射的。因为射击时，被害人正在做健美，身体倒立。因此，胸部在下，子弹就由下向上射中胸部。毛衣褪到胸部，露出肚脐，嘴含十字架项链。这些都是她倒立的证明。

522. 泥巴断案

游牧民法官让他们把泥巴捏成宝石的形状，结果只有喇嘛和穷牧民捏成的形状与宝石一样，而喇嘛的三个证明人捏成的形状彼此都不一样。这时游牧民法官说："穷牧民捏成的模型是正确的，因为宝石是他找到的。喇嘛捏成正确的模型，是因为他将这块宝石已收藏多时。而证明人从没有看到过这块宝石，所以他们每个人捏成了不同形状的宝石模型。喇嘛将假证人带到这儿来了，这意味着，这块宝石是他从牧民手里骗来的。"

523. 真正的行凶时间

凶手行凶的时间是7点36分。差了两刻度的时间，而两刻度的差距，分别是4点24分与7点36分，但是这里只有7点36分最正确。你如果不相信的话，可以看看你的手表，因为小军是在当天下午发现火灾的，所以行凶的时间一定是7点36分。

524. 假意露手枪

戚君假意将身体和头侧向旁边一个漂亮的女乘客身上，像是瞌睡的样子。那正昏昏欲睡的女乘客被他粗鲁的动作惊醒了，厌恶地推了他一把，还咕噜了一声："不懂礼貌！"戚君像是被惊醒的样子，一只手从裤袋里带出了那支玩具手枪，又"欲盖弥彰"地赶紧将"手枪"塞进裤袋。几个彪形大汉吃不准这个"带枪的人"是什么角色，总之，感觉那锃亮、闪闪发光的铁疙瘩可是个真家伙，他们不敢鲁莽，尽管自己身强力壮人多势众，但也经不住真枪实弹啊，于是就退却、罢手了。

525. 愚蠢的徒弟

被杀的电视播音员段民实际上根本不会开车。不会开车的人，无论怎么醉，也是不会盗车去兜风而从山崖上掉到海里。警方随便调查一下段民的同事、朋友，就会了解到这一点。

526. 霸王自刎的秘密

石碑上的字是刘邦的军师张良用蜜糖写的。蚂蚁发现了蜜糖后，就一传十、十传百地从四处赶来，爬满了涂蜜糖的地方，这就组成了六个大字。项羽见了误以为是老天的安排，结果中计了。

527. 分辨圆木根梢

他请求太宗派人把圆木运到河边，然后全部投入水中。等到河水全部平静之后，就看到100根圆木都有一头吃水深些，一头吃水浅些，每根都在水里倾斜着。他指着水中的圆木对太宗说："陛下，吃水深的是根，吃水浅的是梢。"太宗听了大喜，最后终于把文成公主嫁给吐蕃的国王了。

528. 包公妙点鸳鸯谱

原来，包公故意把李侃安排在后边，不管王小姐愿认前夫还是后夫，都可以把她判给李侃。

529. 奇怪的侦探

店主一去喂马，客店里的人也都跟着前去看稀奇，侦探便坐到火炉边烤起火来。

530. 刘伯温救工匠

"这二人一个是聋子，一个是哑巴，既听不见，也说不出，请皇上开恩饶他们一命吧！"刘伯温及时制造假象，扰乱朱元璋的心智，造成他的错觉，达到了救人的目的。

531. 郑板桥怪法惩人

很多人都慕名来看郑板桥的画，把盐店围得水泄不通，卖盐生意就无法做下去了。这人在盐店门口待了十多天，盐商感到这样损失太大，就恳求郑板桥把那人放了。

532. 絮语诘盗

张船三和强盗闲谈三天，都是家常小事，强盗三天所答，前后不符。小事尚且如此出尔反尔，谈及案子本身的事更是如此。这三天所答的小事，就可以用来证明强盗的反复无常。

533. 猎人临终出难题

人的眼睛大。因为人的眼睛能看见世界上的一切。不论牛大腿、老鸹、羊，最后还不是都看进眼睛里去了吗？

534. 智答大汗

其满汗到了王宫，站在门槛上给大汗行了个礼，说："尊贵的陛下，按照您的吩咐我来了。"大汗看到她站在门槛上，就说："为什么你不进来呢？"其满汗道："按您的条件，我没有站在外面，也没有走进您的房子，就站在这里了。"

535. 招侦探

他说："我不考了。"守门人对一个放弃考试的人是可能放他走的。

536. 录音机里的证据

鸽子钟报时的声音。如果真的是在书房被枪杀的，那么磁带中就理应录上3分钟前鸽子报时钟报9点的鸽子叫声。之所以录音中没有鸽子的叫声，是因为凶手是在别处一边录音，一边枪杀受害人的。

537. 暴露的罪行

从东南亚回来的龙建是霍乱的带菌者，解剖其尸体，结果发现了霍乱菌。正在这时，接到医院报告发现有霍乱患者，刑警马上乘车赶到医院，逮捕雷春菊，将其隔离。雷春菊是吃了盗窃龙建带有钻石的奶糖而染上的霍乱。

538. 特异功能

流浪汉何林所听到的悲鸣声，其实是由李警探弄出来的，因为李警探提前录制了一段女童的录音，迫使凶手俯首认罪。

539. 轮胎痕迹

罪犯把侦探停在A公寓停车场上的车轮胎卸了下来，换到自己的红运动车上，作案后再把轮胎换了回来。这样一来，罪犯即使用自己的车去作案现场，现场留下的轮胎痕迹也是别人的车留下的，所以无须担心自己的车会露出破绽。

540. 烧烤谋杀案

袁卫兵一向妒忌庄静的才能，故早已有谋杀他的计划。经细心观察得知庄静最爱吃肉类后，决定买只白兔，喂它吃有毒的蔬菜和果实。而白兔免疫力强，即使吃了有毒的东西，也对身体并无影响。把兔喂肥之后，借着公司举行烧烤旅行的机会，算准各人吃饱离开后，袁卫兵才带着兔子出现，庄静因未吃过兔肉，见到白兔，自然垂涎三尺，所以将兔烧烤来吃，兔子肚内的毒素侵入庄静身体，故此中毒死亡。

541. 智斗劣绅

县官要他们出示证据。劣绅说："我的被子里里外外都是新的。"陆本松说："是我的被子，里面有个火烧洞。"拆开一看果然如此。县官就把被子交给陆本松背走。

542. 消失的脚印

凶手作案时留在沙滩上的脚印被海水冲走了。姑娘死于晚上落潮时，凶手在海边作案，杀死姑娘后原路返回。第二天早晨，姑娘的尸体被冲上岸。凶手由海里潜水而来，作案后又潜水而去。

543. 刀下救夫

韩老大妻问道："不知大老爷判了我丈夫啥死罪？""一刀之罪！""既然一刀之罪，大人已命剑子手砍过我丈夫一刀了。你就该把他放了。"韩老大妻见县官结结巴巴答不上来，又说："百姓都称赞大老爷秉公执法，如不放我丈夫，岂不有失大老爷的身份？一县之主，竟然说了不算？再说，你已经砍了他一刀，再砍，我就要到府里和皇上那儿去告，大老爷就不怕丢乌纱帽吗？"

544. 五龄童机智脱险

五龄童在藏帽之际，偷偷地将金针穿在那"雕手儿"的衣服上。

545. 致命晚餐

罗梅先在饭菜上加了很多盐，再把毒药倒在冰上，并通知女侍应在雪柜中取出冰放在水中。付洪感到口渴，然后女侍应就送上加了毒药冰的清水，当付洪喝光了第一杯冰水后还要一杯，而女侍应在送上第二杯水时，罗梅就把第一个水杯迅速冲洗干净了，所以警方找不到下毒的证据。

546. 警长判案

（1）如果b是清白的，则根据事实1，a和c是有罪的；

（2）如果b是有罪的，则他必须有个帮凶，因为他不会驾车；再次证实a和c有罪；

（3）因而，第一种可能是a和c有罪；第二种可能是c清白，a有罪；第三种可能是a清白，c有罪，则根据事实2，a同样有罪。

结论：a犯了盗窃罪。

547. 杰克有罪吗

在这个案子里，杰克肯定是有罪的。

可以这样来分析判断——如果汤姆无罪，那么，罪犯就或是杰克，或是鲁森。假如杰克就是罪犯，那他当然有罪。而假如鲁森是罪犯，那他一定是和杰克共同作案的（因为他不伙同杰克是决不作案的）。所以，在汤姆无罪的情况下，杰克是有罪的。

如果汤姆有罪，那么他必定要伙同一个人去作案（因为他不会开汽车）。他或者伙同杰克，或者伙同鲁森。如果伙同杰克，那么杰克当然有罪。如果伙同鲁森，那么杰克还是有罪，因为鲁森只有伙同杰克才会作案。或者汤姆无罪，或者汤姆有罪，总之，杰克是有罪的。

548. 谁是抢劫犯

亨利说，这个案件可以从分析A、B、C三者的口供入手。而从A的口供入手更好一些。A说："我既然被捕了，我当然要编造口供，所以我并不是一个十分老实的人。"分析这句话，就可以推定A的口供有真有假。因为，如果A的口供全是真的，不会说自己编造口供；如果A的口供全是假的，那么他就不会说自己不十分老实。既然A的口供有真有假，那么B的口供或者是全真的，或者是全假的。而B说："A从来不说真话。"由此可见，B的这句话是假的，这就可判定B的话不可能是全真的，而是全假的。既然B的话全假，那么C的话全真的。而C说A是杀掉下院议员的罪犯，B不是盗窃作案者，所以B是抢劫芭蕾舞演员珠宝的罪犯，而盗窃油画的罪犯只能是C本人了。

549. 谁偷了东西
（1）若是甲做的，则三人说话中有两真一假，不合题意。
（2）若是乙做的，则三人说话中还是两真一假，不合题意。
（3）若是丙做的，则三人说话二假一真，则符合题意。
所以得到结论是丙做的。
这种方法是穷举法，找出全部可能进行判断。

550. 审讯嫌疑犯
甲是无辜的，不然他的四句话中就会有三句是谎言。所以他说5月12日和瑞利一起在P市度过是谎言。
丁说与甲在P市是谎言（因与甲的谎言一样）。所以其余三句是真的，他是无罪的。
丙说甲帮助乙盗窃是谎言，因为甲说过对犯罪过程一无所知。所以他说乙是罪犯，自己是无罪都是真的。
而乙则只有说自己是清白无辜的这一句是谎言，其余都是真的。因此，他就是盗窃犯。

551. 谁是罪犯
乙、丁的口供相矛盾，必有一真一假，那么甲的口供是假话，所以甲是罪犯。

552. 谁是哥哥
现在是上午，胖的是哥哥。
假设：现在是上午，那么哥哥说实话，也就是较胖的是哥哥。那么没有矛盾，成立。
假设：现在是下午，那么弟弟说实话，而两个人都说我是哥哥，显然弟弟在说谎话，所以矛盾。

553. 猜牌辨兄弟

他是小头弟弟。如果说话的人讲的是真话，那他会是大头哥哥，应持有一张黑牌，但是他决不可能既讲真话而又持有黑牌。因此，他必然在说假话，所以他不会是持黑牌的大头哥哥，而一定是持有黑牌的小头弟弟。

554. 查出真相

先把四人的证词列表如下：

发言者	铁君	秀君	政君	龙君	
凶器	手枪	刀子	刀子	手枪	2
地点	河堤上	大桥上	河堤上	熊本家	2
时间	10时	9时	11时	12时	1
尸体处置	投河	投河	掩埋	装箱	2
凶手	秀君	政君	龙君	铁君	1

由表可知，关于谁是凶手，四人的说法互不相同，因而其中最多只能有一个人是对的。关于作案时间，同样也最多只能有一人的说法是对的。关于作案地点，如果大桥上或熊本家是正确的话，则正确的证词只有一个，如果河堤上是正确的，则正确的证词就是两个，可见关于这一项证词，最多也是各有两个是正确的。同样，关于凶器和尸体处置的证词，最多也是各有两个是正确的。各项正确证词的最多个数写在了表的最右一列中。由以上分析可知，在全部的20个证词中，最多只有8个是正确的。

另外，题目告诉我们四个人每人都提供了两条正确的证词，因而在上表中实际上要有8个证词是正确的。这与上述的正确证词的最多可能个数相一致，因而表右列出的正确证词的最多可能数就是正确证词数。

由此出发进行分析，不难得到：作案地点是在河堤上，尸体的处理方法是投入河中。由此还可以继续推断出凶器是刀子，作案时间是12时，凶手是铁君。

555. 河水能喝吗

河水能喝。"风和日丽"一词表明那天是晴天。所以如果那个居民是真话部落的，他回答"是个好天气"这句话时，说的就是"是"，那么回答"这水能喝吗"时，说的就是"可以"。如果那个居民是谎话部落的，那他回答"是个好天气"时，说的就是"不是"，回答"这水能喝吗"时，说的就是"不能"，但是他说的是谎话。所以那个人无论是真话部落的还是谎话部落的，那泉水都是可以喝的。

556. 红蓝眼睛之谜

先死的两个人都是红眼睛，后死的那一个人是蓝眼睛，推理过程是这样的：

自从过路客对那三个人说了一句"你们三之中至少有一个人的眼睛是红色的"后，三个人都在思考，但是他们所见到的是这样的。

红眼甲：我所见到的一个是红眼，一个是蓝眼，那么无论我是红眼还是蓝眼，我们三个都至少有一个是红眼睛，所以不能判断我的眼睛的颜色。

红眼乙：同红眼甲。

蓝眼：我所见到的两个都是红眼。那么，那么无论我是红眼还是蓝眼，我们三个都至少有一个是红眼睛，所以不能判断我的眼睛的颜色。

所以第一天，三个人都不能判断！

第二天：

红眼甲：今天三个人都来了，红眼乙也来了，如果我是蓝眼的话，那么红眼乙就应该知道他是红眼睛的呀，所以他昨天应该成功自杀才是，他没有死，是不是因为我不是蓝眼睛？那么我就一定是红眼睛了，太好了，今晚我可以成功地自杀了。

红眼乙：同红眼甲。

蓝眼：我迷茫一片。

第三天：

蓝眼：咦，怎么他们两个人没来，噢，一定是成功自杀了，他们为什么会死呢？因为他们知道了自己是红眼睛！首先我们三个人不可能都是红眼睛，如果是那样的话，那么我们就没办法从过路者的话中知道自己眼睛的颜色，那两个人也不会成功自杀，也就是说，我们三个至少应该有一个人是蓝眼睛，这个人不是红眼甲，也不是红眼乙，那就只能是我了。太好了，今晚我也可以自杀了。

557. 毒酒和美酒

智者可以向两个侍者中的任意一个，不妨向侍者甲提出如下问题：

"请告诉我，侍者乙将如何回答他手里拿的是美酒还是毒酒这个问题？"

如果甲说乙回答他手里拿的是毒酒，则事实上乙手里拿的肯定是美酒。因为如果甲说真话，则事实上乙确实回答他手里拿的是毒酒，又因为此情况下乙说假话，所以事实上乙拿的是美酒；如果甲说假话，则事实上乙回答的是他手里拿的是美酒，又因为此情况下乙说真话，所以事实上乙拿的是美酒。也就是说，不管甲乙两人谁说真话、谁说假话，只要智者得到的回答是乙手里拿的是毒酒，则事实上乙手里拿的肯定是美酒。

同理，如果甲说乙回答他手里拿的是美酒，则事实上乙手里的肯定是毒酒。

智者设计的这个问题，妙就妙在他并不需要知道两个侍者谁说真话、谁说假话，就能确定得到的一定是个假答案。因为如果甲说真话，乙说假话，则情况就是甲把一句假话真实地告诉智者，智者听到的是一句假话；如果甲说假话，乙说真话，则甲就把一句真话变成假话告诉智者，智者听到的还是一句假话。总之，智者听到的总是一句假话。

558. 谁是无辜者

假设甲是无辜者，则"甲不是帮凶"就是真话。由于只有无辜者才说真话，所以这句话就必定是甲说的，但从条件"每句话的所指都不是说话者自身"来看，矛盾！因此，假设不成立。甲不是无辜者。

假设乙是无辜者，则"乙不是凶手"就是真话。同样由于只有无辜者才说真话，所以这句话就必定是乙说的，同理，矛盾！假设不成立。乙不是无辜者。

因此，无辜者是丙。

由条件"三句话中至少有一句话是无辜者说的"，又第三句话不可能是丙说的，因此，第一句和第二句话中，丙至少说一句话。

如果丙说的是"甲不是帮凶"，则事实上甲不是帮凶，而是凶手，乙是帮凶，因而"乙不是凶手"就是真话，因而也是丙说的；如果丙说的是"乙不是凶手"，则事实上乙不是凶手，而是帮凶，同样甲是凶手，因而"甲不是帮凶"还是真话，仍然也是丙说的。

总之，第一和第二句话都必然是丙说的。事实上甲是凶手，乙是帮凶。

559. 琼斯警长的奖章

珍妮是这样推论的——凯瑟琳举手了，这说明我和汤姆两人中，至少有一个人是戴红帽子的；同样，汤姆举手了，这说明我和凯瑟琳两人中，至少有一个人是戴红帽子的。

如果我头上不是戴红帽子，那么，凯瑟琳会怎么想？她一定会想："汤姆举了手，说明珍妮和我至少有一个人头上戴红帽子，现在，我明明看到珍妮不戴红帽子。所以，我一定戴红帽子。"在这种情况下，凯瑟琳一定会知道并说出自己戴红帽子。可是，她并没有说自己戴红帽子。可见，我头上戴的是红帽子。如果我不是戴红帽子，汤姆会怎么想？他的想法和凯瑟琳是一样的："凯瑟琳举了手，这说明珍妮和我两人中至少有一个人头上戴红帽子。现在，我明明看到珍妮头上不戴红帽子。所以，我一定戴红帽子。"在这种情况下，汤姆一定会知道自己戴红帽子，可是，汤姆并没有这样说。所以，我头上戴的是红帽子。珍妮的推论是完全合乎逻辑的。本章题记所举的例题也可用类似的思路来分析。该题以同样的问题先后问了A、B、C。A、B均说自己猜不出。据此，聪明的C猜到自己头上戴的是红帽子。C的推论如下：A猜不出，说明B和我两人中至少有一个人戴红帽子；B猜不出，说明A和我两人中至少有一个人戴红帽子。如果我戴白帽子，A和B肯定能判断自己戴红帽子，他们都猜不出，可见我戴的是红帽子。

560. 不入歧途

只要随便问其中一个人："如果我问你的兄弟应该走哪条路，他会怎么回答我？"然后按照与答案相反的方向走就可以了。这其实是一道数学逻辑题。假设指示正确方向的答案为命题P，即如果直接问两兄弟，则说真话的会回答P，说假话的会回答非P。那么，按照上面所述的方法提问，假使你问的是会说真话的人，他告诉你的就是会说假话的那个人的答案，即非P；假使你问的是会说假话的人，那么他一定不会如实告诉你自己兄弟的回答，所以得到的答案仍然是非P。所以，无论你问的是哪一个，正确答案都是与他的回答相反的。

561. 嫌疑犯与真凶

（1）假设一甘是绝对不说谎话的嫌疑犯之一，则他所说的话都是真话。也就因此，二静是嫌疑犯，五玛也是嫌疑犯。但如此一来，便有三个嫌疑犯，与题目不合。所以，一甘不是嫌疑犯。

（2）假设五玛是绝对不说谎话的嫌疑犯之一，则他所说的话都是真的。也就因此，二静不是嫌疑犯，三心也不是嫌疑犯。如此，再加上由（1）所推知的：一甘也不是嫌疑犯，一共已有3位不是嫌疑犯。因而，剩下的四忆便应该是不说谎话的嫌疑犯。然而，四忆所说的话"五玛说谎"，与本假设自相矛盾。所以，五玛不是嫌疑犯。

（3）假设三心是绝对不说谎话的嫌疑犯之一，则四忆不是嫌疑犯。如此，再加上由（1）、（2）所推知的：一甘、五玛都不是嫌疑犯，已有3位不是嫌疑犯，因而，剩下的二静便应该是嫌疑犯。但二静所说的话"三心说谎"，却与本假设自相矛盾。所以，三心不是嫌疑犯。

（4）综合前面所述，可知二静、四忆两位是绝对不说谎话的嫌疑犯。而一甘、三心和五玛是有时说真话、有时说谎话的真凶。

所以答案是：

嫌疑犯：二静、四忆。

真凶：一甘、三心、五玛。

562. 划拳游戏

B恐怕五次全都输给A。乍一看，A的建议好像很公平，可实际上只有利于他自己。因为只要A伸出的手指，总是表示"人"，就不论B伸出的手指，表示"人"还是"蚂蚁"，A都会胜。因为比赛的规则是"人"强于"蚂蚁"。

563. 爱因斯坦的世界性难题

是德国人养鱼。

首先确定房子颜色——红、黄、绿、白、蓝表示为：

C1=红、C2=黄、C3=绿、C4=白、C5=蓝

国籍——英、瑞、丹、挪、德表示为：

N1=英、N2=瑞、N3=丹、N4=挪、N5=德

饮料——茶、咖、奶、酒、水表示为：

D1=茶、D2=咖、D3=奶、D4=酒、D5=水

烟——PM、DH、BM、PR、混表示为：

T1=PM、T2=DH、T3=BM、T4=PR、T5=混

宠物——狗、鸟、马、猫、鱼表示为：

P1=狗、P2=鸟、P3=马、P4=猫、P5=鱼

由（9）可知N1=挪威。

由（14）可知C2=蓝。

由（4）可知，如C3=绿，C4=白，则绿房子居中，因而（8）和（5）矛盾，所以C4=绿，C5=白。

剩下红黄只能为C1，C3。

由（1）可知C3=红，N3=英国，C1=黄；由（8）可知D3=牛奶；由（5）可知D4=咖啡；由（7）可知T1=DH；由（11）可知P2=马。

那么：

挪威	?	英国	?	?
黄	蓝	红	绿	白
?	?	牛奶	咖啡	?
DH	?	?	?	?
?	马	?	?	?

由（12）可知啤酒只能为D2或D5，BM只能为T2（或由T5可知D1=水）。

由（3）可知茶只能为D2或D5，丹麦只能为N2或N5。

由（15）可知T2=混合烟，BM=T5。

所以剩下啤酒=D5，茶=T2，丹麦=D2。

然后：

挪威	丹麦	英国	？	？
黄	蓝	红	绿	白
水	茶	牛奶	咖啡	啤酒
DH	混合烟	？	？	BM
？	马	？	？	？

由（13）可知德国=N4，PR=T4，所以，瑞典=N5，
PM=T3。

由（2）可知狗=P5，由（6）可知鸟=P3，由（10）可知
猫=P1。

得到：

第一间	第二间	第三间	第四间	第五间
黄色	蓝色	红色	绿色	白色
挪威	丹麦	英国	德国	瑞典
Dunhill	Blends	PallMall	Prince	BlueMaster
水	茶	牛奶	咖啡	啤酒
猫	马	鸟	鱼	狗

爱因斯坦出这道题目并不是为了得出答案，而是要一种思维过程和不同的思维方法。他说过："他不会只找到一个绣花针就不找了，他要找到再也找不到绣花针为止。"

564. 中箭之谜

川本事先把钱扔在地上，等小西回来发现硬币弯腰拾钱时，他从二楼窗口朝下射箭。他是杀死小西的凶手。

565. 奇怪的拨号

逃犯拨了8个号后，按了一下上面的键，然后又拨了一个号。所以，其电话号码一共是10位数，而倒数第二位的数字是"1"。这就是说是0474—43—9819。

566. 三角形变换

如下图移动即可。

567. 一头猪

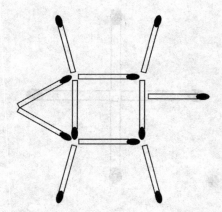

568. 阴影面积

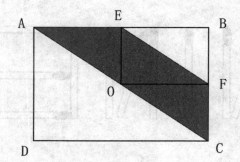

连接长方形的中心O与E、F，可以很清楚地看出阴影部分的面积是整个长方形面积的3/8。

569. 等式成立

把减号移到最左边去，变成1×11=11。

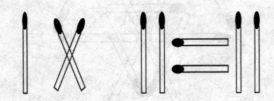

570. 摆正方形

只需要移动一根。把最下面的火柴向下移动一点就可以了。

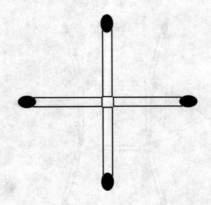

571. 六变九

可以变成NINE（9）。

572. 三变五

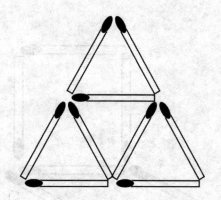

573. 砌围墙

只需数一下最上面一层，然后乘以层数即可。

14 × 6=64块。

574. 消失的三角形

把原图变成如下形式即可。

575. 直角个数

最少需要3根。摆成下图的立体图形即可。

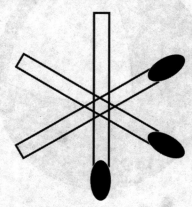

576. 颠倒椅子

如下图移动即可。

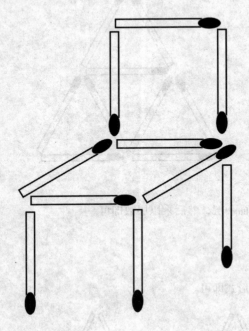

577. 不可能的三角形

在地球仪上是可以这样的。

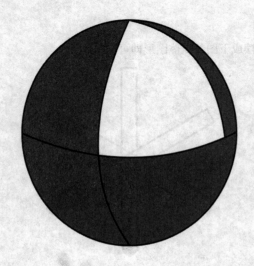

578. 图中填字

请注意问题的说法，是要你在图中填上一个字母，而不是说在横线处填上一个字母。所以要填的是"F"而不是"E"。这样就可以与图中原有的横线构成字母"E"了。

A, B, C, D, E

579. 树枝

每个"V"字形处，上面两个数字的每一位加起来，得到的和为下面的数字。例如8+8+6+3=25。

所以问号处应该是21。

580. 切木块

A：有5个面，9条楞，6个顶点。

B：有6个面，12条楞，8个顶点。

C：有7个面，13条楞，8个顶点。

D：有7个面，15条楞，10个顶点。

581. 方格密码

密码是3975832058。

规律为：第一个数字为表格中第一列黑色方块上方的空格数量；第二个数字为表格中第二列黑色方块下方的空格数量；第三个数字为表格中第三列黑色方块上方的空格数量；第四个数字为表格中第四列黑色方块下方的空格数量；依此类推。

582. 共有元素

把26个字母按字母表的顺序分别标出1~26的数字，左边框中的数字都可以被3整除，右边框中的数字都可以被4整除，而中间交叉的框中的数字既可以被3整除，又可以被4整除。

583. 变形（1）

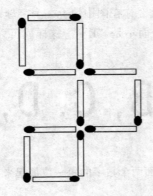

584. 变形（2）

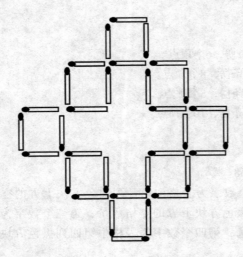

585. 变形（3）

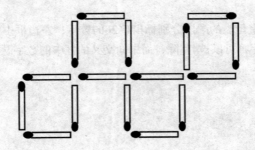

586. 梯形

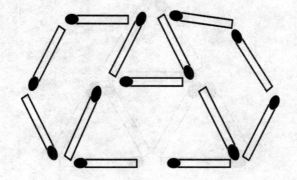

587. 三角

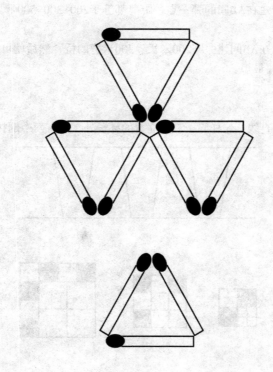

588. 三角（2）

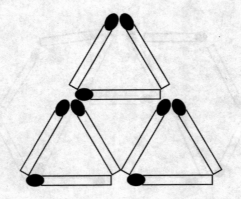

589. 最短的距离

你会发现无论建在AB间的哪一点，距离都等于200+300=500米。有没有更短的距离呢？

有的。只要你在AB间建一座200米长、300米宽的桥，然后就可以斜着直接从A走到B了，这时候距离最短。

590. 变出杯子

在上面画一条直线，这样除了三个立着的杯子外，还有两个倒扣的杯子。

591. 增加正方形

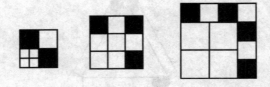

592. 堆油桶

最上面一层是1×1=1个，第二层是2×2=4个，最下面一层是3×3=9个。一共有14个油桶。

593. 角度大小

它们都一样大，都是90度。

594. 羊圈

如下图所示即可。

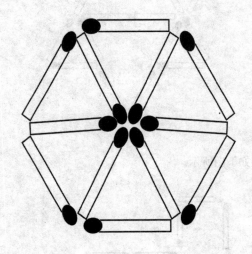

595. 六角星（1）

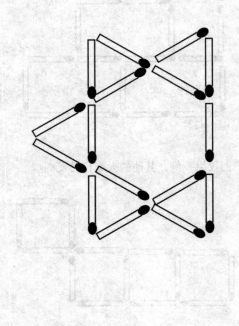

596. 六角星（2）

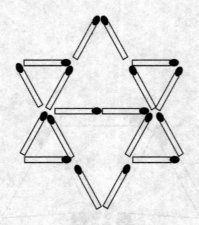

597. 没有正方形

最少拿走四根，如下图所示。

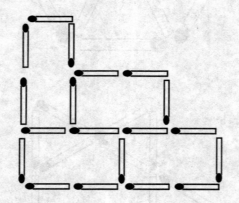

598. 十四根火柴

还有几种方法，下面仅举一例，其他的大家自己发掘。

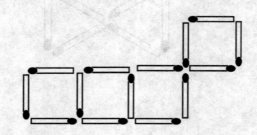

599. 六变三

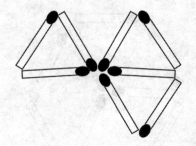

600. 拼桌面

如下图切成3块，②不动，把①放在②的右侧，③放在②的下面，就可以拼成一个正方形了。

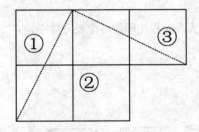

601. 路径

一共有9种不同的路径，你可以自己数一下。

602. 装正方形

换种装法就可以了。

603. 平面变立体

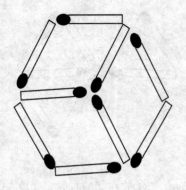

604. 箱子大小

第四个装得最多。因为表面积相同的各个长方体中，立方体的体积最大。

605. 小鸭变小鸡

小鸡的英文是Cock。

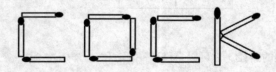

606. 三个正方形

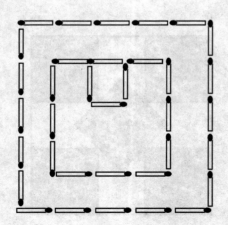

607. 1-3=2？

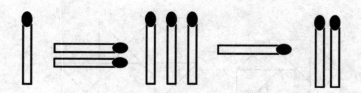

608. 罗马等式（1）

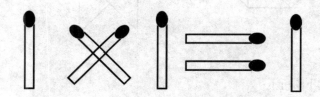

609. 罗马等式（2）

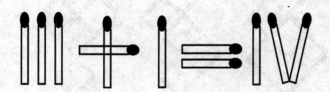

610. 罗马等式（3）

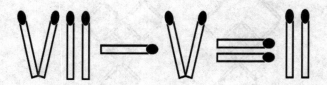

611. 数字不等式

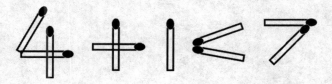

612. 八边形变八角星

613. 增加菱形

移动方法如下图所示：

614. 平房变楼房

不需要移动火柴，只要换个角度观察即可。

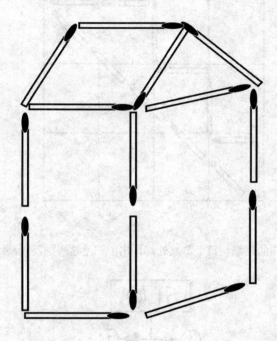

615. 月份符号

只要把这个图案从中间的横线切开，遮住上半部分你就会发现它的密码。没错，就是六月的英文（june）。

616. 减少一半

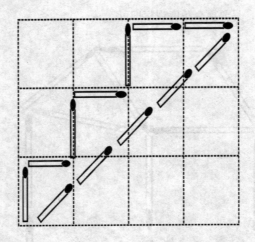

617. 穿越迷宫

一共有18条不同的路线。每个节点处都标出了到达这里的不同路线数。

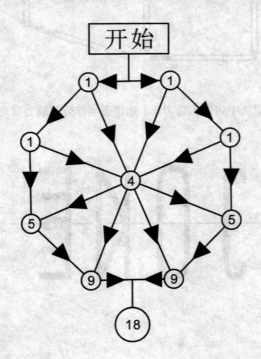

618. 三色问题

如下图所示即可。

619. 正方形钉板（1）

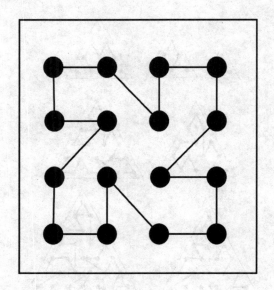

620. 正方形钉板（2）

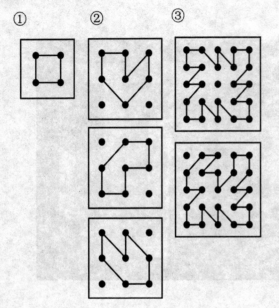

621. 三角形钉板

622. 正六边形钉板

623. 连成四边形

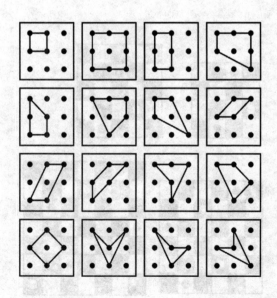

624. 四等分钉板

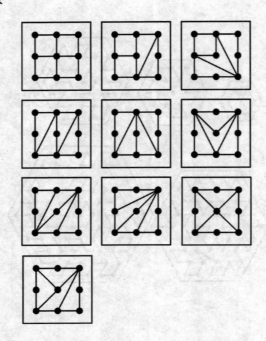

625. 放皇后

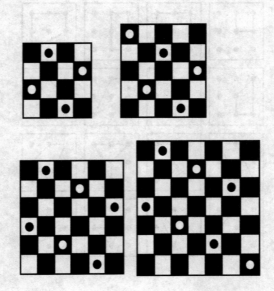

626. 画三角形

其实也很简单。首先把ABC三点连起来，然后过A点画一条BC的平行线，过B点画一条AC的平行线，过C点画一条AB的平行线，三条平行线相交所组成的图形就是所要的三角形。

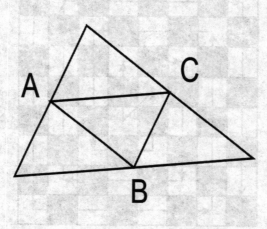

627. 国王

至少需要摆12个国王，在下图圆圈所在的位置。

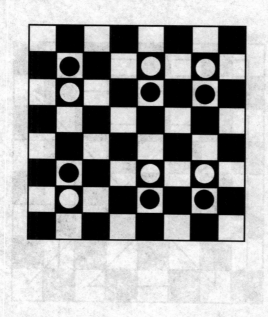

628. 走遍天下

走15步，方法如下图所示。

629. 皇后巡游（1）

至少需要14步。

630. 皇后巡游（2）

631. 象巡游（1）

如下图所示，它进入了29个黑色的格子。

632. 象巡游（2）

最少需要18步。

633. 摆象

最多可以摆14个，如下图所示。

634. 车的巡游（1）

至少需要16步。

635. 车的巡游（2）

至少需要21步。

636. 车的巡游（3）

至少需要15步。

637. 走马观花

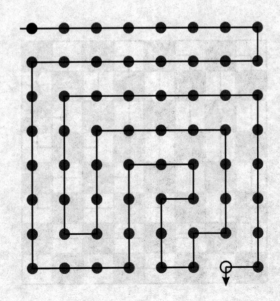

638. 巡逻

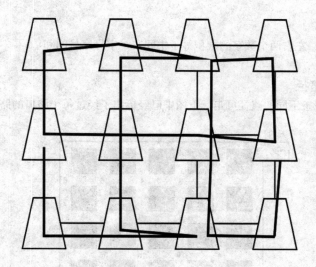

639. 字母变小

把大写字母变成小写字母。

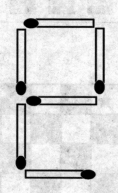

640. 比面积

因为木板是同样的，所以只要分别量一下两块木板的重量，就能知道谁面积大了。

641. 找不同

选择C。

其他的都是由完整的字母组成的。只有C不是。A由N和M组成；B由W、V、X组成；D由E、F、H组成；E由K、L、M组成。

642. 找规律

问号处是M。

每一行中，左右两个数字的乘积等于中间三个字母序号的和。

643. 不同的路径

一共有252条不同的路径可走。下图中已经标出了经过每个路口的路径数。

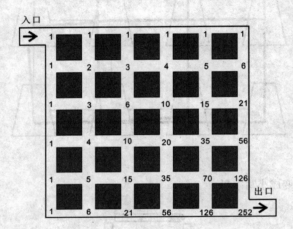

644. 放五角星

645. 火柴悬空

把桌上的火柴点燃，然后用其点燃杯子中间的那个火柴头，等1~2秒后吹灭，这时它会凝固在玻璃杯上，这样就可以移走另一个杯子而使火柴悬空了。

646. 倒咖啡

把杯口向下倾斜，直到可以看到杯底的边缘为止，剩下的正好是半杯咖啡。

647. 拼正方形

如果你一心想用这四块纸板拼接成为正方形，那么你是做不到的，唯一的办法就是分别用它们的一条边。

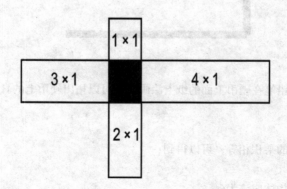

648. 砌墙

不管砌成直线形还是弯曲形，只要砌的长度相同，那么需要的砖就一样多。

649. 小房子

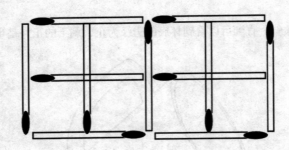

650. 奇怪的样子

这是把1~9九个数字放在一个"井"字形的框中，每一个数字的边框形状。所以6应该是下图的形状。

651. 读出日期

你只要用一支铅笔在硬币上面的纸上涂画，就可以拓出硬币上的日期。

652. 保持平衡

根据力与力臂的乘积相等，可以得到：

$18 \times 3 = ? \times 9$

所以问号处的物体应该为6。

653. 摆棋子

方法不止一种，下面只列出一种可能性，把剩下的四枚棋子移到四个交叉点即可。

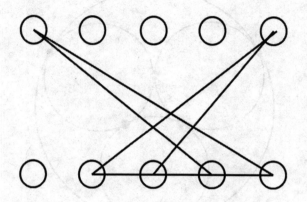

654. 在哪里

还在天安门广场的正上方。因为地球周围的大气层是跟着地球一起旋转的，所以飞机不会改变位置。

655. 连顶点

共有12种连法，如下图所示：

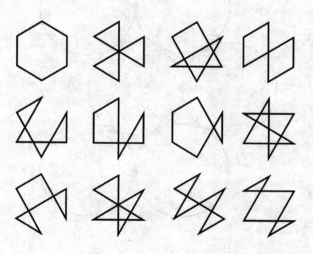

656. 切点

6个切点，需要四个圆。

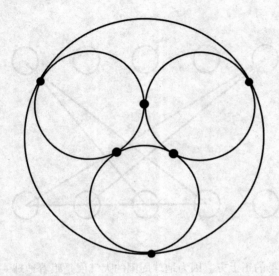

9个切点，则需要6个圆。